巫仁恕 著

優游坊廂

明清江南城市的休闲消费与空间变迁

中 华 书 局

图书在版编目(CIP)数据

优游坊厢:明清江南城市的休闲消费与空间变迁/巫仁恕著.
—北京:中华书局,2017.10
ISBN 978-7-101-12540-5

Ⅰ.优…　Ⅱ.巫…　Ⅲ.文化史-研究-中国-明清时代
Ⅳ.K248.03

中国版本图书馆 CIP 数据核字(2017)第 068774 号

书　　名	优游坊厢:明清江南城市的休闲消费与空间变迁
著　　者	巫仁恕
责任编辑	王　亮　王　芳
出版发行	中华书局 (北京市丰台区太平桥西里 38 号　100073) http://www.zhbc.com.cn E-mail:zhbc@zhbc.com.cn
印　　刷	北京市白帆印务有限公司
版　　次	2017 年 10 月北京第 1 版 2017 年 10 月北京第 1 次印刷
规　　格	开本/880×1230 毫米　1/32 印张 13⅛　插页 2　字数 290 千字
印　　数	1-5000 册
国际书号	ISBN 978-7-101-12540-5
定　　价	42.00 元

目录

中篇　休闲空间变迁的社会意义

下篇　性别与消费空间的区分

图表目录

导 论

中国大陆自从1980年代走向改革开放后，每年的国内生产总值(GDP)几乎都呈两位数的增长。巨额的商品交换不仅意味着物资的流通，而且还滋养了个人的消费欲望和新的社会网络。尤其是对城市居民来说，从经济改革中所获得的经济效益异常显著，就从1980年代初到1990年代末这二十年而言，城市居民有了新的通讯方式、新的社会语汇，以及新颖的休闲方式。1990年代末已有西方学者断言中国正在经历一场消费革命①。果然当时有新闻就指出：中国将在2012年超过日本，成为全球第一大奢侈品消费国②。许多世界名牌拟在中国大陆的一级城市登陆，背后的动机其实很简单，就是因为中国国内的消费市场，已经成为世界奢侈品销售增长的主要驱动力。

再从区域经济的发展来看，从1979年中国执行改革开放政策以来的三十年中，长江下游三角洲地区，也就是传统称为“江南”地区的

① 戴慧思(Deborah Davis)主编，《中国都市消费革命(*The Consumer Revolution in Urban China*)》(北京：社会科学文献出版社，2006)，页1—3。

② 关于当代中国消费力的崛起，以及其消费行为与消费观念的变化，还可以参见Karl Gerth, *As China Goes, So Goes the World: How Chinese Consumers are Transforming Everything* (New York: Hill and Wang, 2010)一书，中译本为葛凯著，曹槟译，《中国消费的崛起》(北京：中信出版社，2011)。

经济发展最为迅速。该地区的面积和人口虽然分别仅占全中国总数的1%和6.2%，但该地区在2004年的GDP却占到全中国的六分之一，人均GDP超越全国平均值的1.4倍，且年增率远高于全国平均水平①。由此可见，在今天中国大陆的经济发展中，江南扮演着带动全国经济发展的火车头角色。不仅如此，从近年来中国城市竞争力的排行里，我们也可以看到江南地区的大城市，尤其是上海、南京、杭州、苏州等地，其居民消费指数都遥遥领先其他地区的城市。尤其是对化妆品、电子通信设备等高价消费品，该地区居民有相对更高的购买力②。

造就今日江南经济奇迹与城市居民消费革命的原因，如果从历史的角度作观察的话，其实可以从明清时期江南的消费现象看出一些端倪，也就是说，当今的现象其实是长期历史发展的结果③。本书即探讨明中叶以后至清中叶，江南城市居民的休闲性消费活动。所谓的休闲性消费活动，系指人们在闲暇时的消费活动。这样的消费活动是在城市内与其周边发生，势必会与城市的空间结构产生互动，

---

① 董增川，《对长江三角洲地区城市化进程水问题及对策思考》，《中国水利》，2004年第10期，页14—15；谭晶荣等，《产业转型升级水平测度及劳动生产效率影响因素估测——以长江三角洲地区16个城市为例》，《商业经济与管理》，2012年第5期，页72—81。

② 倪鹏飞、谢海生，《中国城市竞争力2009年度述评》，《综合竞争力》，2010年第3期，页26—33；林阳，《我国各地区居民消费价格指数的因子分析模型及结论分析》，《中国市场》，2012年第2期，页91—92、116。

③ 李伯重从经济史的角度来探讨此现象与近代早期历史的关联性，参见李伯重，《"江南经济奇迹"的历史基础——新视野中的近代早期江南经济》，《清华大学学报（哲学社会科学版）》，2011年第2期，页68—80。

那么休闲消费如何改变城市的空间结构？新形成的消费空间又如何反映社会关系呢？这是本书所要探讨的主题。

在进入正文之前，必须先面对过去研究明清城市史的两大问题：其一是什么是城市性，另一则是促使明清城市发展的动力是什么。

城乡一体 vs.城乡分离

西方学者在探讨中国历史上的城市时，很难摆脱社会学家韦伯(Max Weber)的观点。韦伯的解释框架中，系以探求西方资本主义城市的起源与特性为目标，他将现代城市的演化发展溯及古代社会。他认为，要发展成一个城市共同体，聚落至少得具备有贸易与商业的性格，此外，还要有下列特征：(一)防御设备；(二)市场；(三)自己的法庭，以及至少局部自治的法律；(四)相关的社团组织；(五)至少是部分自治与独立，市民可以某种形式参与市政[①]。这是西方城市由上古至中古时期发展出来的特色[②]。但是他认为中国并未具备上述的特征，因为中国城市内的社团组织，以及区别乡村的“市民概念”从未存在。中国城市居民在法律上仍属于其家庭和出生的村庄，城市没有自主的法律与自己的法庭，市民更没有参与市政的机会，所以中

---

① 韦伯著，康乐编译，《经济与历史：韦伯选集(IV)》(台北：远流出版，1990)，页214。

② 令读者纳闷的是，韦伯的叙事没有超过中世纪时期，对中国城市的论述也没有明确的时代。

国完全没有符合上述西方城市共同体的标准[①]。韦伯认为，中国之所以没有自治城市的发展，主要的障碍来自于皇权。所以整个中国历史上，城市一直是地方行政的中心，或具有军事驻防的政治功能[②]。

韦伯关于中国城市性质的观点，主要是为了其欧洲城市发展的思想提供一个参照对象而提出的；实则西方学界已在理论上批判韦伯的城市理论，尤其是韦伯论东、西方城市形态不同的这方面[③]。如学者对于西方城乡分离的说法，已有新的看法。英国学者 E. A. Wrigley 从城市体系、农村提供城市粮食以及农村提供城市移民与劳动力等方面，说明西方的城乡也是连续一体的，而非分离的[④]。

然而韦伯的论点从 20 世纪 20 年代到 60 年代，对西方研究中国史与社会科学研究领域里的专家影响极大。西方研究中国城市的史学家也有不少突破其论点的研究成果，诸如找出不同于韦伯假设的实例，指出宋代以后中国城市仍有持续的发展，反驳其以为自此中国城市发展停滞不前的说法。再如韦伯过度强调中国城市的行政功能一说，也有大量的研究指出中国城市具有经济作用[⑤]。同时中国城

---

① 韦伯著，康乐编译，《经济与历史：韦伯选集(IV)》，页 215、216。

② 同上书，页 217、266—267。

③ 参见 Vatro Murvar, "Some Tentative Modifications of Weber's Typology: Occidental Versus Oriental City," *Social Force* 44 (1966): 381－389.

④ 参见 E. A. Wrigley, "City and Country in the Past: a Sharp Divide or a Continuum?" *Historical Research* 64. 154 (1991): 107－120.

⑤ 有关这方面的检讨，William Rowe 的作品最具反思能力。参见其 *Hankow: Commerce and Society in a Chinese City, 1796－1889* (Stanford, Calif.: Stanford University Press, 1984)一书之导论。

市的多样性面貌与多元性形态也不断地被挖掘出来。

在西方研究明清城市史的方法论上，受到韦伯影响而衍生的重要论点，就是所谓城乡连续一体的议题，代表性的人物是学者牟复礼(Frederick W. Mote)。他主张，和工业化以前的欧洲相比，传统中国的城市与乡村之间是相互开放的，并没有明显地隔绝开来。城乡之间是连续一体的，无论是建筑形式、生活方式、衣着款式等方面，城乡之间并无不同；甚至精英分子对城乡的态度、经济活动的市场区与商业集中地，以及文化活动之结构与特性都不只限于城市内[①]。

直到最近的研究仍不乏有倾向牟复礼的观点者，如科大卫(David Faure)与刘陶陶合编的论文集 *Town and Country in China*: *Identity and Perception*，即主张明清时期当时人们心理并未意识到城乡的区分有何重要；直到 20 世纪政治改革运动兴起，城镇成了社会变迁的代言人，而乡村则被视为落后的根源。甚至认为要在传统时期探寻城市的传统，终究是时代错置[②]。但是有越来越多的研究，从不同的角度强调晚明以来城市的特殊性。如许亦农关于苏州的研究，试图指出城市内宗教建筑在功能上的多样性，显示与乡村明显有别。又如费丝言透过晚明南京徭役改革的研究，呈现了城市作为一

---

① F. W. Mote, "A Millenium of Chinese Urban History: Form, Time and Space Concepts in Soochow," *Rice University Studies* 58. 4 (1973): 101 - 154; "The Transformation of Nanking, 1350 - 1400," in G. William Skinner ed., *The City in Late Imperial China* (Stanford: Stanford University Press, 1977), 103 - 116, 117 - 119.

② David Faure and Tao Tao Liu eds., *Town and Country in China*: *Identity and Perception* (New York: Palgrave, 2002), 1, 14.

个课税的重要空间,明显与乡村区隔开来[①]。

总而言之,中国历史上的城乡关系是一体或分离的问题,成了日后西方学界研究中国城市史必定要问的问题,但也是难以解决的问题。唯有充分说明城市与乡村究竟有何差异,也就是所谓的城市性格(urbanity)是什么,如此才能合理化研究城市史的必要性,也才能让城市史这块领域具有主体性。

如何分析城市有别于乡村的不同特性呢?社会学的研究取径有助于我们思考历史的问题,如德国的社会学家齐美尔(Georg Simmel)在《大都会与心灵生活》(The Metropolis and Mental Life)一文中,试图从社会心理的角度指认出独特都会生活的普遍特征。他认为,19世纪以后的都市化将人们的个性从传统社会的支配形式中解放出来;他又说:"街道纵横,经济、职业和社会生活发展的速度与多样性,表明了城市在精神生活的感性基础上,与小镇、乡村的生活有着深刻的对比。"[②]新的都会生活方面却又具有双重面向,一方面是日渐客观和理性化,另一方面则是过度的外在感官刺激[③]。受到他影响的芝加哥学派社会学家沃斯(Louis Wirth)在《都市主义是一

① Yinong Xu, *The Chinese City in Space and Time: the Development of Urban Form in Suzhou* (Honolulu: University of Hawai'i Press, 2000), 173-176, 180-190; Si-yen Fei, *Negotiating Urban Space: Urbanization and Late Ming Nanjing* (Cambridge, Mass.: Harvard University Asia Center, 2009), 29-75.

② 中译参见汪民安、陈永国、马海良主编,《城市文化读本》(北京:北京大学出版社,2008),页132。

③ 西蒙·帕克(Simon Parker)著,王志弘、徐苔玲合译,《遇见都市:理论与经验》(台北:群学,2007),页19—21。

种生活方式》(Urbanism as a Way of Life)中也指出都市环境的人口规模、居民密度与多元社群生活的异质性,使得城市的生活经验有别于其他的地方。所以他认为社会学意义上的城市定义,"是试图凸显城市社群生活模式的要素"①。

虽然上述的观点是奠基于19世纪至20世纪初的都市社会研究,但两者都强调城市的生活经验或生活方式有别于乡村,而这样的特殊性也在一定程度上适用于近代早期的城市,我们可以从这样的角度来观察明清城市的特殊性。即使是强调城乡连续一体的牟复礼也承认:在明清时期,确实有一些态度与特点,是与城市联系在一起的。例如城市里的人较乡下人能够享受到更多彩多姿与更具刺激性的生活,能够知道与获取更多的远地产品,能买到更高级的手工业制品,也能与政府行政部门作较直接的接触。因此城市居民的确存在着某种的"城市傲态"(city attitude)②。

我们从当时城市居民在穿着与服饰款式上的态度,可以感受到他们自觉相对于村民的优越感。如嘉靖《宣府镇志》中记载:"城市中,绝无男子服裈衫两截者,有之则众笑曰'村夫';绝无妇人戴银簪珥者,有之则众笑曰'村妇'。"③"村夫"与"村妇"这样的称呼是带有讽谕性质的词语,反映出城市居民自觉在服饰的消费方面是很前卫的,

① 中译参见汪民安、陈永国、马海良主编,《城市文化读本》,页143;另参见西蒙·帕克著,王志弘、徐苔玲合译,《遇见都市:理论与经验》,页63—64。

② F. W. Mote, "The Transformation of Nanking, 1350 - 1400," 106.

③ 嘉靖《宣府镇志》(明嘉靖四十年刊本抄补本),卷20,《风俗考·政化纪略》,页90a。

而贬抑乡村农民的服装是落伍的。笔者以为，城市提供了购物消费的便利与多元的娱乐活动，造就城市成为流行时尚的中心，正是构成城市生活不同于乡村生活的特点之一。近年来王正华有关晚明城市风俗图的研究也指出，城市风俗图中充满许多市场、娱乐、商店、购物等活动，反映了当时人对城市印象的特征之一，就是它的消费性格①。

都市化与城市发展史的动力

因为自秦朝统一中国、实施郡县制度之后，城市的规模已规格化，唯独首都为全国最大的城市。于是城市史的研究自然聚焦于史料最丰、人口最多、规模最大的首都城市。有关首都城市的规划、城墙的规模、居民人口的数量与分布，以及城市管理的相关制度，就成为城市史研究的焦点。然而，城市到宋代以后的发展，因经济发展的动力，促成一波城市化的现象，学者称之为"中古的城市革命"(Medieval Urban Revolution)②。最显著的特点就是前代的坊市制度崩解，使得商业贸易的机能不断地加强；亦即城市除了行政与军事的

① 参见王正华，《过眼繁华：晚明城市图、城市观与文化消费的研究》，收于李孝悌主编，《中国的城市生活》(台北：联经出版公司，2005)，页1—57；《乾隆朝苏州城市图像：政治权力、文化消费与地景塑造》，《"中研院"近代史研究所集刊》，期50(2005年12月)，页115—184。

② Mark Elvin, *The Pattern of the Chinese Past* (Stanford: Stanford University Press, 1973), 175 - 177.

功能之外，它的经济功能也得到进一步的发展①。

中古的城市革命又带出了两个重要的争论性议题，一个就是宋代以后都市化发展是停滞还是持续发展的争论，另一个则是明清时期兴起的小市镇应该算是城市还是乡村的问题。关于第一个问题的起源，在于有学者主张南宋之后至19世纪之间，中国城市人口数量增加缓慢至极点（10%以下），城市人口占总人口数长期下降，城市人口不集中向大都市而在小市镇②。但近年来的研究已经显示，明清城市化是持续上升的，尤其是江南的城市化持续发展，学者重新估计江南城市人口比重在17世纪约15%，到18、19世纪成长到19%至20%③。以苏州府为例，明清苏州的城市人口增加2倍，市镇人口增加9倍。城市化的现象反映在城市景观的变化，包括城市内建筑密度加大而有侵街、河道堵塞，人口由城内扩展到城外的关厢；其下郊

---

① 刘石吉，《城郭市廛——城市的机能、特征及其转型》，收于刘石吉主编，《中国文化新论·经济篇·民生的开拓》（台北：联经出版公司，1982），页322—325。

② Mark Elvin, *The Pattern of the Chinese Past*, 177－178. 赵冈、陈钟毅，《中国历史上的城市人口》，《食货月刊》复刊，卷13期3—4（1983），页9—31；赵冈，《论中国历史上的市镇》，《中国社会经济史研究》，1992年第2期，页5—18。

③ 李伯重估计明代后期1620年江南城市人口比例为15%，清代时则达20%。曹树基估计明代后期江南地区城市人口比例为15%，推算清代则为16.3%；龙登高修正清中叶江南的城市人口比例为19.2%。刘石吉估计江南苏州一府内的市镇人口，据乾隆《吴江县志》市镇人口数占总人口数35%。参见龙登高著，《江南市场史——十一至十九世纪的变迁》（北京：清华大学出版社，2003），页56—58；曹树基著，《中国移民史：第五卷 明时期》（福州：福建人民出版社，1997），页424—425；曹树基著：《中国人口史：第五卷 清时期》（上海：复旦大学出版社，2001），页757；李伯重著，《江南的早期工业化（1550—1850年）》（北京：社会科学文献出版社，2000），页409—417；刘石吉，《明清时代江南市镇之数量分析》，《思与言》，卷16期2（1978年7月），页26—47。

区市镇规模也变大，常有“居民万家”之说。学者称之为“苏杭型城市”，而发展的主要动力是工商业①。

与上述争论密切相关的是第二个问题，也就是市镇应该属于城市或是乡村。尤其是本书所要讨论的明清江南地区，有大量的市镇如雨后春笋般出现。从当时人的角度来看，往往将市、镇称为“乡”②。然而，这些被称为“市”或“镇”的聚落，从居民的数量来看，有许多是远远超过“村”的规模的。其次，市镇的居民从事工商业人口的比重，通常会超过从事农业人口的比重。再次，明清（特别是清）有颇大数量的外来商人与工匠常住江南市镇。他们虽然是侨居市镇的“常住人口”，但却并未计入当地户籍。因此依照上述标准，明清江南大多数市镇当然应为城市地区。此外，大多数关于明清江南市镇的研究，显示了市镇具有了大多数城市的一般功能。在空间结构方面，到了清代，江南许多专业性市镇已有明显的城市机能与城市生活，无论其规模、商况，较之于所属的县城乃至一些府城有过之而无不及。至于发展趋势，大多数学者的研究也表明，明清江南市镇的发展趋势

① 又其下之市镇成了“卫星城市化”，因工业部分受大城市的带动影响，而形成合理的工业布局。参见李伯重，《工业发展与城市变化：明中叶至清中叶的苏州》，《多视角看江南经济史（1250—1850）》（北京：生活·读书·新知三联书店，2003），页377—446。

② 在明清的地方文献里，称为“城”皆指县城与县城以上的行政都市，而市镇相对县城时则被称为“乡”，在市镇志中则自称“吾邑”或“吾里”。又如嘉庆《石冈广福合志》记当地几位重要的先达祖居“我里”，后置别业于“城”中，又称这些人为“半城半乡”。参见嘉庆《石冈广福合志》，《凡例》，收于《上海乡镇旧志丛书》（上海：上海社会科学院出版社据嘉庆十二年刻本标点出版，2004），册1，页1。

是由小而大，由集市性质的地方农产品交易场所逐渐变为工商业发达的专业市镇。因此明清江南大多数市镇并非一种非城非乡的特殊聚落，而应属于城市地区①。

既然明清时期的都市化是持续地发展，而且具备城市条件的小市镇大量出现，那么促使如此发展的动力是什么呢？并不能否认工商业的发展与贸易市场的扩大是城市人口增加、城区扩大的重要动因。然而除了工商业的发展之外，消费性格也是明清江南城市的特征之一，那么消费何尝不是提供城市发展的重要动力呢？从消费角度来看城市的特殊性格，除了可以补充与修正过去城市史研究有关城乡一体或分离之讨论外，也可以解释晚明以后都市化与城市发展的动因。

西方史学界过去较偏向探讨都市化对消费产生的影响，如英国史学界主张在18世纪英国发生"消费革命"的学者，就提出都市化是造就消费革命重要的动力之一。当时许多制造品和进口舶来品都集中在大城市，因为城市通常是市场网和运输网的集中站，也是货品分销的集中点，有利于城市居民消费的便利性，同时也影响人们拥有物品的消费行为与消费心态②。另一方面，消费文化对城市化与城市发展的影响，也逐渐受到重视。例如有学者指出，当时不仅是在大城市，英国的小城镇在17世纪末至18世纪也经历了发展的高峰时期，史家称之为"城市文艺复兴"(Urban Renaissance)，而且和消费革命

① 李伯重著，《多视角看江南经济史(1250—1850)》，页390—391。

② Lorna Weatherill, *Consumer Behaviour and Material Culture in Britain, 1660 - 1760* (London; New York: Routledge, 1988), 70 - 90.

的发生息息相关[1]。

明清消费文化的研究近年来逐渐受到学界的重视，而明清时期某些特殊的消费现象与都市化的发展难脱关系。如明清以来奢侈风气的蔓延，最初就是以城市为中心，再向周围的市镇与乡村扩散[2]。而晚明以来服饰方面形成的流行时尚，也是唯江南大城市马首是瞻。笔者也曾指出，都市化的发展，是晚明形成消费社会的重要基础，没有城市就没有消费社会[3]。反过来我们也应该重新思考的是，消费又对城市产生了什么样的影响？导致城市发生了什么样的变化呢？过去研究明清消费文化的学者，尚未将焦点放在城市里，城市里的消费现象颇值得作进一步探讨。

消费与空间

消费与城市两者可以说是相互影响，城市的环境提供了消费社会的形成与消费文化的养分，而消费文化促使城市性格发生了改变。

---

① Peter Borsay, *The English Urban Renaissance: Culture and Society in the Provincial Town, 1660 - 1770* (Oxford: Oxford University Press, 1989); J. Beckett and C. Smith, "Urban Renaissance and Consumer Revolution in Nottingham 1688 - 1750," *Urban History* 27(2000): 31 - 50.

② 徐泓，《明代社会风气的变迁——以江、浙地区为例》，《第二届国际汉学会议论文集：明清近代史组》（台北："中研院"历史语言研究所，1989），页144—159；牛建强著，《明代中后期社会变迁研究》（台北：文津出版社，1997），页77—82；巫仁恕，《明清湖南市镇的社会与文化结构之变迁》，《九州学刊》，卷4期3(1991)，页66—67。

③ 巫仁恕著，《品味奢华：晚明的消费社会与士大夫》（台北："中研院"；联经出版公司，2007），页46—49、139—144。

笔者以为，城市性格的变化，可以从空间性（spatiality）看出端倪。贯穿本书的重要论旨之一，就是从消费的角度来探讨晚明以来江南城市里的空间性，亦即探究明清时期的江南城市的空间建构与消费文化两者之间的互动关系。

最早关注消费文化与空间的关联性者系社会学家，特别是因为现代购物商场如 shopping mall 的出现，它们是具有休闲与商业双重意义的空间，社会学家已指出类似的购物空间其实与消费族群的认同关系密切[①]。而历史学界关于这方面的探讨，最早的是近代早期英国社会史的研究[②]。有不少研究开始注意到城镇内的休闲与购物街区的形成，不仅是消费的空间，而且还是消费者的社交空间。如 18 世纪伦敦的购物廊（shopping gallery），被消费者塑造成消费族群自身的休闲与社交空间[③]。在小城镇也发生了把传统的市集排挤出市中心，而将市中心改造成商店街的例子；背后的动机是为上流社会服

---

① Rob Shield, "Spaces for Subject of Consumption," in Rob Shield ed., *Lifestyle Shopping: The Subject of Consumption* (London: Routledge, 1992), 1-20; Daniel Miller et al., *Shopping, Place and Identity* (London: Routledge, 1998), 1-30.

② 有关近代早期英国消费文化的研究介绍，参见巫仁恕著，《品味奢华：晚明的消费社会与士大夫》，页 9—13；Jonathan White, "A World of Goods? The 'Consumption Turn' and Eighteenth-Century British History," *Culture and Social History* 3(2006): 93-104.

③ Claire Walsh, "Social Meaning and Social Space in Shopping Galleries of Early-modern London," in John Benson and Laura Ugolini eds., *A Nation of Shopkeepers: Five Centuries of British Retailing* (London: I. B. Tauris, 2003), 52-79.

务，使得市中心成为上流社会购物的社会空间①。而商店为吸引与服务顾客也发展出新的特殊模式，如18世纪伦敦商店招待富有的中产阶级能够优雅购物的空间，以及金匠与珠宝商于玻璃柜陈列商品的展示模式②。购物空间的形成还涉及到性别，如19世纪的伦敦出现专属女性购物的特定街区③。这些研究也都呈现出消费空间的多元面向。

本书的写作受益于上述英国史学研究的成果外，特别是最近出版的由 Jon Stobart、Andrew Hann、Victoria Morgan 这三位学者合著之 *Spaces of Consumption*：*Leisure and Shopping in the English Town*，*c. 1680－1830* 一书，给予笔者许多灵感。该书透过几个方面来看消费对城市空间的影响，诸如城市的阶层和空间结构秩序、建筑物的再现与展示、街道作为展演的舞台、广告再现城市景观、妇女的

---

① Jon Stobart，"Shopping Streets as Social Space：Consumption，Improvement，and Leisure in Eighteenth-Century County Town，" *Urban History* 25(1998)：3－21.

② Helen Berry，"Polite Consumption：Shopping in Eighteenth-Century England，" *Transactions of the Royal Historical Society*，Sixth Series 12(2002)：375－394；Claire Walsh，"The Design of London Goldsmiths' Shops in the Early Eighteenth Century，" in David Mitchell ed.，*Goldsmiths*，*Silversmiths and Bankers*：*Innovation and the Transfer of Skill 1550 to 1750*（London：Alan Sutton Publishing Ltd.，1995），96－111；Claire Walsh，"Shop Design and the Display of Goods in Eighteenth-Century London，" *Journal of Design History* 8.3(1995)：157－176.

③ Erika Diane Rappaport，*Shopping for Pleasure*：*Women in the Making of London's West End*（Princeton，NJ：Princeton University Press，2000）.

城市休闲与消费等①。

这里要交待本书所涉及的“空间”与其定义。本书所谓的“空间”有两类，一是实质的空间，包括本书讨论的休闲设施在各地城市空间上的分布、休闲设施内部陈设与布置的空间、休闲设施在都市内的位置、休闲旅游的景点位置、城市内提供购物的街道位置、商店的外部建筑形式的空间利用与内部空间的配置、男女顾客购物与旅游的地点，这些都是有形的实质空间，都是因应休闲或购物的需求而形成的消费空间。

另一类则是指涉“社会空间”(social space)，并不一定是有形实体的空间，而是人群主观建构出来的空间。这样的空间是社会化的产物；也就是说，城市内消费空间的形成不只是由单纯的经济因素所决定，而是由消费者所建构并赋予其意义；这样的消费空间又会回过头来影响与形塑消费者的观念与行为。本书所涉及的休闲设施内部的分化、旅游空间的士庶区分、园林空间由私人转向公共性、男性与女性在购物空间上的差异等，都是社会空间的面向。

无论是实质有形的空间，还是无形的社会空间，本书所讨论的消费空间，从某个意义上来说，其实也是空间商品化的结果，亦即上述所说的空间本身也成了人们消费的对象。虽然社会学家认为空间的商品化是现代资本主义城市的产物②，然而从历史的角度来看，早在

---

① Jon Stobart, Andrew Hann and Victoria Morgan eds., *Spaces of Consumption: Leisure and Shopping in the English Town, c. 1680－1830* (London; New York: Routledge, 2007).

② 亨利·列斐伏尔(Henri Lefebvre)著，王志弘译，《空间：社会产物与使用价值》(Space: Social Product and Use Value)，收于夏铸九、王志弘编译，《空间的文化形式与社会理论读本》(台北：明文书局，1993)，页20—21。

近代早期商业资本主义发达的城市内，已可见这种现象，明清时期江南城市即是明证。

消费与性别

本书还涉及到的另一面向就是性别的研究。城市的消费性格与消费空间一旦成型，也会连带促使社会阶层受其吸引；若从性别的角度来看，活动于城市中的男女，在消费行为上应该也会受到影响而发生变化，进而可能建构自己性别认同的消费空间。

过去从性别角度来探讨消费文化，在西方历史学界已有相当好的研究成绩，尤其是英国史方面。早期关于英国工业革命的研究，若从性别的角度来看，重视的是男性阳刚的一面，如汤普森（E. P. Thompson）关于英国工人阶级的名著，焦点集中在男性工人阶级，对日后史学的研究影响甚大①。曾几何时，随着 1980 年代消费社会与消费革命的命题甚嚣尘上，妇女在家内物品与流行商品方面的消费角色，逐渐得到重视。Neil McKendrick 先驱的研究指出女性在创新的工业制品的需求上，扮演着很重要的角色②。在此基础上，近代早

① E. P. Thompson, *The Making of the English Working Class* (New York: Pantheon Books, 1963); Anna Clark, *The Struggle for the Breeches: Gender and the Making of the British Working Class* (Berkeley: University of California Press, 1995).

② Neil McKendrick, "Home Demand and Economic Growth: A New View of the Role of Women and Children in the Industrial Revolution," in Neil McKendrick ed., *Historical Perspectives: Studies in English Thought and Society in Honour of J. H. Plumb* (London: Europa, 1974), 152–210.

期的社会文化史学者开始大量地从事英国 18 世纪女性与消费的研究。如 Beverly Lemire 研究下层妇女[①]；Maxine Berg 研究在工业城镇之中产阶级妇女投资在消费市场上的物品[②]；至于社会阶级更高的上流社会妇女们，有更多的证据说明她们迷恋于消费的过程，如 Amanda Vickery 与 Marcia Pointon 的研究[③]。

有关妇女的消费角色已有大量的研究，却也因研究的焦点几乎

---

① Beverly Lemire 指出她们不只是新型或二手纺织品的生产者与流通者，同时也是棉衣与服饰的消费者。参见 Beverly Lemire，*Fashion's Favorite：The Cotton Trade and the Consumer in Britain，1660－1800*（New York：Oxford University Press，1992）与 *Dress，Culture and Commerce：The English Clothing Trade before the Factory，1660－1800*（New York：St. Martin's Press，1997），特别是第 2、4、5 章。

② 如衣服、轻家具、桌布、茶具与瓷器等成了女性个人的物品，传达出性别认同、个人特质与流行时尚，这些物品通常很少被男性所提及。Maxine Berg，"Women's Consumption and the Industrial Classes of Eighteenth-Century England，" *Journal of Social History* 30. 2(1996)：421.

③ Amanda Vickery 强调大量流动的商品进入家庭中，促使原来生活朴素的妻子开始动员男性亲属投入这场消费竞赛。Marcia Pointon 也指出 18 世纪精英阶层的消费当中，妇女的角色很重要，尤其是塑造商品的世界。因为这样的奢侈品不只是用来促进其个人的时尚感，同时在一定程度上成为当时整个社会中权力运作体系的一环。参见 Amanda Vickery，"Women and the World of Goods：a Lancashire Consumer and her Possessions，" in John Brewer and Roy Porter eds.，*Consumption and the World of Goods*（London；New York：Routledge，1993），274－301 and *The Gentleman's Daughter：Women's Lives in Georgian England*（New Haven，Conn.：Yale University Press，1998）. Marcia Pointon，*Strategies for Showing：Women，Possession，and Representation in English Visual Culture 1665－1800*（New York：Oxford University Press，1997），38.

都放在女性身上，而使得男性消费方面相对地乏人问津[①]。18 世纪后期至 19 世纪初期的英国市场形同“女性化”的市场，女人被描述成对所有新鲜、新奇物品充满饥渴(hungry for things)[②]。男性在这类商品的消费角色，相对地被忽略了。或有学者认为，女性利用消费品以建立其家庭的象征，遂衍生出女性偏爱购买家内物品、衣服与个人用品，不同于男性喜好购买武器与动物的观点[③]。

直到近年来新的研究成果出现，才开始扭转上述刻板印象。Margot Finn 的研究显示 18 世纪英国消费社会里，其实男性也参与购物消费的活动，且男性与女性两者购物的种类并非截然不同，因而质疑了过去把 18 世纪英国消费社会与消费革命“女性化”的观点[④]。也有学者注意到消费购物与男性气质(masculinity)的塑造息息相关，如英国 16 世纪以后随着意识形态的改变与社会阶层的递嬗，改造了男性的流行服饰，而且流行服饰在定义男性气质上扮演了很重要的

---

① Victoria de Grazia and Ellen Furlough eds., *The Sex of Things: Gender and Consumption in Historical Perspective* (Berkeley: University of California Press, 1996).

② Elizabeth Kowaleski-Wallace, *Consuming Subjects: Women, Shopping and Business in the Eighteenth Century* (New York: Columbia University Press, 1997), 4 - 5.

③ Paul Glennie, "Consumption within Historical Studies," in Daniel Miller ed., *Acknowledging Consumption: A Review of New Studies* (London; New York: Routledge, 1995), 179.

④ Margot Finn, " Men's Things: Masculine Possession in the Consumer Revolution," *Social History* 25. 2(2000): 133 - 155.

角色[①]。再者，透过消费来塑造的男性气质与形象，显然都与伦敦这个大都市的环境有关。

上述英国史的研究成果给了我们研究明清史许多启示，虽然随着女性主义的抬头，性别研究与妇女生活史已然成为明清研究的主流之一，关于明清妇女的消费活动也逐渐受到注意，不过仍有许多待开发的空间。此外，我们也不能因为太过强调妇女消费，而忽略了男性的消费文化。近年来明清妇女的消费活动逐渐被学者挖掘出来的同时，代表当时男性特质的消费行为反而隐而不显。实则唯有愈加了解明清妇女的消费文化，才能更凸显男性消费文化的特质。笔者以为要探讨明清士大夫的男性特质，可以从他们的购物行为与消费文化着手。本书下篇二章即探讨此议题。

本书的架构

本书分成三篇，每篇各有两章，分别从六个面向来探析。上篇主要集中研究明清城市的消费性格与消费的动力，并从休闲与购物两方面来作探讨。第一章将一一介绍明清江南城市中的这类休闲活动与设施。笔者将根据清代笔记的记载，归纳出几个重要的休闲设施，即寺院、戏馆、游船、青楼、酒肆、茶店、蟋蟀局、鹌鹑局、浴堂等。明清时期江南城市各类休闲设施的出现与发展，提供城市的居民更多样化的休闲娱乐，让城市的生活更加多彩多姿，这是明代前中期的江南

---

① David Kuchta, *The Three-Piece Suit and Modern Masculinity: England, 1550 - 1850* (Berkeley: University of California Press, 2002).

城市住民所无法想象的。上述这些休闲设施在空间上也发生了变化,在外部空间上进一步地扩大到市镇,而内部的空间也发生了阶层分化,出现高级精致的休闲设施。

第二章主要是探讨城市内的商店街与商店本身的变化。为满足消费者的需求,在明清江南的大城市内,陆续形成不少集中提供休闲购物的街区。其实传统政府对城市的市场位置有相当的规划,本章以南京为例,说明了明初政府对市场位置与功能的规划。但是至明中叶,南京的市容一度衰落,到晚明又再度兴盛,直至清代中叶仍有持续的发展。尤其值得注意的是,到了晚明形成了购物街,而且还出现了类似今日专卖奢侈品的商店所集中的精品或名牌大街。其次,商店本身的建筑形式以及空间的利用上,也发生很大的变化。本章透过对城市风俗图的分析,发现宋至明清,商店形式有三方面的变革。商店本身的功能也不只是买卖有无,许多工商业者为了促进消费者购买其商品,不断创造新的商品式样,俨然是在塑造流行时尚。不仅如此,商店更利用招幌这种视觉广告来吸引顾客,或有商人在灯会时装饰花灯作为宣传。这些现象说明了消费的动力驱使城市景观发生变化,以致明中叶以后江南的城市与过去相较,呈现出相当程度的差异。

中篇两章则是以探讨城市休闲消费所反映的社会空间为主题。第三章以苏州为例,探讨城市园林由私人休闲空间转变成公共休闲空间的过程。从苏州的例子,显示出园林位置在空间上的分布,实与城市各个区位的机能发展息息相关。从明至清,苏州城市内住民人口与经济发展,不断由西部往东部扩散。反映在园林的分布上,是明代集中在西北部,而清代则是往东南部发展。又苏州城郊园林的发展情况，明代是以上、下塘街至枫桥一带最为繁华；至清代，则是以虎丘山塘一带为盛。从苏州的例子，可以看到晚明时已有私家园林于特定时节开放游人进入观赏；到清代，私家园林的开放成了苏州一地的岁时风俗。至此，园林成了城市居民非常重要的休闲场所，同时也形成市民对公共休闲空间需求的新观念。这些现象，都说明了私家园林逐渐转向公共化的倾向。

第四章也是以苏州为例，探讨明清以来休闲旅游的兴衰变化以及旅游空间的演变。本章的一个重要议题，是尝试分析旅游空间的重要开发者，也就是士大夫与文人阶层，他们积极开发旅游景点的背后动机。明清苏州旅游空间的变迁反映了另一层次的社会空间的变化，亦即从明清以迄近代旅游文化的发展与旅游空间的变迁中，呈现出社会阶层化(social stratification)的区别。明清苏州旅游空间的扩展与景点的开发，部分着实应归诸士大夫的努力。这些传统的士大夫阶层的动机，其实是为了彰显其身份，遂透过旅游空间与旅游景点的开发与塑造，创新其旅游文化，并以此区隔大众游观活动。此外士大夫还会透过文字书写来塑造旅游景点，尤其是清代的文人与士大夫。然而，此举却吸引更多人的关注，带动游客前来一睹究竟的风潮。

本书下篇的两章，主要是关于两性购物消费的议题。第五章的主要论旨是企图推翻过去关于明清妇女消费活动的刻板印象。明清时期江南的妇女在许多方面的休闲活动，都有相当程度的自主性。她们的活动空间也超越前代，就像跨省际、长距离的妇女进香活动，更是之前朝代绝少见者。明清时期男女消费形态的确也有差异。本章第二节里特别指出明清江南妇女在服饰消费方面尤为突出，从明中叶以后江南妇女的服饰从朴素走向华丽，甚至形成追逐时髦的流行时尚，还有模仿后妃或命妇装扮的社会仿效行为（social emulation）。至于购物方面，江南妇女较常购买的有成衣、珠宝首饰、化妆品、鲜花与甜食等。至于妇女如何购物，是否可以出门逛街或至商店内购物，本章也将有进一步的分析。为满足妇女的消费需求，除了游观地点有临时的市场外，在城市内还形成专卖妇女用品的商店街。最后谈妓女的休闲与消费活动，妓女在游船活动与服饰设计上都是引领时尚的，妓院也是城市内重要的休闲消费空间，甚至影响城市经济的发展。

第六章尝试从男性角度来探讨购物行为，主要是以士商阶层作为探讨的对象。首先透过明清士大夫对女性休闲消费活动的批评，来说明男性面对妇女逐渐蓬勃的休闲消费活动而产生的焦虑感。其次，再从休闲旅游与购物消费两个方面，来看明清士大夫所建构的男性消费文化。在此将利用明清士大夫的日记，来探讨士大夫旅游与购物的行为，包括旅游的同伴、结社旅游的功能、旅游的地点、购物的内容、购物的经验与社交网络、购物的途径与地点等。最后要指出的是，还有另一群体，也是上述男性主流文化的重要参与者与实践者，那就是商人阶层。明清时期大量出现的日用类书与商业书，不只是提供商人采购大宗商品的知识来源，同时也转化成为士商阶层休闲购物的知识。此章又以明清徽州的中小商人为例，分析他们的收藏品与消费模式，以说明男性主流的消费文化也是士商阶层共享的消费文化。而城市空间是建构上述男性特质的消费文化时所不可或缺的要件。

透过上述各章的分析与讨论，在结论里笔者将进一步探讨休闲消费空间的多层意义，以说明消费作为城市发展的动力，对城市的空间结构造成什么样的影响。同时讨论与本书有关的另外两个议题，一是尝试与中国城市史的问题对话，回答明清时期的城市性格为何。笔者以消费性格来说明城乡的差异与城市性格，并论述这样的城市性格如何吸引乡绅移居城市、改变其认知观念。另一个问题是关于休闲消费空间的定位问题，亦即探讨当时人看待这类空间的观念，是否有去道德化与去政治化的可能性。

上篇　休闲消费与城市空间的改造

第一章　休闲设施与城市空间的变化

所谓“消闲”，系指消磨闲暇之意。在传统文献里，自元代以后，此一词汇才频繁出现。从元代以后的文献看来，除了追录旧闻、时作杂记算是消闲外，被视为消闲的活动还颇为多元。就像清人徐时作《菜堂节录》之自序有云：“世之仕宦归林下者，多筑园亭，购花鸟，招宾客，买歌舞，吹竹弹丝，为娱老消闲之具。”[①]又如小说《醒世恒言》谓：“所以高人隐士，往往寄兴棋枰，消闲玩世。”[②]不仅棋弈被视为是消闲遣兴的活动，就连赌博也算是一种消闲。如《大清会典事例》有多处记有汉军恶习，常以工于马吊互相夸尚，且借此为“消闲解闷”之具[③]。在此行文拟使用现代相同意义的词汇“休闲”，来取代传统的“消闲”一词。

明清时期江南城市的休闲设施有哪些呢？就以苏州为例，清人的笔记为我们指出了一些大方向。如钱泳（1759～1844）《履园丛话》

---

① （清）徐时作撰，《菜堂节录》，收于《四库未收书辑刊》（北京：北京出版社据清乾隆三十年崇本堂刻本影印，1995），辑 7 册 14，《菜堂序》，页 494。

② （明）冯梦龙编撰，《醒世恒言》（台北：三民书局，1988），卷 9，《陈多寿生死夫妻》，页 169。

③ 《大清会典事例》（北京：中华书局，1991），卷 827，刑部 105，《刑律杂犯二・赌博二・历年事例・雍正四年》，册 9，页 1007b；《大清会典事例》，卷 1146，八旗都统 36，《公式六・禁令一・雍正四年》，册 12，页 410a。

云："苏郡五方杂处，如寺院、戏馆、游船、青楼、蟋蟀、鹌鹑等局，皆穷人之大养济院。"①再如顾公燮（1734～？）《消夏闲记摘抄》提到苏州林立的店铺类别与休闲设施："即以吾苏而论，洋货、皮货、细缎、衣饰、金玉、珠宝、参药诸铺，戏园、游船、酒肆、茶店，如山如林，不知几千万人。"②上述二人皆提出苏州有许多五方杂处、消费活动频繁的地方，提供了贩夫走卒等许多就业机会。由此，我们大概可以归纳出几个重要的休闲设施，即寺院、戏馆、游船、青楼、酒肆、茶店、蟋蟀局、鹌鹑局等。除此之外，浴堂也是江南城市里常见的休闲设施。

关于上述各种休闲设施，在过去已有相当多的研究成果，本章的主旨并非是要详述各式休闲设施与其功能，故只作概略介绍，次则说明上述这些休闲设施在空间上所发生的变迁。

第一节　休闲游观

寺庙烧香

明代中叶以后江南的文献里，时常提到许多休闲旅游的活动，也

① （清）钱泳撰，张伟校点，《履园丛话》（北京：中华书局据清道光十八年述德堂刊本刊印，1979），卷1，《旧闻·安顿穷人》，页26。这段话在顾公燮的《消夏闲记摘抄》里，也有同样的论述。参见（清）顾公燮撰，《消夏闲记摘抄》，收于《丛书集成续编·子部》（上海：上海书店出版社据涵芬楼秘笈影印，1994），卷上，《抚藩禁烧香演剧》，册96，页40b。

② （清）顾公燮撰，《消夏闲记摘抄》，卷上，《苏俗奢靡》，页27a。

就是所谓的“游观”活动，尤其是百姓入寺庙烧香的情景。此现象可以分为两方面，一是入庙宇烧香，一是入寺院烧香。首先论庙会烧香，虽然百姓在平日也会到庙宇烧香，但是每当庙会时烧香信徒更是络绎不绝，以至于发展成大众休闲的游观活动①。所以明清的地方文献里提到当地风俗时，常有“吴俗信鬼，故赛会最盛于江南”之语。如清人龚炜（1704～1769?）就以“赛会奇观”为名，来形容吴俗信巫祝、崇鬼神，“致一国之若狂”的庙会活动②。

就以苏州的庙会活动为例，明代苏州府与其所属各县内有各种名目的“会”，包括松花会、猛将会、关王会、观音会，而最崇尚的就是到上方山祭祀五通神，所谓的“五方贤圣会”。苏州的五方贤圣会活动，除了在城中有“会首”主其事外，还有城厢周边乡村参与者，称为“助会”。到清代，五方贤圣会的风潮消退，反而由其他的庙会取而代之，其中又以玄妙观与城隍庙最盛。城内玄妙观每年一度最重要的庙会节庆，就是在三月二十八日于东岳神殿举行的东岳神诞会。每当庙会节庆时，也是游人蚁聚的时候。另外，城隍神庙会也是苏州城内很重要的庙会活动。苏州府城隍庙在武状元坊内，据说是城内庙宇香火最盛之地。而到此地进香的香客是形形色色，不分上、下阶层。（参见第四章）再如南京的情况，清代金陵城中春天有东岳、都天

---

① 到了晚明，江南地区在传统的节日之外，又出现许多新兴的庙会节庆；相较于过去，明末清初的庙会节庆显示出种类的多样化、活动的频繁化与空间的普及化等特点。参见巫仁恕，《节庆、信仰与抗争——明清城隍信仰与城市群众的集体抗议行为》，《“中研院”近代史研究所集刊》，期34（2000年12月），页152—157。

② （清）龚炜撰，《巢林笔谈》（北京：中华书局，1981），卷2，《赛会奇观》，页34—35。

诸会，秋季有金龙四大王、古城隍诸会。每当庙会期间，与会者抬神像遨游四城，早出夜归，旗伞鲜明，箫鼓杂沓。游行的队伍里有两人层累而上如叠罗汉者，谓之“台阁”；又有四人盘旋升降者，谓之“秋千”，系庙会中规模最大、最可观者[①]。

其次，明清江南的大城市盛行到城外山上著名的寺院进香。例如明代的苏州在所谓的观音诞辰与观音成道之日，信徒与民众纷纷往支硎山进香。到了清代，苏州的进香活动达到空前的盛况，据当时人形容，举凡支硎、灵岩、虎阜、穹窿诸山，都有许多人结伴雇船前来进香，船上有旗书写“朝山进香”四字[②](参见第四章)。类似的例子如清代金陵于六月十九日，门东石观音庵、城北观音楼皆有观音会；七月三十一日清凉山有地藏会，信徒抬各地小寺庵的神佛像，麇集于大庵，标其名曰“朝山进香”，沿途设茶棚，张挂灯彩并供香客饮用[③]。又如清代扬州的习俗，每到观音圣诞日，四乡与城内坊铺街巷，也都有结会上山进香的活动。进香之前日先迎神轿斋戒祀祷，至期贮沉檀香于布袋中，并写上“朝山进香”四字，旗章伞盖、幡幢灯火，香客焚香，一步一礼，诵朝山曲。上山之路成了街市，两旁乞丐成群，又名“花子街”；街上还遍设盆水给人盥手，谓之“净水”[④]。这些进香客的目的呢？就像当时人所说的：“都人士女，借烧香以游衍。”也就是为

---

① (清)陈作霖撰，《炳烛里谈》，收于《金陵琐志九种》(南京：南京出版社，2008)，卷中，《金陵赛神诸会》，页321—322。

② 崇祯《吴县志》(明崇祯刊本)，卷10，《风俗》，页3b；(清)袁景澜撰，甘兰经、吴琴点校，《吴郡岁华纪丽》(南京：江苏古籍出版社，1998)，卷8，《八月·秋山香市》，页264。

③ (清)陈作霖撰，《炳烛里谈》，卷中，《金陵赛神诸会》，页321—322。

④ (清)李斗撰，《扬州画舫录》(北京：中华书局，1997)，《蜀冈录》，卷16，页366。

游览而进香，宗教的目的似乎是其次的①。

并非所有的寺庙都形成这样的游观活动，然而从上面许多例子可以看到这类烧香活动普及的程度。当时的士大夫见到此景，常有“游观若狂”、“借烧香以游衍”的形容，由此我们可以推测参与者背后的动机，其实是为了休闲。又还有“笑语喧腾，乐声间作”、“诸士女毕会，物色骈涌”等语之形容②，显示这类活动中的娱乐性浓厚，对照起来宗教的活动似乎变成次要的。因此我们很难将这类进香活动时的“香客”与“游客”作明显的区分③。

游船览景

明清以来江南的休闲旅游风气大盛，而最常见的水运交通工具就是画舫或游船。江南城市近郊水路要道出现许多载客的游船待雇，如苏州虎丘山塘、南京的秦淮河、扬州的保障湖、无锡的惠山河一带④。在这些地方只要花钱都可以租到或雇到游船，可见其商品化

① (清)顾禄撰，来新夏点校，《清嘉录》(上海：上海古籍出版社，1986)，卷2，《二月・观音山香市》，页40—41；(清)袁景澜撰，《吴郡岁华纪丽》，卷2，《二月・观音山香市》，页69—70。

② (明)费元禄纂，《鼂采馆清课》，收于《丛书集成简编》(台北：商务印书馆据宝颜堂秘笈本排印，1965)，册222，卷上，页18。

③ 关于大众进香的旅游活动之研究，参见 Susan Naquin and Chün-fang Yü, eds., *Pilgrims and Sacred Sites in China* (Berkeley: University of California Press, 1992)一书中诸文。

④ 有关明清江南的游船业，还可参见宋立中，《论明清江南游船业的经营空间、服务方式及其变迁》，《西南大学学报(社会科学版)》，2007年第4期，页50—57。

的程度。若比较明清两代在游船方面的发展，清代在技术上与明代相比并无太大的突破，但是论及普及性与多元性则远超过明代。

晚明已经可以看到江南的游船发展出各种不同的形式与名称，如崇祯《松江府志》就提到当地舟楫的变化：

> 初有航船、游山船、座船、长路船，今为浪船、楼船，朱栏翠幕，净如精庐，游人往往召客，张燕其中，远近通行。①

引文中呈现出松江府当地舟楫的种类渐趋多样化，而且多是为旅游之用。在李日华（1565～1635）的日记中也记载了许多不同名称的"舫"，包括了"小舫"、"雪舫"、"湖舫"、"酒舫"与"画舫"等等，可惜并无进一步有关形制的记录。② 又如晚明西湖上的游船，也有许多不同的名称，包括了湖船、游敖、画舰或舴艋等③。

游船最常见的称呼是所谓的"画舫"，泛指"一载优伶箫鼓、一载酒筵"的游船④。比较特殊的是所谓的"楼船"，因为据明人的考证，明代西湖的湖船形制大多仍是沿用宋元之制，大小差异不大，只有楼

---

① 崇祯《松江府志》（明崇祯三年刻本），卷7，《风俗》，页34a。

② （明）李日华著，屠友祥校注，《味水轩日记》（上海：上海远东出版社，1996），卷5，万历四十一年十一月十一日，页352。

③ （明）王叔承著，《武林富春游记》，收于劳亦安辑，《古今游记丛钞》（上海：中华书局，1924），册4，卷18，《浙江省》，页63。

④ 据明人钱希言的考证，两舟相并曰"舫"，当时人一概混淆，凡船皆称舫。见（明）钱希言撰，《戏瑕》，收于《四库全书存目丛书·子部·杂家类》（台南：庄严文化事业据安徽省图书馆藏明刻本影印，1995），册97，卷3，《舫》，页21b。

船特别大，“不过船上加楼，极彩绘之华”①。又据虞淳熙（1553～1621）的形容：

> 湖舟具有楼名，而实无楼。春水登之，宛如天上作也。……于是实为楼，闭户开筵，却宛如闺中坐矣。启牖而榜人窥我闺人，牖因不时启，不知有西湖也。②

由此可见楼船的加大是明代中晚期的发展，这也反映出旅游风气所造成的影响。

到了清代，江南游船的发展更进一步，名称更多，形制更复杂。清人厉鹗（1692～1752）就专为杭州西湖的游船写了一本《湖船录》，书中所记湖船名称达九十种之多③。而且游船业的经营者每每花尽心思，创新式样以吸引顾客。如金陵秦淮河的灯船，大者称“走舱”、小者称“藤绷”，还有新式船名“四不象”，略小于走舱而大于藤绷，“出奇制胜，人争雇之，此亦厌故喜新之一端也”④。清代的游船业者还兼提供饮食与声色娱乐。如清代苏州山塘的画舫，在其后常跟着酒船，就像是专供饮食服务的流动饭店，又称为“行庖”、“水宴”。又如

① （明）钱希言撰，《桐薪》，收于《松枢十九山》（日本内阁文库藏明万历二十八年序刊本），卷 3，《湖船》，页 17a—b。

② （明）虞淳熙撰，《浮梅槛诗序》，收于（明）陆云龙等选评，蒋金德点校，《明人小品十六家》（杭州：杭州古籍出版社，1996），页 208。

③ （清）厉鹗撰，《湖船录》，收于（清）朱彭等，《南宋古迹考（外四种）》（杭州：浙江人民出版社，1983），页 124。

④ （清）甘熙撰，邓振明点校，《白下琐言》（南京：南京出版社，2007），卷 2，页 34。

清代金陵类似酒船或行庖的流动饭店，当地称之为“火食船”。金陵的富人缙绅每当招待外来客人时，必定邀请客人乘坐火食船旅游：

> 凡有特客或他省之来吾郡者，必招游画舫以将敬……另以小舟载仆辈于后，以备装烟问话；盘餐或从家庖治成，用朱红油盒子担至马头，伺船过送上；或择名馆，如便意新顺之类，代办以取其便；又或佣雇外间庖人，载以七板儿两只，谓之“火食船”。①

另一个更著名的例子，就是浙东的“江山船”。江山船内部陈设华而洁，饮馔精且新，船各蓄有年少美姬二三人，大抵以桐庐、严州人居多，有船家亲生或购养者，儿时即延师教度曲弦管等技，“凡仕宦客商登舟，饮食起居，皆若曹伺奉，无须厮仆”②。除此之外，苏州的游船还有专门提供演戏的“卷梢船”或“逆水船”，以及提供雏姬女扮男装以取悦客人的“鼻烟壶”③。这说明了随着旅游风气的兴盛，有更多的人投入旅游相关的交通服务业借以维生，也提供了人们旅游时更

---

① （清）捧花生撰，《画舫余谭》，收于（清）王韬编撰，《艳史丛钞》（台北：广文书局据清光绪四年弢园主人选校刊本影印，1976），页 324—325。

② （清）许奉恩撰，《里乘》（重庆：重庆出版社，2000），卷 3，《袁姬》，页 62；（清）宣鼎著，香一点校，《夜雨秋灯录》（济南：齐鲁书社，2004），卷 3，《珠江花舫》，页 147。清人焦循（1763～1820）的《理堂日记》中也曾记载他旅游时乘坐“江山船”的情形，甚至更详尽地记载江山船的起源。参见（清）焦循撰，《理堂日记》（上海图书馆藏清抄本）。

③ 苏州的演戏船因为雍正年间以后在岸上成立戏馆而消失。参见（清）顾禄撰，《桐桥倚棹录》（上海：上海古籍出版社，1980），卷 12，《舟楫》，页 162；（清）顾公燮撰，《消夏闲记摘抄》，卷下，《郭园始创戏馆》，页 20b—21a。

好、更精致的服务[1]。

第二节 声色之娱

戏馆观剧

明中期以后，戏曲在江南地区特别盛行。当地的剧团有私人家班与职业戏班之分，前者演戏的场合主要是在贵族豪绅与文人士大夫的家宅内，偶亦随主人旅游于外，在船舫、祠庙等地公开演出。职业戏班则是以营利为目的，如南京著名的两大职业戏班，据明末四公子之一的侯方域（1618～1654）所描述，分别是兴化部与华林部[2]。职业戏班在外巡回演出的场合，包括迎神赛会时的祠庙演剧，或有被聘请在广场、客店与酒馆中演剧[3]。甚至地方上迎新官和送秀才或生童，都会在城隍庙及明伦堂演戏[4]。

---

① 游船旅游时常需要外带菜肴点心，如苏州的“船菜”、扬州的“野食”等皆是，这使得大城市内出现许多专门做这样订菜生意的食肆面馆，如扬州城内有许多食肆，专门供应乘画舫的游人订菜，在晚上送达船上。参见（清）李斗撰，《扬州画舫录》，卷 11，《虹桥录下》，页 266—267。

② （明）侯方域撰，《壮悔堂集》，收于《四部备要・集部》（台北：中华书局，1965），册 224，卷 5，《马伶传》，页 13a。

③ 王安祈著，《明代传奇之剧场及其艺术》（台北：学生书局，1986），页 78—114、130—174。

④ （明）李乐撰，《见闻杂记》（上海：上海古籍出版社据明万历年间刊本影印，1986），卷 10，页 848。

江南这类演剧发达与兴盛的时间，正好与江南的社会风气由纯朴走向奢侈的时间相吻合①。嘉靖后期随着江南奢侈的风气高涨，戏班的酬劳也愈来愈高。如《叶天寥年谱》记苏州之情景：

> 壬申（崇祯五年）五月，正青苗插种之时，城市竞相媚五方贤圣，各处设台演戏。郡中最有名之梨园毕集吴邑，北则外场书院前，南则垂虹亭、华严寺，西则西门外，东则荡上。一日斋筵及梨园供给价钱费三四十金不止，总计诸处一日百五六十金矣。②

暂且不论家班或仕宦商人请职业戏班到府演戏的酬劳，上引文显示即使是一般社戏的场合索费亦有一日近"三四十金"者。如此高的演出价码与酬劳，也只有在江南地区才有人有足够的能力消费，才有市场。因为江南有商品化与城市化的发展为基础，使得当地人民的生活水平提高，也使当地人具有相当大的消费潜力。

另一方面，观察江南的戏剧兴盛的程度，也可以从当地剧团与戏子优伶的人数得之。《菽园杂记》中载："嘉兴之海盐、绍兴之余姚、宁波之慈溪、台州之黄岩、温州之永嘉，皆有习为倡优者，名曰戏文子弟，虽良家子不耻为之。"③可见从事戏曲演出在江浙地区，已成为一

---

① （明）范濂著，《云间据目抄》，收于《笔记小说大观》（台北：新兴书局，1978），编22册5，卷2，《记风俗》，页6a。

② （明）叶绍袁著，《叶天寥年谱别记》，收于《年谱十种》（北京：文物出版社，1982），壬申五月条，页18a—b。

③ （明）陆容撰，佚之点校，《菽园杂记》（北京：中华书局，1985），卷10，页124。

热门的职业。明人张瀚(1510～1593)指出杭州也有类似的风气：

> 至今游惰之人，乐为优俳。二三十年间富贵家出金帛，制服饰器具，列笙歌鼓吹，招至十余人为队，搬演传奇；好事者竞为淫丽之词，转相唱和；一郡城之内，衣食于此者，不知几千人矣。①

由此可见，晚明杭州的演剧之风，甚至可能有数千人的相关从业人员。

虽然明中叶以后江南城市的演剧风气兴盛，但是并未见有职业剧班固定演出，以及供客人观赏的剧院出现。按常理推测，职业戏班是以营利为目的，除了迎神赛会及应贵族缙绅的召唤演出之外，应该有经常性的公演场所。早在元代就有"勾阑"，系指在城市街头热闹处所设，内部的构造分为戏台、戏房、看席。但是明代的演剧史料中有关勾阑营利公演的记载并不多，且"勾阑"一词的名义已渐由剧场转为妓院②。较常见的，还是在广场或通衢临时搭戏棚的公演形式。从当时的城市风俗图卷里，可以看到这样的盛况。如《南都繁会图》与仇英临摹的《清明上河图》，都可以看到广场或街衢上搭棚演出的情形(参见图1.1、1.2)。

此外，在游船上演戏的情形也很普遍，尤其是风雅的文人们，特别创设"楼船"以增豪兴，如冯梦祯(1548～1595)与祁彪佳(1602～1645)的日记里都常提到他们获邀坐船上观戏的情景。在酒馆搭演

---

① (明)张瀚撰，《松窗梦语》(北京：中华书局，1985)，卷7，《风俗纪》，页139。

② 王安祈著，《明代传奇之剧场及其艺术》，页146—149。

图 1.1　明人绘《南都繁会图》中观戏的局部

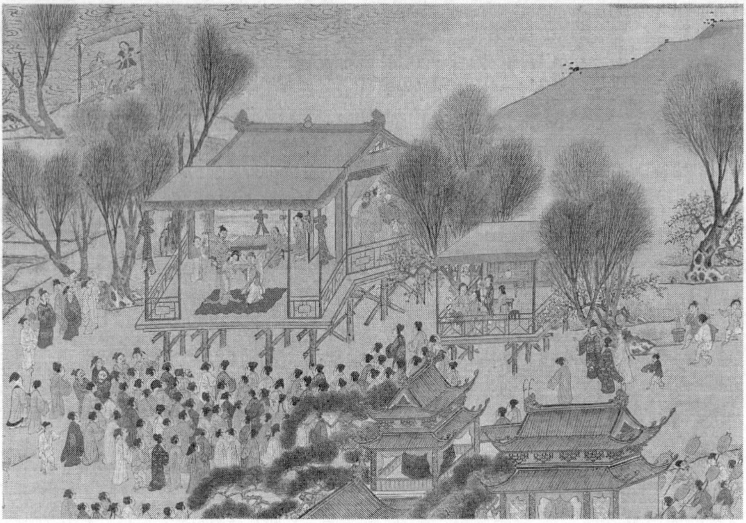

图 1.2　《清明上河图》摹本中观戏的局部

的情形偶有所闻，如祁彪佳的日记里有到酒馆观戏的记录①。这些情形都说明了此时期江南演剧的发达，已成为人们生活中重要的休闲娱乐，但公开演戏的场所多属流动性与临时性。

清代前期江南城市内的演剧场所发生最大的变革，就是戏馆或戏园的出现。清人顾公燮的《消夏闲记摘抄》云：

> 苏郡向年款神宴客，每于虎丘山塘卷梢大船头上演戏。船中为戏房，船尾备菜。观戏者另唤沙飞、牛舌等船列其旁。客有后至者，令仆候于北马头，唤荡河船送至山塘，其价不过一钱六分之事。但遇大风大雨，或戏不甚佳，岸上抛砖掷瓦，戏即罢。闲人在各船顶版上看者太多，恐致覆坠，戏又罢。种种周章，殊多未便。至雍正年间，郭园始创开戏馆，既而增至一二馆，人皆称便。由是卷梢船歇矣，今仅存一只，而戏馆不下二十余处。昔汤文正公抚吴，以酒船耗民财，将欲禁之，或言此小民生计，乃止。②

如前所述，事情的原委是在明末清初时，苏州的虎丘山塘一带流行在游船上演戏，演戏的船叫作“卷梢船”，而来观戏的游船有“沙飞”或“牛舌”之称；后来因为有许多不便，如观戏客人不满而阻碍演出，或因为观戏拥挤而常有坠落的意外，所以雍正年间有改设于岸上之戏馆。乾隆《长洲县志》也记：“苏城戏园向所未有，间或有之，不过商家

---

① 王安祈著，《明代传奇之剧场及其艺术》，页 156、171—173。

② (清)顾公燮撰，《消夏闲记摘抄》，卷下，《郭园始创戏馆》，页 20b—21a。

会馆借以宴客耳。今不论城内城外遍开戏园,集游惰之民,昼夜不绝,男女杂混,此奸盗之原,风俗之最敝也,宜亟禁止。”①戏馆还提供饮宴,成了当地人招待客人的绝佳场所。就像《清嘉录》云:“盖金阊戏园不下十余处,居人有宴会,皆入戏园,为待客之便。击牲烹鲜,宾朋满座。”②(图 1.3)

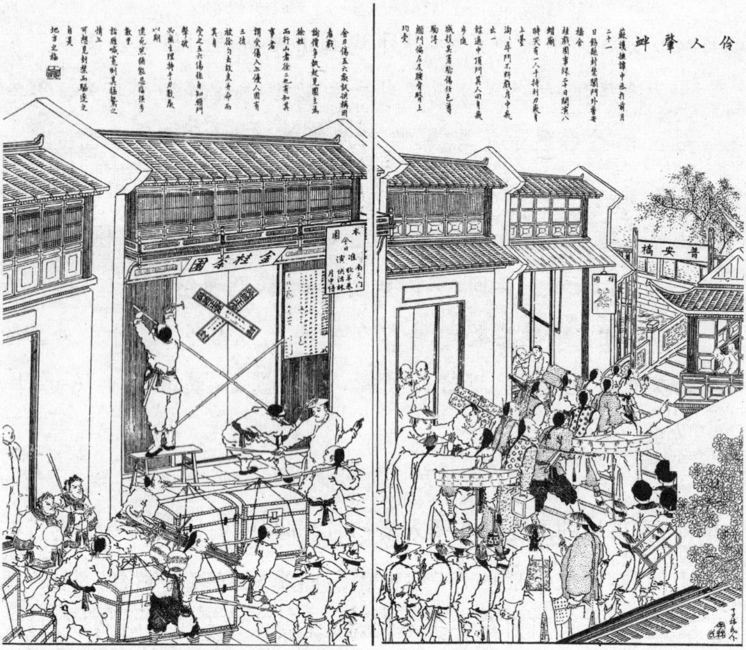

图 1.3　清代苏州戏园

说明:清末《点石斋画报》描绘苏州阊门外金桂戏园因发生暴力事件而遭官府查封的情景,由此图可见戏园建筑之外观。

---

① 乾隆《长洲县志》(清乾隆十八年刻本),卷 11,《风俗》,页 4a—b。

② (清)顾禄撰,《清嘉录》,卷 7,《七月 · 青龙戏》,页 122。

清代北京建立戏馆的时间，可能比苏州还要早。清人戴璐（1739～1806）据《亚谷丛书》所载指出京师戏馆以太平园、四宜园二处最久，其次则是查家楼、月明楼，皆系康熙末年的酒园[①]。而北京与苏州开设戏馆的风气，逐渐地在其他的江南城市里普及起来，如清人龚炜在《巢林笔谈》里述及其于恩科乡试之期，再次游金陵，“昼则闲步街衢，或小酌戏馆，或诣友寓一谈”，显然在金陵也有不少戏馆[②]。

又如扬州开设戏馆的情形，始于嘉庆年间，仿北京的形式创建，据《邗江三百吟》载：

> 京都南城外戏馆驰名，苏州次焉。窃思都门为王畿首善之区，苏省亦商贾通行之地，或取以为太平歌咏，或须以为燕乐嘉宾，昭其便也。扬城昔亦繁华耳！今于嘉庆十三年春三月，仿京都之式行之。馆在新城大树巷相近，曰“固乐园”，即总商余晟瑞家闲园之出赁也。是年闰五月，旧城大东门内，向有胜春园酒肆，亦因之而改，曰“阳春茶社”。六月，新城兴教寺后身岑姓废

---

① （清）戴璐撰，《藤阴杂记》（上海：上海古籍出版社，1985），卷5，《中城·南城》，页64。

② （清）龚炜撰，《巢林笔谈》，卷6，《再游金陵》，页158。关于南京戏馆，据清末陈作霖所撰的《炳烛里谈》一书指出，江宁城中向无戏园，道光时有三个职业戏班，通常都是在神庙赛会、官衙庆贺时演出，绅民堂会演出的机会乃绝无仅有。一直到光绪中，始开设凤园一处。然该书所记乃19世纪中叶以后之事，是否能反映清代前中期的现象，则仍待详考。参见（清）陈作霖撰，《炳烛里谈》，收于《金陵琐志九种》，卷下，《戏园》，页347。

园内，极幽雅、极宽大，又相继而起，名曰“丰乐园”。踵事增华，聊以待腰缠之集；闻风起慕，庶几如桴鼓之从。[①]

引文显示扬州最早的戏馆是租赁盐商余晟瑞家之园林，同年城内又有多处戏馆如阳春茶社、丰乐园等，也都是利用旧有或废弃之园林地改建的。

青楼寻芳

关于青楼文化方面，在明清以前并非没有妓女，只是这个古老的行业，在晚明的发展达到有史以来的高峰，当时的士大夫就认为妓女的数量已达到空前的程度。例如谢肇淛（1567～1624）就说：“今时娼妓布满天下，其大都会之地动以千百计，其他穷州僻邑，在在有之，终日倚门献笑，卖淫为活，生计至此，亦可怜矣。”真是“粉黛倚门，充牣城市”。当时有所谓的官妓，专门负责官场宴会招待陪酒的，在南北两京有教坊司，在地方州县则有乐户。另外，还有大批的私娼，称为“土妓”，俗谓之“私窠子”[②]。

明清时期在江南的大城市中，可说是妓女充斥。以青楼闻名的城市相当多，如苏州、杭州、南京等皆是。如明代南京城东南沿秦淮河岸的“河房”，集中自利涉桥至武定桥，其中就有许多是青楼妓院，

---

① （清）林苏门撰，《邗江三百吟》，收于《中国风土志丛刊》（扬州：广陵书社据清嘉庆十三年刻本影印，2003），卷8，《戏馆五首》，页289—290。

② （明）谢肇淛著，《五杂俎》（台北：伟文图书公司，1977），卷8，《人部四》，页199。

向来是文人宴游之所。俗称本地者为本帮，来自姑苏者为苏帮，来自扬州者曰扬帮，“每值宾兴之岁，多士云集，豪华者挟重赀，择丽姝侨寓焉”。到清代此地最著名的青楼，有听月楼、漱红轩等[①]。苏州的青楼妓院集中的地区，也是商业中心的阊门内外一带。明代苏州的妓女除土著外，多来自南京，称为京帮，最著名的有卞玉京、董小宛诸姬，风流文采，倾倒一时。清代还有从扬州来的维扬帮，至晚清则是土客杂糅[②]。杭州的情形则是沿袭南宋的传统，康熙《钱塘县志》指称宋时设立瓦舍以招集伎乐，共有十七处，元明两代沿袭不废；“本朝三十年前，犹有数处，虽不比江南秦淮、广陵、吴阊之甚，往往不绝”[③]（图 1.4）。

从事这个行业的也分等级，想要见到高级的妓女，也就是所谓的名妓，花费是相当昂贵的。小说《醒世恒言》中的一则著名故事《卖油郎独占花魁》中，描写卖油郎秦重为了名妓花魁娘子，好不容易攒了许多积蓄，就为了能一亲芳泽。当他上了妓院找老鸨九妈问起价钱时，九妈则笑称：“那要许多！只要得十两敲丝。其他东道杂费，不在其内。”[④]这个价格若与当时工人工资来比较的话，明代承平时农村长工工资是每年工银三两，日工的价格方面，农村以日银三分折钱二

① (清)珠泉居士撰，《续板桥杂记》，收入《板桥杂记·续板桥杂记·板桥杂记补》(南京：南京出版社，2006)，卷上，《雅游》，页 53；(清)陈作霖撰，《炳烛里谈》，卷中，《秦淮》，页 323—324。

② (清)陈去病撰纂，《五石脂》，收于《江苏地方文献丛书》(南京：江苏古籍出版社，1999)，页 354—355。

③ 康熙《钱塘县志》(清康熙五十七年刻本)，卷 7，《风俗》，页 8b。

④ (明)冯梦龙编撰，《醒世恒言》，卷 3，《卖油郎独占花魁》，页 49—50。

图 1.4　明人摹《清明上河图》中的青楼

十余文为常价，城市以日银四分折钱三十文为常价[①]。那么这一夜所花将是农村长工三年多的工资，是城市日工将近八个月的工资。虽然小说中总有些夸大，但是多少也能反映高级妓女的身价不菲。明人张应俞的《杜骗新书》载有杭州名妓花不如，“姿态甚佳，且琴棋

① 黄冕堂，《明代物价考略》，收入氏著，《明史管见》（济南：齐鲁书社，1985），页368—370。

书画无不通晓，但身价颇高，不与庸俗往来，惟与豪俊交接，每宿一夜，费银六七两方得”，由此可见妓女的身价①。

高级妓女的身份地位也很高，时常游走于富户与士大夫之间，谢肇淛感叹地说：“至今日而偃然与衣冠宴会之列，不亦辱法纪而羞当世之士哉！”尤其是在明季，青楼名妓在士大夫文化中占有相当重要的角色。晚明江南的士大夫时常携妓旅游，在当时似乎已是司空见惯。据江南方志的描写云：“至今吴中士夫画船游泛，携妓登山，虎丘尤甚，虽风雨无寂寥之日。”②晚明文人的游记与笔记中就常大胆地描写携妓嬉游的情景。如谭元春(1586～1637)的《再游乌龙潭记》一文花了相当多的篇幅叙述随行的妓女遇雨时的窘相，对作者而言似乎是旅游中的另一大乐事③。又如嘉兴人姚壮若，在南京的秦淮河畔，用十二只楼船招集四方应试的名士百余人，每船邀名妓四人，梨园一部，灯火笙歌，称为一时之盛事④。由此可见，携妓的这种行为

① (明)张应俞撰，《杜骗新书》，收于《古本小说集成》(上海：上海古籍出版社据美国哈佛大学图书馆藏明万历间存仁堂陈怀轩刊本影印，1990)，卷2，《诗词骗·陈全遗计嫖名妓》，页41b。又如《金瓶梅词话》中西门庆初到丽春院出手即为五两银子。至于要包占可能花费更高，如西门庆用三十两包占郑爱月；在梳笼李桂姐时他一次就用了五十两银子，以后每月出二十两。至于赎身之价更高，通常为白银千两，令人咋舌。

② 隆庆《长洲县志》(明隆庆五年刻本)，卷1，《风俗·吴风录》，页6b。

③ (明)谭元春撰，《谭友夏合集》，收于《四库全书存目丛书·集部·别集类》(台南：庄严文化事业据上海图书馆藏明崇祯六年张泽刻本影印，1997)，册191，卷11，《再游乌龙潭记》，页16a—17a。

④ (清)余怀著，《板桥杂记》(南京：南京出版社，2006)，卷下，《轶事》，页23。

在当时士大夫的社交圈中，成了一种风流韵事[①]。

清初江南城市里青楼虽曾一时萧条衰微，但随后就渐渐复苏，乾嘉时期的妓院甚至较明代更趋兴盛[②]。而士大夫携妓旅游的习惯，即使到了清代亦是如此。如《秦淮画舫录》中所提到的名妓杨枝的故事，据作者捧花生的回忆，当时有某位翰林官深为激赏，还邀作者雇画舫，"挟姬为水嬉"[③]。不只是士大夫，只要是富裕市民，都乐于凭借自己丰厚的财产，备上画舫箫鼓、美酒佳肴，在名姝歌妓的侍奉下，游山玩水，尽情纵乐。清代苏州地方志常描写江南苏州好游之风，因为当地不但有山水园亭的"游地"，还有美酒佳肴与舒适画船等"游具"，更有歌妓为"游伴"，只要是"富室朱门"都是过着如此醉生梦死的生活[④]。

---

① 如何良俊在《四友斋丛说》中就记载文征明的一则趣事："钱同爱少年时，一日请衡山〔笔者按：文征明的号〕泛石湖，雇游山船以行，唤一妓女匿之梢中。船既开，呼此妓出见，衡山仓惶求去，同爱命舟人速行，衡山窘迫无计。"见（明）何良俊撰，《四友斋丛说》（北京：中华书局，1959），卷18，《杂纪》，页158。此故事又见于（清）唐仲冕编，《六如居士外集》，收于《丛书集成续编·史地类》（台北：新文丰出版公司据《昭代丛书》排印，1989），册262，页6b—7a，但是主角则是换成唐寅戏弄文征明。

② 清初苏州仍有记载指出当时的娼妓，"高其声价，陪酒一坐，辄劳数金，外加以币"之说。参见（清）陆文衡撰，《啬庵随笔》（台北：广文书局，1969），卷4，《风俗》，页13b。

③ （清）捧花生撰，《秦淮画舫录》，收于（清）王韬编撰，《艳史丛钞》，卷下，《杨枝》，页9a。

④ 康熙《苏州府志》（清康熙二十二年序刊本），卷21，《风俗》，页14a；（清）袁景澜，《吴郡岁华纪丽》，卷3，《三月·游山玩景》，页121。

第三节　闲饮适意

酒肆与茶坊这两类都属于与饮食有关的休闲设施，明清的文献史料也常将两者并列。尤其到晚明以后，酒肆与茶坊在江南已是非常普遍，就像清人陈祖范（1676～1754）在《陈司业集》中，曾描述他“闻诸故老”有关苏州府常熟县在明末清初风俗变化的情形：

> 往时履袜之属出女红，今率买诸市肆矣。往时茶坊酒肆无多，家贩脂胃脯者，恒虑不售；今则遍满街巷，旦旦陈列，暮辄罄尽矣。……至于衣履有铺，茶酒有肆，日增于旧。懒惰者可以不纫针，不举火，而服食鲜华，亦风俗之靡也。①

上引文指出了该地消费行为的变化，作为饮食消费的茶坊、酒肆过去不太多，又担心没有顾客光临，如今却如雨后春笋般纷纷成立，而且时常高朋满座。又如《锡金识小录》云：

> 酒馆、茶坊者，昔多在县治左右，近则委巷皆有之。传闻某处有佳点佳肴，则远近走赴，良由游食之徒，不顾父母妻子，惟图口腹者众也。……端方拘谨之士，足不履茶酒之肆者，康熙以

① （清）陈祖范撰，《陈司业文集·诗集》（台北：“中研院”历史语言研究所傅斯年图书馆藏清乾隆二十九年刊本），卷2，《召文县志未刻诸序·风俗》，页38b—39a。

上，多有其人。近虽搢绅之贵，或有托言放达，置足此中者矣。①

由此可见，江南的酒馆与茶坊已成为城市内日常生活中，在饮食方面不可或缺的休闲场所，即使是缙绅士大夫，也都驻足其中。以下分别略述二者之发展。

酒肆酒楼

酒肆的起源甚早，明人田艺蘅（1503～1557）就说："酒肆，自古有之，所云沽酒市脯是也。"②因为早在汉武帝时期，酒由官专卖；到宋代王安石实施青苗法，遂置酒肆于城市内，据说宋酒赋岁有二千万，而杭州尤盛。直到明代，杭州沿袭宋代故都之遗风，仍是江南酒肆最盛之处③。明中叶以后，江南地区关于酒肆或酒馆的记载愈来愈多，如明人陈仁锡（1581～1636）《无梦园初集》记载苏州府内长洲县署前之酒肆："凡县前酒肆，不啻二十余家，争取时鲜肥甘贵味，以供衙门之厌饫。"④

---

① （清）黄印辑，《锡金识小录》，收于《无锡文献丛刊》（台北：中华书局，1972），辑1，卷1，页17b—18a。

② （明）田艺蘅撰，《留青日札》（上海：上海古籍出版社，1985），卷25，《酒肆》，页473。

③ （明）田艺蘅撰，《留青日札》，卷25，《酒榷·官酒》，页475。

④ （明）陈仁锡撰，《无梦园初集》，收于《续修四库全书·集部·别集类》（上海：上海古籍出版社据明崇祯六年张一鸣刻本影印，1995），册1382，《劳集一·开河修塘》，页38b。

关于清代江南城市里的酒肆，就以扬州为例，据《扬州画舫录》的记载，在康熙年间时酒肆多在虹桥一带，有野园、冶春社、七贤居、且停车等处，唯“壶觞有限，不过游人小酌而已”；到清中叶这里的酒肆大多没落，反而是城北郊的酒肆逐渐兴盛，最早是由醉白园开始，还有扑缸春酒肆，在街西，“游屐入城，山色湖光，带于眉宇，烹鱼煮笋，尽饮纵谈，率在于是”①。苏州的酒肆较著名者有万全酒肆，据《清稗类钞》的描述：“苏人有售熏烧猪、鱼、鸡、鸭等物之名阿昭者，日持盘往来玄妙观前之万全酒肆，其所售猪鱼精美异常，人争买之。”②

此外，在江南的大城市里又常见所谓的“酒楼”。“酒楼”一词其实早在宋元就已出现，如北宋首都开封城内有官营的酒楼“正店”至少 72 户，其余的分店则称为“脚店”③。元代苏州也有酒楼的记载④。明初官方在南京设有酒楼，但是南京酒楼真正兴盛的时期要到明中叶以后。酒楼和酒肆在大多数的情况下，并未有严格的区分。唯仔细观察当时的文献指涉两者时，确实存在着些许的差异：酒肆通常只是泛称“沽酒市脯”、“小酌而已”之处，而酒楼则是较高级的饭馆，

---

① (清)李斗撰，《扬州画舫录》，卷 1，《草河录上》，页 26；卷 4，《新城北录中》，页 81。

② (清)徐珂编撰，《清稗类钞》(北京：中华书局，1984)，《农商类 · 苏人阿昭卖薰烧食物》，页 2314。

③ (宋)孟元老撰，伊永文笺注，《东京梦华录笺注》(北京：中华书局，2006)，卷 2，《酒楼》，页 176。

④ (元)汤弥昌撰，《平江路新建惠药局记》，收于(明)钱谷撰，《吴都文粹续集》，收于《景印文渊阁四库全书 · 集部》(台北：商务印书馆，1983)，册 1385，卷 8，页 43a—44b。

通常只集中在大城市内热闹的商业区。如《清稗类钞》提到苏州阊门外虎丘山塘一带的酒楼："承平时，苏州虎丘之繁华甲全国，酒楼歌榭，画舫灯船，留连其中以破家者不可胜计。"[1]再与前述《扬州画舫录》与《清稗类钞》关于酒肆的描述相比较，两相对照，大概可以看到酒楼和酒肆的差异在于规模与精致度。

有的酒楼也是从一般的酒肆发达起来，如苏州山塘的三山馆，可说是该地历史最久的酒楼，创于清初，旧名白堤老店。据称早期因"壶觞有限，只一饭歇铺而已"。有往来过客道经虎丘者，设遇风雨，不及入城，即住宿于此，后来逐渐发展成著名的酒楼。之所以能发迹，因为有赵姓数世操是业，以烹饪之技为时所称，于是改置凉亭、暖阁，游者多聚饮于其家，附近居民有婚丧宴会之事也多在该馆举行[2]。由此可见，高级精致的饮食服务，是酒楼生存的必要条件。又如金陵的著名酒楼，《清稗类钞》云：

> 即以江宁言之，乾隆初，泰源、德源、太和、来仪各酒楼之肴馔，盛称于时。至末叶，则以利涉桥之便意馆、淮清桥河沿之新顺馆为最著。别有金翠河亭一品轩诸处，则大半伧劣，不足下箸。[3]

再如杭州的例子，据《清稗类钞》载，杭州在光绪初年并无酒楼，在外宴

---

① (清)徐珂编撰,《清稗类钞》,《豪侈类·沙三预雇大小船》,页3277。

② (清)顾禄撰,《桐桥倚棹录》,卷10,《市廛》,页143。

③ (清)徐珂编撰,《清稗类钞》,《饮食类·各省特色之肴馔》,页6416。

客多是在所谓的酒席店，如丰乐桥之聚胜馆、三和馆两面店，河坊巷口之王顺兴、荐桥之赵长兴两饭店。但因为这类酒席店处于僻巷，空间有限，并无雅座，“虽能治筵，不能就餐也”。到了光绪中叶，始有酒楼，“最初者为聚丰园，肆筵设席，咄嗟立办。自是以降，踵事增华，旗亭遍城市矣”。这里的酒席店，大概就是指一般的酒肆吧！就宴客而言，酒席店或酒肆远远不如高级的酒楼气派，而且菜色大概也不够精致。

茶肆茶坊

至于茶坊或茶肆，出现的时间较酒肆晚许多，其起源应始自五代至北宋初。据称南唐时有徐常侍铉之弟徐锴，其后人居金陵摄山前开茶肆，号为“徐十郎”[1]。到了宋代，在《东京梦华录》与《松漠纪闻》等书里，都有关于开封与燕京的茶肆记录[2]。宋末元初人吴自牧《梦粱录》一书，也记有当时特殊的茶坊名称，如有妓女招待者称作“花茶坊”，还有如“朱骷髅茶坊”、“一窟鬼茶坊”等怪名[3]。

茶肆或茶坊的发展，在时间上稍晚于酒肆酒馆，但同样在明代中期以后在江南地区愈加普及。如杭州的例子，据《西湖游览志余》所云：

---

① 此事相关记载颇多，参见(明)顾起元撰，《客座赘语》(北京：中华书局，1987)，卷4，《徐十郎茶肆》，页133。(清)王士禛著，《香祖笔记》(台北：广文书局，1968)，卷6，页24a—b。

② (宋)孟元老撰，伊永文笺注，《东京梦华录笺注》，卷2，《酒楼》，页176。

③ (宋)吴自牧撰，《梦粱录》，收于《笔记小说大观》(台北：新兴书局，1985)，编21册2，卷16，《茶肆》，页1a—b。

杭州先年有酒馆，而无茶坊。……嘉靖二十六年三月，有李氏者，忽开茶坊，饮客云集，获利甚厚，远近仿之。旬日之间，开茶坊者五十余所。然特以茶为名耳，沉湎酣歌，无殊酒馆也。[①]

茶肆、茶坊在清代江南的城市里也有进一步的发展。如方志记载苏州的情形，茶坊原系一些无业资生之人所开设，四方游手常聚于此，闲谈游嬉而生事；"始则寺观庙宇有之，今且遍于里巷"[②]。又如南京的茶肆于明万历年间，在城南旧院附近的钞库街，以及城北国子监一带有茶肆多处[③]；虽然在明清鼎革之际南京茶肆一度衰微，但到了清代乾隆末叶，金陵的茶肆复兴，城东南沿淮河东自桃叶渡口，西至武定桥头，多是茶寮酒肆[④]。著名者有鸿福园、春和园，"皆在文星阁东首，各据一河之胜，日色亭午，座客常满。或凭阑而观水，或促膝以品泉。……茶叶则自云雾、龙井，下逮珠兰、梅片、毛尖，随客所欲，亦间佐以酱干生瓜子、小果碟、酥烧饼、春卷、水晶糕、花猪肉、烧卖、饺儿、糖油馒首，叟叟浮浮，咄嗟立办"[⑤]。扬州的茶肆更是号称"甲

---

① （明）田汝成辑撰，《西湖游览志余》（上海：上海古籍出版社，1980），卷20，页369。

② 乾隆《长洲县志》，卷11，《风俗》，页4a。

③ （明）周晖撰，张增泰点校，《二续金陵琐事》，收入《金陵琐事·续金陵琐事·二续金陵琐事》（南京：南京出版社，2007），《茶坊》，页316；吴应箕撰，《留都见闻录》（南京：南京出版社，2009），卷下，《河房》，页26；卷上，《园亭》，页17。

④ （清）珠泉居士撰，《续板桥杂记》，卷上，《雅游》，页54。

⑤ （清）徐珂编撰，《清稗类钞》，《饮食类·茶肆品茶》，页6318。据民初的记载，该地茶酒肆命名颇雅，如贡院街之"问柳近淮"、桃叶渡之"问渠唤渡"、夫子庙之"得月台"皆是。"问柳近淮"最有名的料理是鱼脍，因为是在河中系笼子蓄养，临作脍始取出，故鲜美异常。参见民国《秦淮志》（南京：南京市通志馆，1948），卷8，《坊市志》，页58。

于天下”。据《扬州画舫录》记载，当地著名的茶肆有荤、素之别。如辕门桥有二梅轩、蕙芳轩、集芳轩，教场有腕腋生香、文兰天香，埂子上有丰乐园，小东门有品陆轩，广储门有雨莲，琼花观巷有文杏园，万家园有四宜轩，花园巷有小方壶，以上皆是扬州城中“荤茶肆”之最盛者。而“素茶肆”之最盛者，则有天宁门之天福居、西门之绿天居。此外，在城外还有以景色优美、占湖山之胜者，以双虹楼为最①。

扬州的茶肆或茶坊之所以著名，如同酒楼一样，也都是以饮食为号召。就像李斗在《扬州画舫录》中形容当地的茶肆“其点心各据一方之盛”：

> 双虹楼烧饼，开风气之先，有糖馅、肉馅、干菜馅、苋菜馅之分。宜兴丁四官开蕙芳、集芳，以糟窖馒头得名。二梅轩以灌汤包子得名。雨莲以春饼得名。文杏园以稍麦得名，谓之鬼蓬头。品陆轩以淮饺得名。小方壶以菜饺得名。各极其盛，而城内外小茶肆或为油旋饼，或为甑儿糕，或为松毛包子，茆檐荜门，每旦络绎不绝。②

若将扬州与北京作比较，据《过夏杂录》形容北京的茶肆：“内城为盛，前门次之，座客常百余，然不过市民杂聚，啖小食，恣剧谈而已。”③由

① (清)李斗撰，《扬州画舫录》，卷1，《草河录上》，页27。

② 同上。

③ (清)周广业撰，《过夏杂录》，收于《续修四库全书・子部・杂家类》(上海：上海古籍出版社，1997)，册1154，卷6，《茶肆》，页582—583。

上述可知，扬州茶肆在提供饮食的精致程度，远非北京可比。

江南的例子说明了酒肆与茶坊除了饮食服务之外还兼营其他的休闲娱乐，如妓女就与酒楼、茶馆分不开。早在宋代，从《东京梦华录》里已看到官方开设的酒楼设有官妓，“浓妆妓女数百，聚于主廊檐面上，以待酒客呼唤”①。张岱（1597～1679）《陶庵梦忆》里就记有扬州妓女在茶馆、酒肆前招徕顾客的情景：

> 广陵二十四桥风月，邗沟尚存其意。渡钞关，横亘半里许，为巷者九条。巷故九，凡周旋折旋于巷之左右前后者什百之。巷口狭而肠曲，寸寸节节有精房密户，名妓、歪妓杂处之。名妓匿不见人，非向道莫得入。歪妓多可五六百人，每日傍晚，膏沐熏烧，出巷口，倚徙盘礴于茶馆酒肆之前，谓之“站关”。茶馆酒肆岸上纱灯百盏，诸妓掩映闪灭于其间，疤盩者帘，雄趾者阈，灯前月下，人无正色，所谓“一白能遮百丑”者，粉之力也。②

清人王培荀《听雨楼随笔》里也记：“俗有唱婆子，多二八双鬟，于酒肆席闲卖唱，任人调戏，盖土妓也。”③此外，还有提供吸烟者，如前述清代金陵著名的茶肆鸿福园与春和园，“皋兰之水烟，霞漳之旱烟，以次

---

① （宋）孟元老撰，伊永文笺注，《东京梦华录笺注》，卷2，《酒楼》，页174。

② （清）张岱撰，淮茗评注，《陶庵梦忆》（北京：中华书局，2007），卷4，《二十四桥风月》，页35。

③ （清）王培荀著，《听雨楼随笔》（济南：山东大学出版社，1992），卷1，《陆二水宰绵竹》，页56。

而至”①。

浴堂混堂

收费的浴堂出现在大城市内应该是在明代中期之后，从现有的文献显示，在明代城市里这类场所已很普及。如明人汪天锡所撰的《官箴集要》一书中，提到“捕获”嫌犯，就特别指出许多可能窝藏犯人，或是作为打听情报的场所，其中就有浴堂②。到了清代，有关城市内浴堂的记载更多了。虽然明清时期北方城市内不乏有浴堂的记载③，但是江南还是浴堂最为普及的地区，包括了扬州、苏州、南京（江宁）、杭州等处。

虽然江南城市都有浴堂，可是相关的记载不如扬州详细，以至于提到泡浴堂的历史，多半以为是扬州特有的风俗④。例如涉及到浴堂开辟之始祖，只有扬州一地的文献记载最为详尽。据《扬州画舫

---

① （清）徐珂编撰，《清稗类钞》，《饮食类・茶肆品茶》，页6318。

② （明）汪天锡辑，《官箴集要》，收于《官箴书集成》（合肥：黄山书社，1997），册1，卷下，页295。

③ 北京的浴堂，据《归田琐记》记京师浴堂门联，有云：“入门兵部体，出户翰林身。”盖上句借音为冰布体，下句借音为汗淋身也。参见（清）梁章钜撰，于亦时点校，《归田琐记》（北京：中华书局，1981），卷6，页129。华北城内浴堂例子较少，除了北京以外，《刑案汇览》里记有嘉庆二十二年发生在山西的一件案子，系浴堂主兼营卖淫而遭判刑一事。参见（清）祝庆祺等编，《刑案汇览》，收于《续修四库全书・史部・政书类》（上海：上海古籍出版社，1997），册626，卷53，页62b。

④ （清）俞樾撰，贞凡等点校，《茶香室丛钞》（北京：中华书局，1995），卷19，页418。

录》云，扬州的浴室的始祖是郭堂与张堂：

浴池之风，开于邵伯镇之郭堂，后徐宁门外之张堂效之，城内张氏复于兴教寺效其制以相竞尚，由是四城内外皆然。如开明桥之小蓬莱、太平桥之白玉池、缺口门之螺丝结顶、徐宁门之陶堂、广储门之白沙泉、埂子上之小山园、北河下之清缨泉、东关之广陵涛，各极其盛。而城外则坛巷之顾堂、北门街之新丰泉最著。①

扬州的浴堂从文献上看来似乎走高级路线，所谓“动费数十金”。但是江南城市里的浴堂也有不少是走大众化路线者，如苏州的浴堂又名“混堂”，据《书隐丛说》记载如下：

浴堂，人家有之，而僧寺尤广。市井中往往为此，以图利，名曰“混堂”。外有列柜，每人上下冠裳，藏于各柜。而室中人居一道，实共室也。隔墙爇薪火，近处有锅，名曰“焦池”，其汤更热。室中四面无光，但炷微灯。热气氤氲，迷不知处，虽隆冬不寒也。贫困者难以御寒，有宿于浴室中，以为苟且一时之计者。则知混字有二义，一为混然元气，一为混然杂处也。②

---

① (清)李斗撰，《扬州画舫录》，卷1，《草河录上》，页26。

② (清)袁栋撰，《书隐丛说》，收于《四库全书存目丛书·子部·杂家类》(台南：庄严文化事业据北京图书馆分馆藏清乾隆刻本影印，1995)，册116，卷13，《混堂》，页11a—b。

在苏州显然有收费较低廉的浴堂，所以不分贵贱贫富，都可入浴，才会有“混堂”之别称。在《吴下谚联》里也记载了一则故事，描述承接某富人与孀妇通奸一案的讼师，在赴浴堂洗澡后遇一卖腐干佣人，识得该佣人身上特征，遂教孀妇诬指该佣人与其通奸而脱罪[①]。在每年夏至到立秋之间，有“三伏天”，苏州浴堂会暂停爨火休假（图1.5）[②]。

江南其他城市关于浴堂的例子，如在小说《儒林外史》第二十五

图1.5 清人徐扬绘《姑苏繁华图》中的苏州浴堂

① （清）王有光著，《吴下谚联》（北京：中华书局，1982），卷2，《龟头有痣终须发》，页42—43。

② （清）顾禄撰，《清嘉录》，卷6，《六月・三伏天》，页103。

回里，也曾描叙主角鲍文卿父子曾在金陵城内上河澡堂里洗澡[①]。此外，《虫鸣漫录》里也记有一则金陵城北的白石浴堂里，谣传夜有浴神吃人的故事[②]。杭州也有浴堂，还有别名，美称为“香水行”[③]。新兴的城市如松江府上海县城内，也有许多浴室，在清代笔记里曾记有棍徒为陷害浴堂主，遂在入浴时暗中持猪血涂于墙隙，然后谣传浴堂内墙有出血之事，引起众人围观，以致屋宇杂物遭毁[④]。

第四节　斗赌争胜

江南方志在论及地方风俗时，常常提及一项负面意义的休闲活动，也就是斗蟋蟀与斗鹌鹑。就像嘉庆《直隶太仓州志》所云：

> 游手无赖，更有于秋间聚众设局，为斗蟋蟀之戏，谓之“开闸”。携盒者络绎于道，以纸花为筹标决胜负，与赌无二。至冬，又易为斗鹌鹑，谓之“开圈”。废时失业，弊亦如之。[⑤]

---

① （清）吴敬梓著，《儒林外史》（台北：联经出版公司，1978），第 25 回，《鲍文卿南京遇旧·倪廷玺安庆招亲》，页 239。

② （清）采蘅子纂，《虫鸣漫录》，收于《笔记小说大观》（台北：新兴书局，1985），编 1 册 7，卷 2，页 11b。

③ 民国《杭州府志》（民国十一年铅印本），卷 75，页 21a。

④ （清）陈其元著，《庸闲斋笔记》（北京：中华书局，1997），卷 5，《棍徒陷害浴堂主》，页 106。

⑤ 嘉庆《直隶太仓州志》（清嘉庆七年刻本），卷 16，《风土上》，页 5b。

因为二者都带有赌博的性质，所以在士大夫与官员的文献里，常将二者并列。清人袁栋《书隐丛说》就形容苏州赌博之风兴盛，十室而九，从白昼至长夜，终无休息。处处有赌场，人人有赌具，秋冬流行斗蟋蟀、斗鹌鹑等，真可谓举国若狂，而所费不赀①。此二项活动原来都只是休闲活动，后来逐渐演变形成大型专业的赌博场。

蟋蟀局

蟋蟀又名促织，而斗蟋蟀的起源，始于唐代天宝年间，当时长安的富人流行镂刻象牙为笼来蓄养蟋蟀，以斗蟋蟀为赌博，甚至赌资万金。至南宋时，贾似道更以好此道而闻名。到了明代，连皇帝也喜欢斗蟋蟀，尤其是宣德皇帝。据说他最娴此戏，曾遣使江南，密诏苏州知府况钟进贡千个，一时传言云："促织瞿瞿叫，宣德皇帝要。"此语至明代后期犹流传于苏州民间，还传说苏州枫桥有一粮长即因此而家破人亡②。王世贞（1526～1590）在朝廷的档案文书中读到一件敕书，内容即是记载该事件，由之证实此事并非流言蜚语③。此外苏州卫中武弁间传闻，曾有某军卫因捕蟋蟀有功，等同首虏之功而得世袭职位者。而宣窑所产的蟋蟀盆，在当时非常贵重，价值不下于北宋宣和

---

① （清）袁栋撰，《书隐丛说》，卷 10，《风俗奢靡》，页 8a。

② （明）沈德符撰，《万历野获编》（北京：中华书局，1998），卷 24，《技艺》，页 624；（明）吕毖撰，《明朝小史》（台北：正中书局，1981），卷 6，《宣德纪・骏马易虫》，页 411—412。

③ （明）王世贞纂撰，《弇州史料》，收于《四库禁毁书丛刊・史部》（北京：北京出版社据北京大学图书馆藏明万历四十二年刻本影印，2000），册 49，后集，卷 31，《宣德正德二狎敕》，页 17a—18a。

窑所产的瓷器[①]。

所谓"上行下效"、"风行草偃"，明代北京从宫廷到民间，都流行养蟋蟀、斗蟋蟀。如宫廷里七月盛行斗促织为乐，至于民间的风俗，也是在七、八月间，家家皆养促织，以致瓦盆泥罐遍市井，不论老幼男女，皆以引斗为乐[②]。此风一直持续到清代。除了北京以外，江南也是斗蟋蟀风气最盛的地区之一。虽然明人姚旅（生卒年不详）在《露书》中云："斗促织之风，今惟燕京为盛。市上有笼卖者，置之于盆即斗，斗者视战之胜败为赌。……江南亦不甚喜斗，见风气之殊也。"[③]不过，这样的论断恐非实情，因为从许多史料看来，江南的风气可能较北京有过之而无不及[④]。如《万历野获编》云："近日吴越浪子有酷好此戏，每赌胜负辄数百金，至有破家者，亦贾〔笔者按：指贾似道〕之流毒也。"[⑤]南京也流行此风，如《客座赘语》指称："今白下富豪之家，侠少之士，往往笼畜禽虫以供耳目，代博弈。……斗胜负则有雄

① （明）沈德符撰，《万历野获编》，卷24，《技艺》，页624。又宣德时苏州所造之蟋蟀盆，雕镂人物，妆彩极为工巧，系出自于陆墓、邹莫二家之手艺。事见（明）李诩撰，《戒庵老人漫笔》（北京：中华书局，1982），卷1，《陆墓促织盆》，页9。

② （明）刘若愚著，《酌中志》（北京：北京古籍出版社，1994），卷20，《七月初七日七夕条》，页181；（明）袁宏道著，钱伯城笺校，《袁宏道集笺校》（上海：上海古籍出版社，1981），卷20，《畜促织》，页727。

③ （明）姚旅著，《露书》（福州：福建人民出版社，2008），卷10，页239。

④ 在明清的笔记小说里，还常记载江南有好斗蟋蟀者，以马或驴来交易善斗的蟋蟀。参见（明）周晖撰，《续金陵琐事》，收入《金陵琐事·续金陵琐事·二续金陵琐事》（南京：南京出版社，2007），下卷，《鸡食黑驴》，页243；（清）张履祥著，陈祖武点校，《杨园先生全集》（北京：中华书局，2002），卷38，《近鉴》，页1023。

⑤ （明）沈德符撰，《万历野获编》，卷24，《技艺》，页634。

鸡、鹌鹑、促织、黄豆。”[①]《金陵琐事》也说：“促织，独金陵者斗，谓之‘秋兴’。斗之有场，盛之有器，掌之有人。必大小相配，两家方赌，旁猜者甚多，此其大略也。”[②]

苏州是江南斗促织之风最盛处之一，从宣德年间皇帝特别遣使到苏州搜求蟋蟀，显见当地斗蟋蟀之习应该很早就已兴起。吴郡长洲县人陆粲（1494～1551）在《庚巳编》一书中就指出：“吴俗喜斗蟋蟀，多以决赌财物。”接着又描写当地有个叫张廷芳者，嗜好此戏，但为之辄败，以致倾家荡产。后祷于神，夜梦神云派黑虎助之，实乃一蟋蟀，用之每胜而获利加倍[③]。谢肇淛在《五杂组》里，还非常细致地描述江南城市里斗蟋蟀场的情景：

> 三吴有斗促织之戏，然极无谓。斗之有场，盛之有器，必大小相配，两家审视数四，然后登场决赌。左右袒者，各从其耦。其赌在高架之上，只为首二人得见胜负，其为耦者，仰望而已。未得一寓目，而输直至于千百不悔，甚可笑也。[④]

接着，他又记载雌性蟋蟀健斗，有将军、大将军之称。然实乃误说，因促织能斗者实为雄性。又提到：“促织与蜈蚣共穴者，必健而善斗，吴中人多能辨之。”看来苏州人特别识货。

---

① （明）顾起元撰，《客座赘语》，卷 1，《笼养》，页 21。

② （明）周晖撰，《金陵琐事》，收入《金陵琐事・续金陵琐事・二续金陵琐事》（南京：南京出版社，2007），卷 3，《促织》，页 114。

③ （明）陆粲撰，《庚巳编》（北京：中华书局，1987），卷 4，《玄坛黑虎》，页 49。

④ （明）谢肇淛著，《五杂组》，卷 9，《物部一》，页 239—240。

到了清代，斗蟋蟀之风仍是江南城市里很重要的休闲活动。《坚瓠集》云："吴俗喜斗蟋蟀，多以财物决赌。"[①]苏州的斗蟋蟀场依然是热闹非凡，如钱泳说尝见江南有某相国家子弟开蟋蟀场[②]。又据嘉道时人顾禄《清嘉录》记载苏州赌斗蟋蟀的过程，较之《五杂俎》更为复杂：

> 白露前后，驯养蟋蟀以为赌斗之乐，谓之"秋兴"，俗名"斗赚绩"，提笼相望，结队成群。呼其虫为将军，以头大足长为贵，青、黄、红、黑、白，正色为优，大小相若，铢两适均，然后开栅。斗时，有执草引敌者，曰"草"。双方认色，或红或绿，曰"标头"。台下观者，即以台上之胜负为输赢，谓之"贴标"。斗分筹码，谓之"花"。花，假名也，以制钱一百二十文为一花。一花至百花、千花不等，凭两家议定，胜者得彩，不胜者输金，无词费也。[③]

从《五杂俎》与《清嘉录》二书的记载看来，斗蟋蟀场有舞台，可能如社戏般的户外开放舞台。清初人朱从延在《虸孙鉴》一书内形容江浙风俗，每届秋期，率以畜养蟋蟀比斗取彩；而苏州一地蟋蟀比斗的情景如下：

> 及至深秋，群聚于苏州，开局者预觅宽大栅场，织造府给有告示禁约，其间酒肆、茶棚、饭铺、点心，以及杂卖糖食果饼之类，

---

① (清)褚人获撰，《坚瓠集》，收于《续修四库全书·子部·小说家类》(上海：上海古籍出版社据上海图书馆藏清康熙刻本影印，1997)，册1262，卷1，《蟋蟀》，页31a。

② (清)钱泳撰，《履园丛话》，卷7，《臆论·习气》，页189—190。

③ (清)顾禄撰，《清嘉录》，卷8，《八月·秋兴》，页137。

无一不有。各路斗客于天将明时，各持蛩灯下比合。其比合，得对者，编号上橱，余各散归。早膳再入局较斗，其彩开局者，什取一五之数，以十一两五钱为一大盆，五两七钱五分为半个大盆，至一两一钱五分、五钱七分半曰一个小盆、半个小盆也。[1]

从上引"开局者预觅宽大棚场"一语，当可知蟋蟀局的斗场是一特定的空间，而且周围会随之开设其他各类休闲设施，如酒肆、茶棚、饭铺，或贩卖点心以及杂卖糖食果饼等商店。也有史料显示，有些斗蟋蟀场是与其他的休闲娱乐场所结合，扬州的例子正好可以证明。据《扬州画舫录》记载该地流俗也有此风者，如扬州城北之小洪园后门，有二茶肆且停车与七贤居，肆中最盛之休闲活动即有斗蟋蟀、看菊花、清明节放纸鸢、端午龙船市等[2]。可见蟋蟀场可能是开在茶肆里。

鹌鹑局

至于斗鹌鹑据说最早源自于唐代，《清稗类钞》记："斗鹌鹑之戏，始于唐，西凉厩者进鹑于玄宗，能随金鼓节奏争斗，宫中人咸养之。"[3]到了明代，通常有一种说法，是北方人好斗鹌鹑，南方人好斗促织。

---

① (清)朱从延辑，《虹孙鉴》，收于《续修四库全书·子部·谱录类》(上海：上海古籍出版社据南京大学图书馆藏清乾隆四十一年林德垓补修本影印，1997)，册 1120，卷下，《斗彩时局》，页 50a—b。

② (清)李斗撰，《扬州画舫录》，卷 6，《城北录》，页 146。

③ (清)徐珂编撰，《清稗类钞》，卷 9，《赌博类·斗鹌鹑》，页 4915。

从史料上看来，明代前中期，斗鹌鹑似乎的确是北方较盛。明人谢肇淛的观察如下：

> 江北有斗鹌鹑，其鸟小而驯，出入怀袖，视斗鸡又似近雅。……鹑虽小而驯，然最勇健善斗，食粟者不过再斗，食稌者尤耿介，一斗而决。故诗言"鹑之奔奔"，言其健也。①

万历天启年间曾游历燕、晋、楚等地的福建人姚旅，在其所撰之《露书》中，也有一段关于陕西人好斗鹌鹑的记录：

> 斗鹌鹑之风，秦中为盛。曾于王孙长房宅上观之。方桌铺毡，毡上安面筛，筛墙箱以布，放鹌鹑于内，诱以少粟，相见即斗，势亦可观。负者竟逸飞，因其胜负以相赌。王孙、士人袖口一袋，皆此物也。即肃客游览，皆不去此。盖此物获粟时方至，置之袖口，欲其暖耳。②

从上引文中可以约略看到斗鹌鹑的过程，不过这里记录的是在家宅内的休闲娱乐，而且投入此风者，大多是"王孙、士人"之类，平常将鹌鹑放在袖口内，为它保暖。

到了明末清初，养鹌鹑为斗赌的风气渐盛，而且投入者不再只是社会上层的人士。就像清初人金埴在《巾箱说》的描写：

---

① (明)谢肇淛著，《五杂俎》，卷9，页227。

② (明)姚旅著，《露书》，卷10，页238—239。

世之耽于禽鸟者，不必豪富之室，即中人之家，亦竞以畜鸽为事。……至秋则又养鹌鹑为斗以博之。即万钱易一鹑，弗吝。贮以艳锦囊，佩于身；食则鱼子、粟。计二鸟岁食之粮，家增五人、十人、二十人不等。①

上述记载是关于山东地区喜好畜鸽和鹌鹑之风，而且鹌鹑即是用来斗赌，饲养此二种鸟类所费不赀，而且不只是富豪之家，就连“中人之家”也是竞相畜养。

明代有关南方畜养鹌鹑以斗赌的风气，以笔者所见，最早是载于《客座赘语》有关南京的记录，其云：“今白下富豪之家，侠少之士，往往笼畜禽虫以供耳目，代博弈。……斗胜负则有雄鸡、鹌鹑、促织、黄豆。”②就说斗胜负的有雄鸡、鹌鹑、促织和黄豆。该书最早的刻本是万历四十六年(1618)，故而所记当是明代中后期的现象。到了清代，畜养鹌鹑以斗赌似乎已成为一种全国性的流行风气，就像刘廷玑(1653～?)于《在园杂志》所指称：

近今惟尚斗鹌鹑。鹌鹑口袋有用旧锦、蟒缎、妆花、刻丝、猩毡、哆啰呢，而结口之束子有汉玉、碧玉、玛瑙、砗磲、琥珀、珐琅、金银、犀象，而所用烟袋荷包，更复式样更新，光彩炫耀。③

---

① (清)金埴撰，《巾箱说》，收入《不下带编·巾箱说》(北京：中华书局，1982)，页132。

② (明)顾起元撰，《客座赘语》，卷1，《笼养》，页21。

③ (清)刘廷玑撰，张守谦点校，《在园杂志》(北京：中华书局，2005)，卷4，《服饰器用》，页167。

这里指出斗鹌鹑的流行，使得保护与装饰鹌鹑的饰品，诸如口袋与绑住鸟嘴的束子，都是用非常珍贵的衣料与珠宝制成。

在苏州斗鹌鹑就如同斗蟋蟀一样，已经不像明代华北只是局限于家内的休闲活动，而是发展成为公开赌博的行为。据《清嘉录》记：

> 霜降后，斗鹌鹑角胜。标头一如斗蟋蟀之制，以十枝花为一盆，负则纳钱一贯二百。若胜，则主家什二而取。每斗一次，谓之一圈。斗必昏夜，至是畜养之徒，彩缯作袋，严寒则或有用皮套，把于袖中，以为消遣。①

开设赌鹌鹑的场所，从上引文来看，名称似不精确。据《大清会典事例》通常称之为“鹌鹑圈”。和斗蟋蟀一样，江南大城市内好此道而家破者颇多。如《扬州画舫录》记有饭馆走堂周大者，好胜争奇，秋斗蟋蟀，冬斗鹌鹑，所费不赀，而倾家荡产②。

第五节　休闲空间的变化

外部空间的扩展

从上述介绍的江南城市休闲设施，可以看到在空间变迁上有两

---

① （清）顾禄撰，《清嘉录》，卷9，《九月·斗鹌鹑》，页146—147。

② （清）李斗撰，《扬州画舫录》，卷9，《小秦淮录》，页210—211。

个面向的变化。首先是许多休闲设施历经明清两朝的发展，呈现出由城市往市镇扩张的现象。诸如茶肆、酒坊、蟋蟀局、鹌鹑场，甚至是私人的园林（详见第三章），都不再只限于城市内，还逐渐普及于市镇。如明清时期一些关于江南市镇的记载，将市镇描绘成休闲设施非常多元之所，如《贤己编》记吴江县周庄镇内的情景：

> 乾嘉间，吴江周庄有褚添一者，名捕也。……所居周庄，烟户稠密，聚博演剧，每为之幸，篷寮栉比，舟舫云屯，约束井然，绝无滋事失物者，居行咸称感焉。①

茶肆与茶坊不但设置在大城市里，在市镇上也相当普遍。市镇上茶馆之多，是其他行业所无法比拟的。例如太仓州的璜泾镇，据道光镇志的记载："自嘉庆以来，酒肆有四五十家，茶肆倍之。"②该镇之镇民有数千家，酒肆与茶馆数量之多，令人惊讶。但此非特例，而是江南市镇的普遍现象。又如吴江县的盛泽镇，据1946年的调查，全镇有四十五家茶馆，其中九家始建于清代，乾隆年间建立者有一，道光年间有三，同光年间有五家。各个市镇中茶馆的数量多寡，大体上可以反映出该市镇经济发展水平的高低③。

---

① （清）黄安涛撰，《贤己编》，收于《丛书集成续编·子部》（上海：上海书店出版社据《槜李遗书》影印，1994），册96，卷4，《周庄名捕》，页17a—b。

② 道光《璜泾志稿》（民国二十九年活字本），卷1，《流习》，页9a。

③ 樊树志著，《江南市镇：传统的变革》（上海：复旦大学出版社，2005），页459—460、463。

还有一些市镇原本即是居交通枢纽的位置，因设酒馆待客而兴盛。如吴江县的八斥市，据清代县志的记载如下：

在三都东，离县治东南二十四里，地当南北要冲。明初居民仅十家，嘉靖间乃至二百余家，多设酒馆以待行旅，久而居民辐辏，百货并集。明季庐舍毁于兵火，民多荡析。国初渐次安集，而市移于塘之东，迄今贸易亦盛，盖不减于昔云。①

江南的茶肆与茶坊逐渐普及到乡村，与赌博有很大的关联性。就如《锡金识小录》形容酒馆茶坊：

至各乡村镇，亦多开张，此则近在数年以内，闻乡之老成人云："由赌博者多，故乐其就食之便。"②

晚清民初的江南乡镇志，几乎异口同声地指责乡镇茶坊大半皆赌场，不但妨碍农工，甚至让人倾家荡产。尤其是雍正以后，在江南市镇流行的赌场，称作"宝场"，有许多就是设在茶肆里③。

蟋蟀局的设置也是另一个由大城市蔓延到市镇的例子。如前述朱从延《虹孙鉴》的记载，江浙斗赌蟋蟀设局的风气，最早最盛的地方是苏州，之后开始扩散到他地：

---

① 乾隆《吴江县志》(清乾隆十二年刊本)，卷 4，《镇市村》，页 126。

② (清)黄印辑，《锡金识小录》，卷 1，《备参上》，页 18a。

③ 樊树志著，《江南市镇：传统的变革》，页 468—469。

后苏州废而归昆山，昆山弛而聚于嘉善之枫泾镇，分而之松江。松江歇而之平湖，及昆山之斜路、朱家角，再散于各乡镇，非复旧时之盛矣。①

开局的风气传播有两个方向，一是从苏州传到昆山县，再传到嘉善县辖下的枫泾镇；另一方向是传到松江府，再传到平湖县，以及昆山县辖下的斜路镇与朱家角镇。最后再散播到各乡镇。

内部空间的分化

然而，更重要的发展是许多休闲设施的内部空间出现阶层的分化，高级的休闲设施开始朝向精致化发展。如戏馆、游船、妓院、酒楼、茶肆与浴堂等，都有类似的现象。先以戏馆为例作说明。雍正以后江南城市内形成的戏馆，与过去勾阑、广场、游船的场合有很大的不同：在建筑结构上已是固定又有遮蔽的剧院，而非临时性的搭棚；戏馆有职业戏班固定收费的公演，而非临时性聘请的公演；而且提供饮食的服务。可以确定的是，清代戏馆的出现，说明演剧的场所由晚明的流动性与临时性，转向固定性与经常性，亦即成为城市内固定的休闲娱乐场所。所以钱泳在《履园丛话》里说：

今富贵场中及市井暴发之家，有奢有俭，难以一概而论。其暴殄之最甚者，莫过于吴门之戏馆。当开席时，哗然杂沓，上下

① （清）朱从延辑，《虹孙鉴》，卷下，《斗彩时局》，页 50b。

千百人,一时齐集,真所谓酒池肉林,饮食如流者也。尤在五、六、七月内天气蒸热之时,虽山珍海错,顷刻变味,随即弃之,至于狗彘不能食。呜呼!暴殄如此,而犹不知惜耶![①]

戏馆的内部空间还有进一步的分化,这可以从刘鹗(1857～1909)《老残游记》中的描述看到。该书第二回提到主角到了山东济南府城,在城内的一家戏园"明湖居"观说鼓书的过程:

那明湖居本是个大戏园子,戏台前有一百多张桌子。那知进了园门,园子里面已经坐的满满的了,只有中间七八张桌子还无人坐,桌子却都贴着"抚院定""学院定"等类红纸条儿。老残看了半天,无处落脚,只好袖里送了看坐儿的二百个钱,才弄了一张短板凳,在人缝里坐下。……园子里面,顶着篮子卖烧饼油条的有一二十个,都是为那不吃饭来的人买了充饥的。[②]

引文里描述的戏园,不但多达一百张桌子,而且还有专门保留给高官订位的贵宾席,而且园里提供了小吃,即使没吃饭的观众也可以到此充饥。虽然刘鹗的时代已是清末 19 世纪,但是这样的戏馆应该在 18 世纪的江南已甚普遍。

江南的游船发展到了清代,内部空间也是愈加精致化。有关清

---

① (清)钱泳撰,《履园丛话》,卷 7,《臆论・骄奢》,页 192。

② (清)刘鹗著,《老残游记》(台北:桂冠图书,1983),第 2 回,《历山山下古帝遗踪・明湖湖边美人绝调》,页 18。

代游船形制的记载，以苏州一地最为细致。如虎丘山塘一带的灯船：

> 船顶间有启一穴作洋台式者，穹以蠡窗，日色照临，纤细可烛。炕侧必安置一小榻，与栏楹桌椅，竟尚大理石，以紫檀红镶嵌。门窗又多雕刻黑漆粉地书画。陈设则有自鸣钟、镜屏、瓶花。[1]

苏州当地人与外来客商都常租来宴客会饮的沙飞船，不但船制甚宽，而且艄舱有灶；大者可容三席，小者亦可容两筵。船窗为蠡壳嵌玻璃所制，桌椅布置雅洁，置有香鼎瓶花[2]。值得注意的是玻璃窗的广泛应用，再如嘉庆年间金陵秦淮画舫的装饰也可见玻璃制品[3]。由此可见，到了19世纪初，苏州与金陵的游船装饰经常出现玻璃制品。

关于青楼的内部空间方面，明中叶以后江南名妓所住的高级妓院建筑形式，已成为各地城市内奢华建筑的代表之一；如嘉靖以后的南京，“下至勾阑之中，亦多画屋矣”[4]。单是妓院建筑的外观装饰，就已够醒目撩人。《炳烛里谈》就形容清代金陵的妓院外观：“丁字帘前皆门临垂柳，间以紫薇；夏秋之交，红绿掩映。”[5]在小说《卖油郎独占花魁》的故事中，我们可以从王九妈引领秦重逛妓院的情景，看到

---

① (清)顾禄撰，《桐桥倚棹录》，卷12，《舟楫》，页161。

② 同上书，卷12，《舟楫》，页160。

③ (清)捧花生撰，《画舫余谭》，页2b；(清)甘熙撰，《白下琐言》，卷2，页34。

④ (明)顾起元撰，《客座赘语》，卷5，《建业风俗记》，页170。

⑤ (清)陈作霖撰，《炳烛里谈》，卷中，《秦淮》，页323—324。

妓院内部的布置与陈设：

> 王九妈引着秦重，弯弯曲曲，走过许多房头，到一个所在，不是楼房，却是个平屋三间，甚是高爽。左一间是丫鬟的空房，一般有床榻桌椅之类，却是备官铺的；右一间是花魁娘子卧室，锁着在那里。两旁又有耳房。中间客座上面挂一幅名人山水，香几上博山古铜炉，烧着龙涎香饼，两旁书桌，摆设些古玩，壁上贴许多诗稿。[①]

以上描绘倒也并非全是小说家杜撰之词，如晚明南京名妓马湘兰，“所居在秦淮胜处，池馆清疏，花石幽洁，曲廊便房，迷不可出”[②]。又如《板桥杂记》一书中谈到明末南京名妓李十娘所居之处，有曲房密室，帷帐尊彝，楚楚有致。中构有长轩，轩左种老梅一树，开花时香雪霏拂几榻。轩右则种梧桐树二株，及巨竹数竿。每日晨夕洗桐拭竹，翠色可餐，人称：“入其室者，疑非尘境。”妓院的内部布置能够呈现如此“疑非尘境”的园林意趣与特质，绝非一般人家的居住条件。这就同士大夫文人的书房一般，是一种奢侈的物质文化消费所堆积而成[③]。

---

① （明）冯梦龙编撰，《醒世恒言》，卷3，《卖油郎独占花魁》，页52。

② （清）钱谦益著，《列朝诗集小传》（上海：上海古籍出版社，1983），闰集，《马湘兰》，页765。

③ 王鸿泰，《青楼名妓与情艺生活——明清间的妓女与文人》，收于熊秉真、吕妙芬主编，《礼教与情欲——前近代中国文化中的后/现代性》（台北：“中研院”近代史研究所，1999），页79—82、98—99。

江南的酒楼茶坊不仅提供饮食，其内部陈设与空间装饰，也是非比寻常。如扬州的例子，李斗就得意地说："吾乡茶肆，甲于天下，多有以此为业者。出金建造花园，或鬻故家大宅废园为之。楼台亭舍，花木竹石，杯盘匙箸，无不精美。"[①]杭州亦是如此，例如城内吴山附近有许多民房开设茶店，其室"金碧交辉，雕梁画栋，匾额、对联、单条、屏幅，悉臻幽雅，悬挂各式灯景，玻璃窗棂，即瓷器均皆精致"[②]。又如苏州茶坊酒肆集中地，一是城中的玄妙观，另一是阊门虎丘山塘一带[③]。虎丘的茶坊，"多门临塘河，不下十余处。皆筑危楼杰阁，妆点书画，以迎游客，而以斟酌桥东情园为最"[④]。扬州的茶坊酒肆还会利用大量的花卉作为装饰。据李渔《闲情偶寄》记载，藤花竹屏作为室内间隔的布置逐渐流行："近日茶坊酒肆，无一不然，有花即以植花，无花则以代壁，此习始于维扬，今日渐及他处矣。"[⑤]苏州的茶肆在装饰陈设方面，虽然没有扬州的茶肆来得炫目，但也会在菊花季时，购入大量菊花，置于庭院或大厅中，堆叠千百盆，并且绉纸为山，号称"菊花山"[⑥]。

此外，苏州虎丘山塘一带的酒楼中，内部陈设如园林之景，系以山景园开风气之先。据《桐桥倚棹录》所载：

---

① (清)李斗撰，《扬州画舫录》，卷1，《草河录上》，页26。

② (清)范祖述著，《杭俗遗风》(清同治三年手抄本)，《时序类·龙灯开光》，页15。

③ (清)顾禄撰，《清嘉录》，卷1，《正月·新年》，页9—12。

④ (清)顾禄撰，《桐桥倚棹录》，卷10，《市廛》，页146。

⑤ (清)李渔著，《闲情偶寄》(台北：长安出版社，1990)，卷13，《藤本第二》，页293。

⑥ (清)顾禄撰，《清嘉录》，卷9，《九月·菊花山》，页144—145。

乾隆某年，戴大伦于引善桥旁，即接驾楼遗址，筑山景园酒楼，疏泉叠石，略具林亭之胜。亭曰“坐花醉月”，堂曰“勺水卷石之堂”。上有飞阁，接翠流丹，额曰“留仙”。联曰：“莺花几緉屐，虾菜一扁舟。”又柱联曰：“竹外山影，花间水香。”皆吴云书。左楼三楹，扁曰“一楼山向酒人青”，程振甲书，摘吴菌次《饮虎丘酒楼》诗句也。右楼曰“涵翠”、“笔锋”、“白云阳春阁”。冰盘牙箸，美酒精肴。客至则先飨以佳荈，此风实开吴市酒楼之先。①

有关茶肆内部的陈设，扬州一地的记载最丰富。如关于“小秦淮茶肆”的记载如下：

小秦淮茶肆在五敌台。入门，阶十余级，螺转而下，小屋三楹，屋旁小阁二楹，黄石巑岏，石中古木十数株。下围一弓地，置石几、石床，前构方亭，亭左河房四间，久称佳构，后改名“东篱”，今又改为客舍，为清客评话戏法女班，及妓馆母家来访者所寓焉。②

由此可知，扬州著名的茶肆里，非常宽敞，有园林之胜外，还有不少建筑，且有供戏班与妓女的住房。清代金陵的茶寮也有内部陈设如园林者，像幸春园茶社：“湖石嵌空，梓阴蔽日，林亭点缀，郁为茶寮。”③

---

① (清)顾禄撰，《桐桥倚棹录》，卷 10，《市廛》，页 143。

② (清)李斗撰，《扬州画舫录》，卷 9，《小秦淮录》，页 203。

③ (清)陈作霖撰，《运渎桥道小志》，收于《金陵琐志九种》，页 12。

然而，城市里一般的茶肆或茶坊，和酒楼相似，都是楼房建筑。无论是茶坊或酒楼，在其内部空间的运用上，也出现和戏园类似的阶层分化情形；亦即楼上是专门提供有身份地位的雅座或贵宾席，楼下则为一般客人的座位。如《清稗类钞》有一则关于上海茶肆的小故事：

> 上海北四川路之侨民，以东西洋人及广东人为多，其妇女皆天足也。自余各省，亦间有之，土著则绝少。有施少兰者，好天足，落拓不羁，常至北四川路三多里口之茶肆品茗，然不于楼上而于楼下，以来往之妇女多，可作刘桢之平视，不必倚楼俯察，以耗目力也。或问之曰："君亦上流社会中人，盍不上楼品茗，而自亵乃如此乎？"少兰曰："吾在此，看洋广杂货也。"①

这则故事显示，所谓的"上流社会中人"都是上楼品茗，坐楼下则是有失身份。

浴堂的发展也是呈现阶层分化，尤其是在扬州的浴堂，走精致化的路线。据《扬州画舫录》形容浴堂内部的设施如下：

> 并以白石为池，方丈余，间为大小数格。其大者近镬水热，为大池；次者为中池；小而水不甚热者，为娃娃池。贮衣之匮，环而列于厅事者，为"座箱"，在两旁者为"站箱"。内通小室，谓之"暖房"。茶香酒碧之余，侍者折枝按摩，备极豪侈。男子亲迎前

① (清)徐珂编撰，《清稗类钞》，《诙谐类·施少兰看洋广杂货》，页1885。

一夕入浴，动费数十金。除夕浴谓之“洗邋遢”，端午谓之“百草水”。①

又清人林苏门《邗江三百吟》关于扬州“混堂”的描述：

澡身之地，名曰混堂，城内外数以百计，凡堂外有立箱，有坐箱，有凉池，有暖房，有茶汤处，有剃头修脚处。堂内之池取乎洁，用白矾石，界为三四池。水之温凉各池不同。午前留头堂，虽混而不觉其混。午后人多，未免混矣。②

从上述这两则记载，看到扬州的浴堂，不但备有茶酒，还有专门的侍者提供按摩服务，费用可高达数十两银，且居然在扬州城内外就有数百家这样的高级浴堂，可以想象当时扬州的消费力量惊人。

不只是扬州，清代苏州的浴堂也分不同的形式、不同的价位，以至于顾客群也有差异。据《吴门补乘》记载，当地的浴堂可分三类：

混堂，天下有之，苏州分三等：一则砌石为池，穹幕以砖，顶如团瓢，后为巨釜。令与池通，辘轳引水，穴壁而贮焉。一人专执爨，池水相吞，遂成沸汤。凡负贩者、屠沽者、疡者、疕者，纳一钱于主人，皆得入澡焉，是名馒头顶混堂。一则白石甃池，覆池以屋，虽号清泉，终同裸国，君子不入也。一曰京式盆汤，则版夹

① （清）李斗撰，《扬州画舫录》，卷1，《草河录上》，页26。

② （清）林苏门撰，《邗江三百吟》，卷3，《混堂》，页153。

为室；室置澡盆，两旁麟比，下穿地衖。墙外举火，而火通于衖。纳钱七文，则人占一室。下帷盘礴，虽霜晨冰夕，暖如春融，衣冠之子赴焉。始于三茅姑巷四宜轩，既而都亭桥有二乐轩。[①]

上述三类浴堂，用现代的语言来形容的话，第一、二种如同是大众浴池，第三种则是个人汤屋。而第一种索价只要钱一文，第三种则要七文钱，显然第三种是较高级的浴堂。再者第一、二种对所谓"君子"辈、"衣冠之子"而言，都是袒裼裸裎于众人面前，所以他们都会选择第三种较高级、花费较高的浴堂。即使如此，苏州浴堂的精致度与价位，仍不如扬州。

小　结

从"消闲"一词的出现年代，大概可以说明要到元代以后，中国人才逐渐意识到消磨闲暇的概念。到了晚明以后，我们可以看到在江南的大城市里有各式各样的休闲设施，包括寺院、戏馆、游船、青楼、酒肆、茶坊、浴堂、蟋蟀局与鹌鹑局等。它们提供了多样化的休闲娱乐与休闲空间，让城市的生活更加多彩多姿，这是明前中期的江南城市住民所无法想象的。虽然上述的休闲设施有不少在此之前业已出现，但是到了此时期都有进一步的发展，或曾一度衰微而至此时又再

---

① （清）钱思元纂，钱士锜续辑，嘉庆《吴门补乘》，收入《天春园藏善本方志选编》（北京：学苑出版社，2009），册 52，卷 2，《物产补》，页 7b。

度复兴，如青楼、酒肆与茶坊。

上述的休闲设施在外部空间上，有不少已经从大城市进一步扩散到小市镇里，呈现休闲空间的扩散作用，如茶肆、酒坊、蟋蟀局与鹌鹑局。而且许多休闲设施的内部空间，也出现了阶层的分化，其一是高级休闲设施内部空间朝向精致化发展，如高级妓院、浴堂、茶肆、酒楼与游船画舫内的华丽装潢布局；另一种倾向是内部空间区分为高级与一般顾客的空间，如酒楼的上下楼之分、戏馆内的保留座位。这都说明了为满足城市内不同消费阶层的需求，而有的休闲空间之创发。

第二章　休闲购物与城市景观的变化

购物是最常被定义为消费的行为，然而细分购物的目的与动机，还可以分为商业采购、日常购物与休闲购物三种。商业采购大都是为谋利的大批购物，日常购物则是经常性的、为日常生活必需品而购物，这两者都可以视为是工具性的购物类型。至于休闲购物虽然也有目的性，但与上述两者有极大的不同，它既不是为谋利，也不是为了日常生活所需①。本章所讨论的主题，即指涉的是此类购物。

从晚明奢侈消费的现象中可以看到，人们从市场上购物的频率愈来愈高。不只是家禽、家畜与海产这类食品，即使许多过去是在家庭内自己制造的日用品，如今都成了市场上的商品，人们也可以轻易地在市场中购得。这当然与生产力的提升以及市场机能愈趋成熟有关，但同时也反映了消费社会的形成②。而在传统文献里，在明代以前并无“购物”一词，此词到明代后期才出现，文献上有“购物于市”之

---

① 现代社会学界在区分购物的类型方面，认为最有意义的方式，是针对一般日用品的购物和其他形式购物之间的差异，而后者的形式还可以被称为一种“购物之旅”。这是多数购物者自认为有意义的一种区分。参见帕西·福克(Pasi Falk)、柯林·坎培尔(Colin Campbell)编，陈冠廷译，王乾任校阅，《血拼经验》(*The Shopping Experience*)(台北：弘智文化出版，2003)，页334。

② 巫仁恕著，《品味奢华：晚明的消费社会与士大夫》，页27—29。

语，但意思较模糊，同时有购买日用必需品与休闲购物的意思①。

明清时期休闲购物愈加蓬勃发展，为满足消费者的需求，在明清江南的大城市陆续形成不少集中提供休闲购物的街区。本章第一节即以南京为例，探讨城市内市场的转变与购物街区的形成，以及其空间上的变化。第二节讨论商店本身的建筑形式以及空间的利用在明清时期所发生的变化。再者，此时期商店在功能上的发展，已不只是停留在提供商品而已，有的商家还积极地创造新式样的商品，以至于带动流行时尚。最后一节探讨的是商店诱发顾客购物的方法之一，亦即吸引顾客的视觉广告，并说明这类广告如何改造了城市的景观。

第一节　城市商业中心与商店街道的形成

传统中国城市的规划理论，可以《周礼·考工记》和《管子》为代表。在规划城市方位与空间时，主张“面朝后市”，即王宫之前为朝，王宫之后为市场。所以市场的位置向来是有规划的。在此就以南京为例，说明自明初以来江南大城市内的商业区，如何由官方政策规划下的功能型市场，转变成由经济力量推动的商业街区，尤其突出的是

---

① 明代文献述及“购物”一词者，如（明）黄汝亨撰，《寓林集》，收入《续修四库全书·集部·别集类》（上海：上海古籍出版社据湖北省图书馆藏明天启四年吴敬吴芝等刻本影印，1995），册1368—1369，卷15，《太学吴元益配孙孺人墓志铭》（页19b）有述及“购物于市”。

提供消费者休闲购物的名品街区，在这期间逐渐成形[①]。

明初南京的市场与商业区

明初洪武年间，南京的市集有13处，据《洪武京城图志》（参见图2.1）的记载，其位置是在城门与城门附近热闹之处。如位在城中央的大市，"在大市街，旧天界寺门外，物质所聚"。外地的客货则集中在城西的江东市，"在江东门外，多聚客商船只、米麦货物"。明太祖为便利客商停货，于洪武二十四年（1391）在三山门、清凉门外濒水处，造屋数十楹，名曰"榻房"[②]。又分上、中、下塌坊，"在清凉门外，屯卖段匹布帛茶盐纸□等货"。果菜与肉类市场有三：三山街市，"在三山门内，斗门桥左右，时果所聚"。新桥市，"在新桥南北，鱼菜所聚"。北门桥市，"在洪武门街口，多卖鸡鹅鱼菜等物"。牲畜市场有二：一是内桥市，在旧内府西，聚卖羊只牲口；一是六畜场，在江东门外，专门卖马牛驴骡猪羊鸡等牲畜。竹木柴薪的市集有三：聚宝门外的来宾街市、金川门外的龙江市以及仪风门外江边的草鞋夹。除此之外，《洪武京城图志》一书还提到另外两个街市，即在大中桥西的

---

① 关于明代南京城市规划，参见徐泓，《明初南京的都市规划与人口变迁》，《食货月刊》复刊，卷10期3(1980)，页82—116；有关明清南京城市经济的发展，还可以参见范金民，《明代南京经济探析》与《清前期南京经济略论》二文，收于氏著，《国计民生——明清社会经济研究》（福州：福建人民出版社，2008），页432—463、464—473。本节系以前辈学者的研究成果为基础，再针对明清南京商业区的转变作更深入的分析。

② 《明太祖实录》（台北："中研院"历史语言研究所，1966），卷211，洪武二十四年八月辛巳条，页3139。

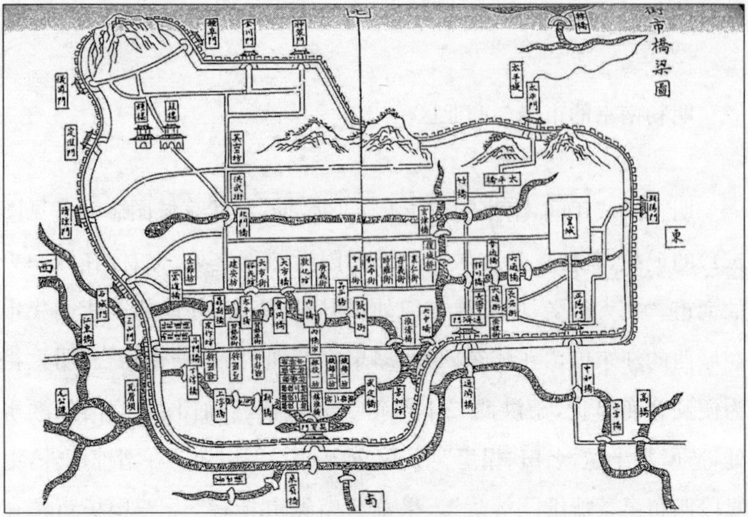

图 2.1 《洪武京城图志》之街市桥梁图

大中街市与在大中桥东的长安市，但《洪武京城图志》的记载并未提及两者的特殊性质①。以上这些市场所交易的物品，大多是日常生活必需品或是大宗物品，主要是为了提供王宫贵族与大量的军队官僚之所需。这些市集还受到五城兵马司严密的监督，同时也要缴纳相当额度的商业税。

此外，明初还迁移了不少专业工匠到南京，其中隶属官手工业的坐匠被安置在城中心区与聚宝门、三山门外，包括人匠坊、木匠坊、织锦坊与城南的人匠厢。明初洪武年间人匠坊的原额本来有 18 坊，后因“人户消耗”，遂并为 5 坊。而民间的手工业者则按专业区分，分布

① 《洪武京城图志》(南京：南京出版社，2007)，《街市》，页 47—48。

在城内的一些固定地区，其专业就成了该街区的坊名，即所谓"以居肆名，非隶官籍"，如毡匠坊、颜料坊、铜作坊、银作坊、铁作坊、箭匠坊、弓匠坊、鞍辔坊与皮作坊等[①]。

明初南京规划最主要的街道位于城中偏南，称为"官街"，不但极为宽广，还有官廊可遮雨：

> 前明都会所在，街衢洞达，洵为壮观。由东而西则火星庙至三山门、大中桥至石城门；由南而北则镇淮桥至内桥，评事街至明瓦廊，高井至北门桥。官街极其宽廓，可容九轨，左右皆缭以官廊，以蔽风雨。[②]

官廊内应该也有不少是向官方租用廊房开设的店铺。

整体而言，明初南京城内的商业区在官方规划下，主要分布在城中心，即位在三山门、大中桥与聚宝门所形成的不规则三角形地带，城内东西、南北主要街衢及河流、桥梁均集中于此。沿秦淮河的南侧，以聚宝门为界，以西为游乐区，以东为风景区。娱乐用地也有部分是位在这块商业区内，如《洪武京城图志》记载洪武年间官方为与民同乐所设的酒楼有16处，其中的南、北市楼即位在三山门内[③]。

---

① 正德《江宁县志》(明正德刻本)，卷5，《坊乡》，页1a—2a；《衢衕》，页8b—9a。

② (清)甘熙撰，《白下琐言》，卷1，页20。

③ 据《明太祖实录》记载，洪武二十七年八月完成酒楼15处；此前已有10楼，之后又增建5处，共15楼。然而《洪武京城图志》所记共有16楼，明人周晖撰《金陵琐事》卷1亦载有《咏十六楼集句》，也作16楼。

明中期一度衰退又复兴

明代南京一度因为国都的北迁，居民减少一半以上，都市设施日益荒废，商业也大为衰落，据说弘治元年（1488）时已是“坊市廊房既倾圮”[①]。成书于万历四十五年（1617）的《客座赘语》就指出，南京的大市集已缩小到几处。其中最具规模的是行口，也就是果子行，也只是从三山街西至斗门桥而已。至于大中桥、北门桥、三牌楼等处虽也被称为大市集，其实不过是贩卖鱼肉蔬菜之类。

另一方面，明初专业工匠聚居的街区，到明中叶有的还存在，有的则已名存实亡。其记载如下：

> 如铜铁器则在铁作坊；皮市则在笪桥南；鼓铺则在三山街口，旧内西门之南；履鞋则在轿夫营；帘箔则在武定桥之东；伞则在应天府街之西；弓箭则在弓箭坊；木器南则钞库街，北则木匠营。盖国初建立街巷，百工货物买卖各有区肆，今沿旧名而居者，仅此数处。其他名在而实亡，如织锦坊、颜料坊、毡匠坊等，皆空名，无复有居肆与贸易者矣。[②]

从上引文中可以看到，明初的织锦坊、颜料坊、毡匠坊等处已是空有

---

① 光绪《金陵通纪》（清光绪三十三年刊本），卷10中，页1a。关于南京城市人口至明中叶的变化，参见徐泓，《明初南京的都市规划与人口变迁》，页105—106。

② （明）顾起元撰，《客座赘语》，卷1，《市井》，页23。

其名，却不再有店铺从事交易。

不过，明代中叶以后，因为商品经济的发展与消费的需求，带动南京重新发展起来。这次的复兴，不再是政府所规划或是政策的作用，而是社会经济条件的成熟所促成。如万历《上元县志》记载市场有 9 处，除了长安市、北门桥市是《洪武京城图志》已有，三牌楼市已见于《客座赘语》之外，新开设者有 6 处，分别是晚市，“在定淮门内，回龙桥侧，居民至暮方集”。鸽子市，“在景定桥北，旧名羊市”；南市，“在斗门桥东”；北市，“有楼，在南干道桥东南”；笪桥市，“即北市东南”；马市，“在三山街南口”①。

虽然明初规划于城中偏南的官街廊房，到弘治年间有“坊市廊房既倾圮”之说，但这一带到明代后期又再度繁荣。据民初学者的考证，自承恩寺街起至果子行止，系明代辇道所经，左右各为廊房专卖各类商品，如书铺廊系明代著名的“蔡益所书坊”所在（参见第三节）；还有绸缎廊、黑廊之属；“上皆覆以瓦甓，行人由之，并可以辟（避）暑雨，最为便利”②。嘉靖时编纂的《南畿志》就记载“市之廊者”有十二：花铺、鼓铺、扇铺、床铺、麻铺、表背、手帕、包头、香蜡、生药、纸铺与故衣。其中的鼓铺可能是明初已有，其他的则都是新见的③。可惜的是，该书并未记载这些市廊的确实位置，笔者推测其中有不少应该就是集中在城中偏南的官廊一带。清代学者甘熙在《白下琐言》里，考证出上述所谓的“故衣廊”有三，皆是以旧衣铺所聚而得名，一在花

---

① 万历《上元县志》（明万历二十二年刊本），卷 4，页 46。

② 民国《钟南淮北区域志》，收于《金陵琐志九种》，页 376。

③ 嘉靖《南畿志》（明正德刻本），卷 4，《应天府 · 城社》，页 24b。

市，一在斗门桥，一在北门桥[①]。其中位在斗门桥的故衣廊即在原有的官街廊房范围内。

晚明时期还有盐市，在篾街，《肇域志》记为“竹街”，又名“盐渚”[②]。城偏北的历浮桥之北为纱帽巷，又有网巾市，都是明朝时卖官服之处也[③]。上述记录显示南京城内发展出明代前期所未见的专业市集。当时笔记小说中的主角所开设的各式店铺，也可以反映明中叶以后南京城市经济的兴盛。如明人周晖（1546～?）《金陵琐事》[④]记马文原以制扇为生，以百钱在钞库街租房。又记嘉靖年间，三坊巷有一吴琏开大荤店，生意兴旺。万历癸丑年，有新都人开茶坊于钞库街，此后到明季所开者有数处。又记当时尚有夜市，在饮虹桥、武定桥间[⑤]。

还有一些街区已经发展成专卖高级奢侈品之商店集中区。如城南秦淮河岸有许多河房，向来是文人宴游之所。其中有不少就是妓院，位在钞库街南，与街北的贡院、文庙隔河遥对。自利涉桥至武定桥，“两岸河房，丽姝栉比”[⑥]。附近的市肆成了名品街，所售的商品

---

① （清）甘熙撰，《白下琐言》，卷 6，页 100。民国《钟南淮北区域志》，页 384。

② 民国《秦淮志》，卷 8，《坊市志》，页 57。

③ 民国《钟南淮北区域志》，页 381。

④ 《金陵琐事》系万历三十八年（1610）刻，作者周晖，字吉甫，号漫士，又号鸣岩山人，南京上元县人，诸生。

⑤ （明）周晖撰，《金陵琐事》，卷 3，《蛛丝网屋》，页 111；（明）周晖撰，《续金陵琐事》，卷下，《火蛆》，页 253；（明）周晖撰，《二续金陵琐事》，卷上，《茶坊》，页 316；（明）周晖撰，《金陵琐事》，卷 4，《古语》，页 168。

⑥ （清）珠泉居士撰，《续板桥杂记》，卷上，《雅游》，页 53。

从女性用品、茶酒小菜到乐器，都是高级品，而恩客与妓女都是主要的顾客。《板桥杂记》记载如下：

> 曲中市肆，精洁殊常。香囊云舄，名酒佳茶，饧糖小菜，箫管瑟琴，并皆上品。外间人买者，不惜贵价，女郎赠遗，都无俗物。[①]

《板桥杂记》又提到位于饮虹桥东北的牛市，西临淮水，该地聚集有许多著名的店铺商品，如古子敬香皂、汪天然包头、吴玉峰膏药、耿氏香糕、杨君达海味、仲氏纸扇、伍少西毡货等，"皆以一物名家"[②]。

图2.3是明初市场的分布，图2.4是明中叶以后的市集与街区分布，比较两者的差异，可以发现明中叶以后南京城内的市场地点渐渐增加，且在空间上也扩散到多处，尤其明显的是，城北上元县治内，出现新兴的纱帽巷、网巾市、故衣、晚市与三牌楼市等。所交易的货品已逐渐多元化，不再像明初的市集局限于民生必需品。

清代城内商业街道的发展

清代以后金陵的发展又更进一步。首先是市集的数量大幅增长，如康熙《江宁县志》记载该辖区内的市行，其中城内的市行就有15处之多。有些市行是《洪武京城图志》已有的，如大市街、三山街市、

---

① （清）余怀著，《板桥杂记》，卷上，《雅游》，页11。

② 民国《秦淮志》，卷8，《坊市志》，页57。该则系《肇域志》引《南畿志》，但笔者未见二书有此记录。

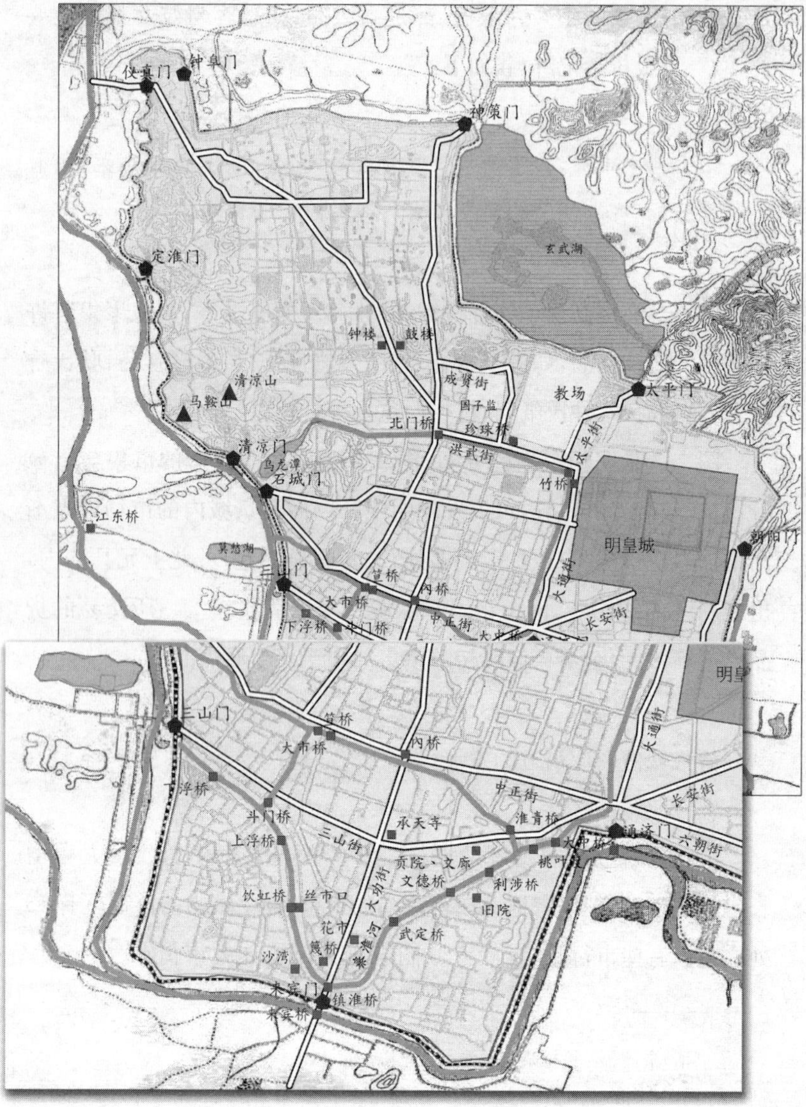

图 2.2　明清时期南京城街道桥梁地名示意图

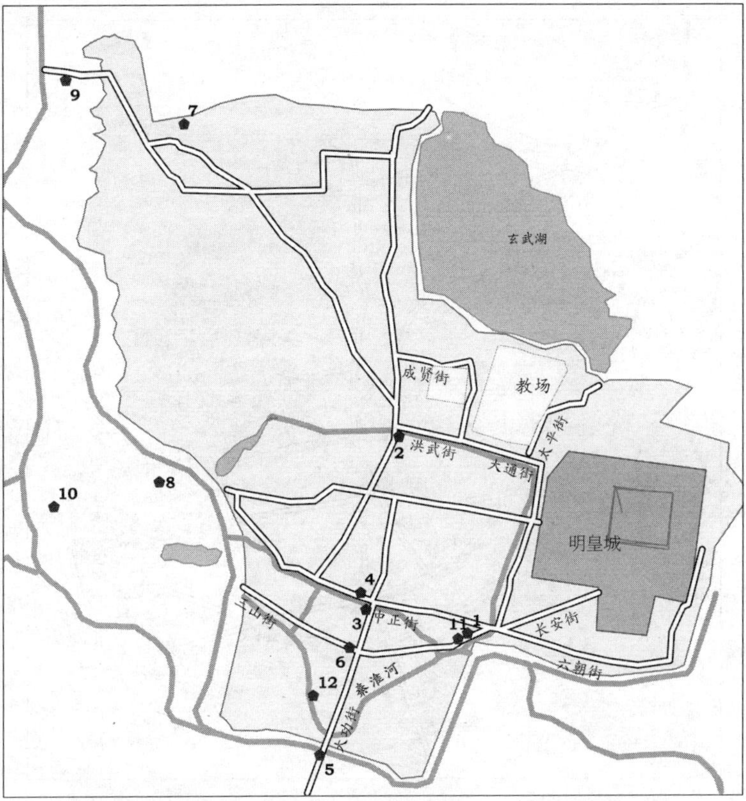

图 2.3 明初南京市场分布

说明：六畜场在江东门外，不在图中
1 长安市 2 北门桥市 3 内桥市 4 大市街 5 来宾街市 6 三山街市
7 龙江市 8 榻房 9 草鞋夹 10 江东市 11 大中街市 12 新桥市

来宾街市、江东市与新桥市，马市是万历《上元县志》已载，牛市已见于《板桥杂记》；其他新见的市行有 5 处，如下：东口市，“在县南聚宝门外，长干里东，通重译桥”。西口市，“在县南聚宝门外，长干桥南，

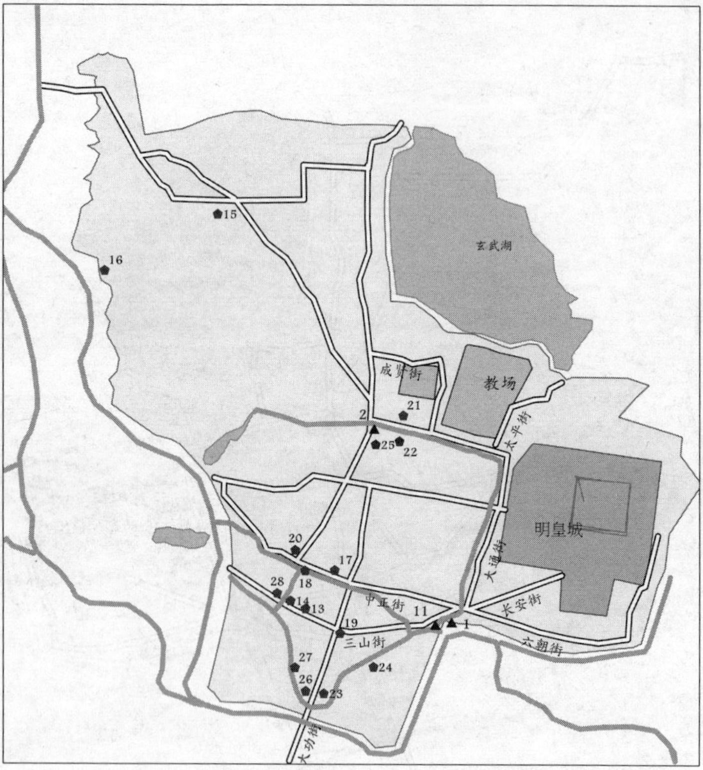

图 2.4　明中叶以后南京的市场与商店街区

说明：▲ 延续明初官方设立的市场机构

1 长安市　2 北门桥市　11 大中街市

说明：⬟ 代表明中叶以后兴起的市场与商店街

13 果子行　14 南市　15 三牌楼市　16 晚市　17 鸽子市　18 笪桥市　19 马市　20 北市　21 纱帽巷　22 网巾市　23 故衣廊（北门桥）　24 钞库街　25 故衣廊（花市）　26 盐市　27 牛市（饮虹桥）　28 故衣廊（斗门桥）

今西街口市”。小口市，在县西南，《金陵志》：“小口市在江宁县安德乡，今聚宝门外来宾桥西，当安德驯象街口即其地，一名小市口，世说张闿家小市。”米市，“在聚宝门外”；还有所谓的夜市，与上述明人周晖所记的地点（在饮虹桥、武定桥间）略有不同：

> 在笪桥，每五更人各以所售物至，不举灯，惟暗中度物，又不出声，或价物两直，或得利数倍，率以为常。旧传以为偷儿所窃物，故以此时私鬻，其实不然，大抵皆故家儿，不欲显言家物，忌人之知，以为耻耳。然故诗有云：“金陵市合月光里。”则夜市之由来久矣。①

由此可知金陵夜市的历史已久，应不只是从清代才开始，不过此时却大书特书，显示到清代才盛况空前。还有专业的街区，如竹木行，“在武定桥西，临秦淮，竹木所聚”。川广杂货、米豆行，“俱在上新河”②。至于金陵另一附郭上元县，据乾隆《上元县志》所载，计有市场 5 处，都是万历县志已记载者，相对地较无新的发展③。综合两县志所载，显示清代金陵的发展，市场数量仍多于明代。

其他地方文献，如甘熙的《白下琐言》、陈作霖《运渎桥道小志》与《凤麓小志》，以及民初学者夏仁虎所撰的《秦淮志》等书的记载显示，

① 康熙《江宁县志》（清康熙二十二年刻本），卷 3，《市行》，页 22a；康熙《江宁府志》（清康熙七年序刊本），卷 33，《摭佚上》，页 10a。

② 康熙《江宁县志》，卷 3，《市行》，页 20b—21b。

③ 乾隆《上元县志》（清乾隆刊本），卷 3，《市》，页 15b。

清代中期以后,金陵市场专业化的情形比明代更有过之[①]。首先是日常生活必需品的市场走向更专业的分化趋势。如油市有二,一在水西门内,一是斗门桥西的油市大街。鱼市有二,一是新桥(即饮虹桥),古鱼市也;另一个鱼市在城西南,自镇淮桥口至沙湾饮马巷口,夹道皆鱼盆也。每当乍开,市声沸腾。米行街则在聚宝门,有米行大街。城西南的柴市有二,其自西水关来者为洲柴,自南门来者为山柴。

其次,专卖某类制品的街区也愈来愈多。如丝市口,在饮虹桥东,即古东市也。城西南也有丝行,在沙湾一带。城中有绫庄巷,还有帽儿行,大概都是专卖帽、绫业者所居[②]。江西会馆所在地,则是纻麻、瓷器店肆环之,"昔者什居其六,今仅什之一二矣"[③]。还有所谓的沉香街,也就是钞库街,在贡院对河,"相传嘉兴项子京焚所制沉香床,香经四五日不散,因以名街"[④]。最特别的是"考市":

> 东牌楼沿秦淮东岸,北抵学官贡院,南达下江考棚。大比之年,商贩云集。凡考试所需书籍而外,各县著名文玩物产,若歙之笔墨、宣之纸、歙之砚、宜兴之竹刻陶器、金陵之刻瓷,乃至常之梳篦、苏之糖食、扬之香粉,可以归贻细君者,鲜弗备,名之曰

---

① (清)陈作霖撰,《运渎桥道小志》,收于《金陵琐志九种》,页12、13、19、21;(清)陈作霖撰,《凤麓小志》,收于《金陵琐志九种》,卷3,《志事·记诸事第八》,页77—78;民国《秦淮志》,卷8,《坊市志》,页56—57。

② (清)甘熙撰,《白下琐言》,卷1,页32。

③ (清)陈作霖撰,《运渎桥道小志》,页21。

④ (清)珠泉居士撰,《续板桥杂记》,卷下,《轶事》,页64。

"考市"。①

考市所集中的商品，不但有科考用书，还有文物古玩之属，甚至还有点心与化妆品。另一个以贩卖文化商品著称的商店街区，是位在贡院、文庙附近的状元境，为著名之书坊街，《白下琐言》提到："书坊皆在状元境，比屋而居，有二十余家，大半皆江右人，虽通行坊本，然琳琅满架，亦殊可观。"②

最令人注目的是专卖奢侈品的街区有多处，如苏州人在金陵开设许多名品店，以卖女性用品为主，妓女为消费大宗：

> 姚家巷、利涉桥、桃叶渡头，多苏州人开列星货铺。所鬻手绢、鼻烟、风兜、雨伞、纱绉衣领、皮绒衣领、棠木屐、重台履、香裹肚、洋印花巾袖、顾绣花巾袖、云肩油衣、结子荷包、刻丝荷包、珊瑚荷包、珍珠荷包、结子扇套、刻丝扇套、珊瑚扇套、珍珠扇套、妆花边、绣花边、金彩鬼子栏杆，貂勒、缎勒、义髻、闹妆、步摇、流苏、袅躲之类，炫心夺目，闺中之物，十居其九。故诸姬妆饰，悉资于此，固由花样不同，亦特视为奇货矣。③

金陵的细缎店铺也是生意兴隆，集中在三山街的绸缎廊，有不下数十

---

① 民国《秦淮志》，卷8，《坊市志》，页57。

② 状元境在贡院、文庙附近，宋秦桧父子居此，皆举状元，街旁为全福巷。参见民国《钟南淮北区域志》，页376—377；（清）甘熙撰，《白下琐言》，卷2，页25。

③ （清）捧花生撰，《画舫余谭》，页332。

家绸缎庄。甚至在状元境一带，浙江人所开设的绸缎庄数量不断增长，还有取代过去书坊街的趋势，《白下琐言》就说："廿余年来，为浙人开设绸庄，书坊悉变市肆，不过一二存者，可见世之逐末者多矣。"①

同书又记金陵的折扇，过去一向享有盛名，店铺多聚居通济门外与三山街绸缎廊一带：

> (通济门外)其面用杭连纸者，谓之本面；用京元纸者，谓之苏面，较本面良。三山街绸缎廊一带不下数十家，张氏庆云馆为最。揩磨光熟，纸料洁厚，远方来购，其价较高，惟时样短小。求旧时之老糉竹、樱桃红、湘妃竹，骨长而脚方者，不可得矣。且雕刻字画有取红楼女名者，殊失雅驯，姚惜抱先生〔笔者按：姚鼐〕最厌之。②

还有珠宝廊，在鸽子桥北横街，明代时称为珠市，一名石城坊。但是在明代文献里并无特出之记载。到了清代，该街区之繁荣到达顶峰。据《运渎桥道小志》记：

> 嘉道以还，物力全盛，明珰翠珥，炫耀市廛。冶琢之工，鳞次栉比，奢荡成习，驯致乱灾。势极而衰，理或不爽。其街东连通济门，西走石城门，几及十里，皆途容九轨，镜石砥平。旁翼修廊，足蔽暑雨。③

---

① (清)甘熙撰，《白下琐言》，卷2，页25。

② 同上。

③ (清)陈作霖撰，《运渎桥道小志》，页19。

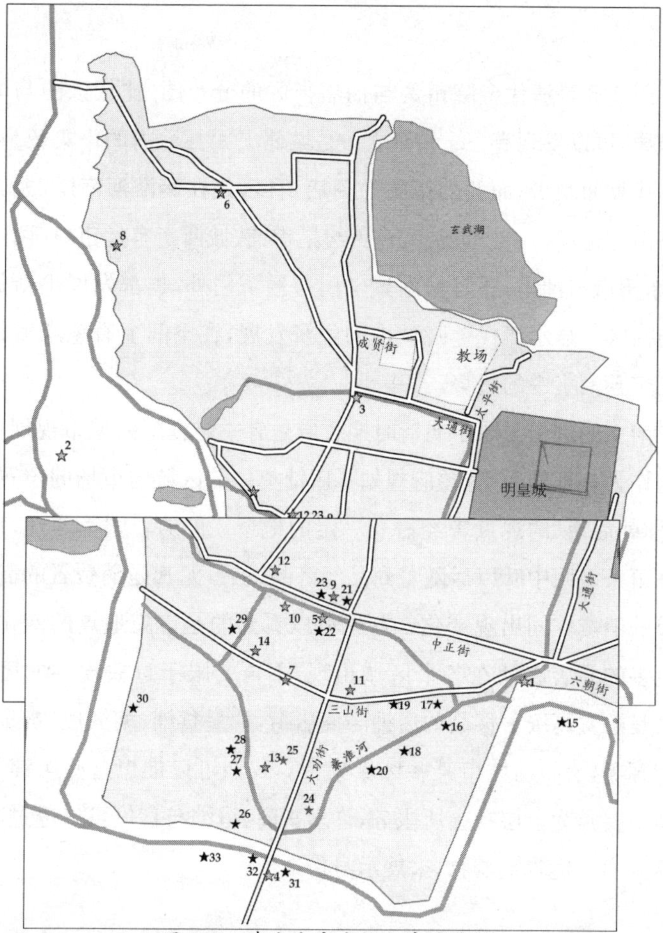

图 2.5　清代南京市场与商店街区

说明：☆ 延续明初官方设立的市场机构

1 长安市　2 江东市　3 北门桥市　4 来宾街市　5 大市街

说明：✩ 代表明中叶以后兴起的市场与商店街

6 三牌楼市　7 果子行　8 晚市　9 鸽子市　10 笪桥市　11 马市　12 北市　13 牛市　14 南市

说明：★ 代表清代新兴的市场与商店街

15 折扇行　16 星货铺　17 考市　18 沉香街(钞库街)　19 状元境　20 竹木行　21 珠宝廊　22 绒庄、帽儿行　23 夜市(笪桥)　24 米市　25 丝市口　26 鱼市二　27 鱼市一　28 新桥市　29 油市一(斗门桥)　30 油市二　31 东市口　32 西市口　33 小口市

图 2. 5 是清代金陵市集与商店街区的分布图，比较该图与明代的差异，可以发现有三个特征：一是城北上元县治内的市集数量，到了清代反而减少；而新的市集与商店街区，是在秦淮河南岸，尤其是城东南有折扇行、竹木行、沉香街与星货铺；城西南有丝市口、两个渔市、新桥市与油市；还有城南聚宝门与通济门外，也都发展出新的市集与街区。显示清代金陵城内的经济发展，在空间上有愈来愈往城南江宁县治集中的趋势。

南京的例子说明了明清时期政府是有一定程度的城市规划。在明初作为首都的南京，政府规划了店铺集中的区域与市场的位置，所谓“前朝后市”的观点曾经占有一定的地位。但随着国都北迁，市容一度萧条。明中叶以后随着商品经济的发展，尤其是消费者的需求，城市的消费空间出现变化。首先可以看到的是市集地点的变化，接着更多的商店店铺在各个区域出现，不再受限于过去规划的区域。尤其是贩卖高级奢侈品的店铺与商店街，如星货铺、绸缎庄、折扇铺、珠宝廊等，纷纷在城市某些区域集中。我们可以推想这些店铺与精品街主要是为上层社会所服务，许多富商、缙绅与官僚可以透过在这些街区商店优雅地购物，来展示身份地位。

第二节 商店的结构与功能的变化

商店的建筑结构与展示空间的变化

不只是形成购物街区，明清江南城市内的店铺在建筑形式与空间利用方面，都呈现了很大的变化。过去学界较少注意到中国商店发展的历史，可能与文献史料缺乏有关，所以对商店外观与内部空间的变化，甚少触及。即使如此，明清以来的图像史料正好为我们打开了一扇窗①。本节尝试透过对城市风俗图的观察，以说明明代中期以后江南城市内商店建筑与内部空间的变化。

若将北宋末年以开封为背景所绘成的《清明上河图》②，与明代中期以江南城市为背景仿绘的城市风俗图作比较，可以发现许多差异。其一是关于店铺的建筑形制。宋代城市店铺的建筑形制，从《清明上河图》看到沿着街道的店铺，多是各自独立的独栋式建筑；再从某些店铺的外墙侧面，可以看到木造的支架外露与格子窗，而且许多建筑也都可以看到木柱，显然当时的店铺是木结构建筑（图 2.6）③。

然而，明代以后江南城市店铺的建筑形制，从明代的《南都繁会

① 有关明清城市风俗图的介绍与研究，可以参见王正华，《过眼繁华：晚明城市图、城市观与文化消费的研究》，收于李孝悌主编，《中国的城市生活》，页 1—57；《乾隆朝苏州城市图像：政治权力、文化消费与地景塑造》，《“中研院”近代史研究所集刊》，期 50，页 115—184。

② 有关北宋张择端所绘的《清明上河图》，学界已有相当多的研究成果，较具代表性者，包括周宝珠著，《〈清明上河图〉与清明上河学》（开封：河南大学出版社，1993）；那志良著，《清明上河图》（台北：台北“故宫博物院”，1993）；伊原弘编，《“清明上河図”をよむ》（东京：勉诚出版，2003）；辽宁省博物馆编，《清明上河图研究文献汇编》（沈阳：万卷出版公司，2007）等。最新关于宋代开封城市史的研究成果，是田银生著，《走向开放的城市：宋代东京街市研究》（北京：生活·读书·新知三联书店，2011）一书。然而过去的研究多仍局限于探讨该图在宋金时期的脉络，较未注意到比较该图与后来城市风俗图之间所呈现的差异，及其背后所反映的城市发展。

③ 高村雅彦，《町家—中国都市のイデア》，收于吉田伸之、伊藤毅主编，《伝統都市：イデア》（东京：东京大学出版会，2010），页 264—265。

图》与仇英仿绘的《清明上河图》中，已可以看到连栋式建筑的出现，店铺又多是砖结构，但仍不算太明显（图 2.9、2.10）。再观察清代江南的城市风俗图里，已经可以明显地看到完整的连栋式砖结构店铺街。清人所绘的《康熙南巡图》与《姑苏繁华图》等图所呈现的江南城市，已可以清楚地看到街道两侧店铺毗连，山墙紧紧相接，以争取面街的宽度；铺面少则一间，常见有二、三间者，充分反映了连栋式建筑大量在城市中出现。连栋式建筑大多是工商业店铺或服务业的旅店、酒楼、茶馆等（图 2.11）。原有的独栋式与合院式建筑仍同时存在，不过这类建筑的功能多是作为邸宅。

其二是楼房形式的店铺愈来愈普及。在北宋张择端所绘的《清明上河图》里有一栋大型的楼房店铺，酒旗上写着“孙羊店”，入口招牌上有“正店”二字（图 2.7）。其实该酒店是具有半官方性质的专卖店。因为宋代官府为控制酒与盐、茶、香等货品，而实行榷禁制度，也就是专卖制度。在开封实际上不榷酒，而是以榷曲的办法来替代，也就是把造曲定为专利。资本雄厚的店家开设的正店，就是专门购买官曲后造酒、卖酒，并在划定的区域内向下游的脚店批发酒的大盘商。在北宋中期的开封有 70 家正店，末期有 72 家[①]。总之，这样的大型楼房，并非寻常的商家可以兴筑的，在开封城内也都是少见的建筑。

在明人所绘的《南都繁会图》与《清明上河图》里，也可以看到楼房的建筑形式，但还不算明显地普及。但是到了清代，在《姑苏繁华图》里不但明显地看到连栋砖结构的店铺，而且还有许多是楼房形式。连栋式建筑有一层楼，也有两层楼。一层的平房店铺，通常是前

① 参见周宝珠著，《〈清明上河图〉与清明上河学》，页 95—96。

图 2.6　北宋张择端绘《清明上河图》中的店铺

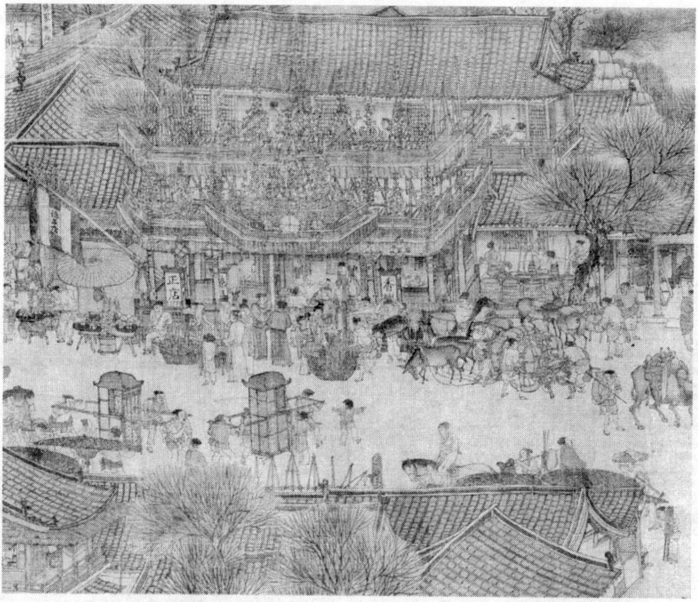

图 2.7　北宋张择端绘《清明上河图》中的酒店

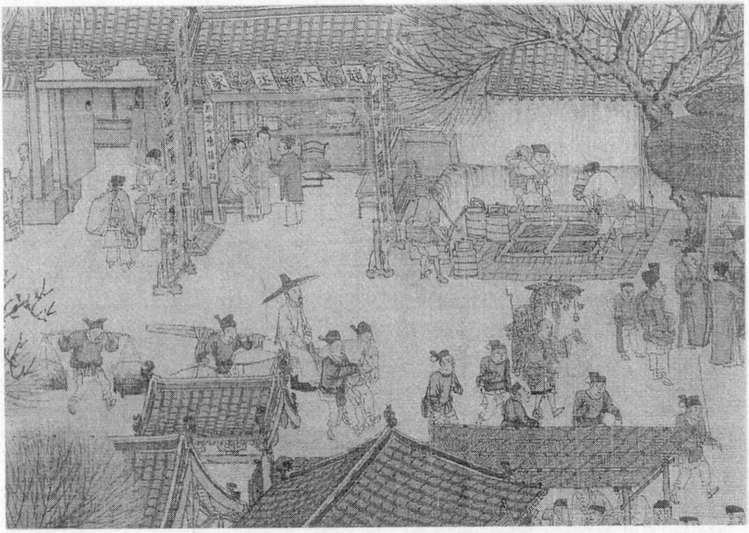

图 2.8　北宋张择端绘《清明上河图》中的药铺

图 2.9　明人绘《南都繁会图》中的店铺

图 2.10　明仇英摹《清明上河图》中的店铺

图 2.11　清人徐扬绘《姑苏繁华图》中的店铺

店后宅。两层的楼房有的是“底店楼宅”，有的上层也是作为公共空间存在，尤其是酒楼饭馆这类服务业店铺。下层会比上层挑高的高度更高①。如同第一章所提及的，酒楼饭馆的二楼，往往是专门用来招待有身份地位的贵宾。

上述的转变，反映了两方面的变化，其一是客观环境方面，因为城市化过程中，城市内人口增长，城市人口密度渐高，建筑密度更高，而城内隙地有限。例如苏州城内的情形，据王锜（1433～1499）的亲身经历，苏州在明初是“邑里潇然”，到了正统、天顺年间，王锜入城时见到的则是“稍复其旧，然犹未盛也”。至成化年间，王锜每隔三四年便会入城，“则见其若异境，以至于今，愈益繁盛，闾檐辐辏，万瓦甃鳞，城隅濠股，亭馆布列，略无隙地”②。又如明季关于松江府城的描述：“吾松城虽狭小，不及吴郡之三，然东西南北，非官家栉比，即商贾杂居，市物列陈，无一隙地。”③南京的情形已到了商店民居侵街的情况，明人谢肇淛云：“金陵街道极宽广，虽九轨可容。近来生齿渐蕃，民居日密，稍稍侵官道，以为廛肆，此亦必然之势也。”④直到清代的江宁城内仍有因为店家繁盛，以致侵街的情形。如果子行一带的官街，据清代人的记载，此区居住的人口愈加稠密，街道逐渐被民居所

---

① 陈泳著，《城市空间：形态、类型与意义——苏州古城结构形态演化研究》（南京：东南大学出版社，2006），页 82；赵新良编著，《诗意栖居：中国传统民居的文化解读》（北京：中国建筑工业出版社，2007），页 75。

② （明）王锜著，《寓圃杂记》（北京：中华书局，1985），卷 5，《吴中近年之盛》，页 42。

③ （清）曾羽王撰，《乙酉笔记》，收于上海人民出版社编，《清代日记汇抄》（上海：上海人民出版社据清稿本点校，1982），页 14。

④ （明）谢肇淛著，《五杂俎》，卷 3，《地部一》，页 64。

侵占，“崇闳之地半为湫隘之区矣”[①]。因此城市空间（尤其是商业中心）需要有更有效的利用，所以休闲消费空间要往“高”发展，而且连栋可以减少栋距之间的空间，更有效地利用空间。

此外，若要使建筑体能够向高耸发展，必须在建筑技术上有所改进。明代中期以后，砖的大量使用与砖墙的普遍利用，加速了传统木结构建筑的改造。砖墙的出现减轻了柱子的承重，并且使屋顶出檐减少，使扶墙柱加密，而柱身变得更细长，使建筑体可以向上发展，楼房建筑也随着技术的改良而愈加普遍[②]。

另外一方面，是主观方面的变革，亦即传统礼制等级制度对一般建筑物的高度所作的限制，在此时期发生了变化。过去历代都城内都规定除宫殿建筑之外，不得造楼阁，尤其是宫殿附近的其他高楼更是被禁止。但是北宋仁宗时曾下令：“天下士庶之家，凡屋宇非邸店楼阁临街市之处，毋得为四铺，作闹斗八。”[③]到了明代，有洪武二十六年（1393）的规定：

> 官员盖造房屋，并不许歇山转角、重檐重栱、绘画藻井。其楼房不系重檐之例，听从自便。……庶民所居房舍，不过三间五架。不许用斗栱，及彩色妆饰。[④]

---

① （清）甘熙撰，《白下琐言》，卷1，页20。

② 参见张朋川，《明清书画“中堂”样式的缘起》，《文物》，2006年第3期，页88—90。

③ （清）徐松辑，《宋会要辑稿》（北京：中华书局，1957），《舆服志·舆服四·臣庶服》，页6。

④ 《大明会典》（台北：国风出版社，1963），卷62，《礼部·仪制清吏司·房屋器用等第》，页1073a—b。

显然明代对官员家兴建楼房，并无硬性的规定与限制；而对庶民的房舍也只有规定间架数与装饰，没有限制楼房。清代的规定虽然也有禁止庶民房舍的间架数，但未有限制楼房的规定①。

至于这类连栋式建筑店铺的出现，是否与地方官府的城市规划有关呢？而它们的建筑者与经营者为何人？资本来源为何？以及是否有出租？日本学者高村雅彦认为，这样连栋式的长条状房屋，其起源应该是宋代官府为促进都城的商业发展，而在官地兴建的“廊房”，是以专供店家承租来贩卖商品。这样官方兴建的廊房就是上述连栋式店铺的原型，而且一直延续到明清时期②。因为史料有限，尚无法有确切的答案，至今有明确官建廊房记载的，如上节所云，仅见于明代的南京；而清代《康熙南巡图》与《姑苏繁华图》所绘之地点，并不限于金陵，还包括苏州等城市，都出现连栋式的店铺建筑。由此可知，无论是公营或民营，如此建筑形式的店铺已是明清江南城市普遍的现象。

其三是关于店铺的展示空间方面。宋代的《清明上河图》里，大部分的店铺是属于饮食服务业，如占卜、小吃、酒肆，少数是卖香料、布匹与药局、当铺，图中少有店铺的门口有开放式的空间来展示商品（图 2.8）。这其实反映宋代开封城内商品经济的发展程度。学者的

---

① “间”是指东西向的界定，也就是建筑体的面阔；“架”是界定南北向，也就是建筑体纵深。传统的间架不仅是界定建筑空间的要件，面阔的间数与纵深架数的多寡，也渐渐地成为身份地位的实质呈现。参见张惇惠，《古籍中礼制等级与住屋规制之研究》（桃园：中原大学建筑学系硕士论文，1999），页 41—43。又关于历代对楼阁的规制，参见同书，页 77—78。

② 高村雅彦著，《町家—中国都市のイデア》，页 265—268。

研究指出，商店、酒楼、食店、茶坊、瓦子、邸店、妓馆、医药诊所及当铺等，是宋代开封城内街市主要的组成元素。商店主要有金银珠宝珍玩店、花店、果子行、香药店等，但是并没有太多关于店门前展示空间的记录①。其中关于金银珠宝珍玩店的记载，如潘楼街南的界身巷，是开封的一个金银店铺中心，据形容是“屋宇雄壮、门面广阔，望之森然”的景象，却并未见有公开展示商品的空间②。

到了明代，因为商品经济有了进一步的发展，所以在明代仿绘的《清明上河图》里，除了饮食相关的店铺外，还有更多的是卖酒器、金银首饰、成衣、漆器与装裱书画的店铺或作坊，于是店铺内的货品展示空间更需要加大(图 2.10)。又如明人所绘的《南都繁会图》里，除了饮食相关的店铺外，从图中的招牌看到明代后期南京城内的店铺，还有卖服饰衣料、铜锡铁器、竹漆器、外省杂货与舶来品、粮食药材与化妆品等店铺及钱庄当铺、书铺裱褙铺，同样也显示了店铺内有货品展示的空间③。清代描绘苏州的《姑苏繁华图》里，包含的店铺业别更多了，据学者估计，较频繁出现的店铺有棉布业、丝绸业、衣服鞋帽手巾业、金银首饰、珠宝与玉器业，还有图书字画文具业店铺，以及窑器、瓷器店，等等④。药材店、金饰店、当铺通常是封闭式，只开一个大门，门内再设柜台。除此之外，贩卖其他类商品的店铺，则通常需

① 田银生著，《走向开放的城市：宋代东京街市研究》，页 87—88。

② (宋)孟元老撰，伊永文笺注，《东京梦华录笺注》，卷 2，《东角楼街巷》，页 144。

③ 王宏钧、刘如仲，《明代后期南京城市经济的繁荣和社会生活的变化——明人绘〈南都繁会图〉的初步研究》，《中国历史文物》，1979 年第 1 期，页 99—106。

④ 参见范金民，《清代苏州城市文化繁荣的写照——〈姑苏繁华图〉》，收于氏著，《国计民生——明清社会经济研究》，页 474—520。

要开放的空间展示商品。因为这些店铺所贩卖的商品并非民生必需品，为吸引顾客购物，于是需要有空间将商品摆出展示（图 2.11）。这类店铺的门面是开敞式的，早晚店门启闭是用木牌门板装卸，营业的柜台面街而立，靠近来往的行人，以利招徕顾客。至今的江南古镇老街，还可以看到这样形式的建筑。

明清出现的商业书，就指出店铺经营时展示商品的重要性。如成书于乾隆五十一年（1786）以前，由江宁府句容县人王秉元初撰、汪淏增订的抄本《生意世事初阶》一书，在序文中作者汪淏指陈增订该书的动机，是为了将此抄本寄给远地的“儿曹”、“子侄”，鼓励他们学习“挟本居寄，无微不入”的经商本领。该书的内容可以分为两部分，前半部是关于学徒学艺的问题，后半部是教导店铺如何开张营业及培养学徒[①]。其中就指出，店铺要想招徕生意，首先必须保持店面之光彩，“凡柜内柜外”必须“打扫洁净”，各种货物必“摆列整齐”。而且摆设展示的货品也很讲究，“门市货色，须剔选高货，放在门口卖”，这是因为高档商品“不但卖得起价，而且又有主顾；次等货，或以大宗搭去不妨”[②]。

在明清时期的文献里，关于店铺展示与摆置商品的记载并不算太多。明代小说《警世通言》卷 16 有一则《小夫人金钱赠年少》的故事，描述员外张士廉年老无子，续娶了王招宣府遣出的一个小夫人为

---

① 又国家图书馆善本书有另一抄本，书名为“贸易须知辑要”，编纂者同为句曲王秉元，内容与《生意世事初阶》大致相同，由是可知王秉元应是江宁府句容县人，《生意世事初阶》又有别名为“贸易须知辑要”。

② 关于该书参见罗仑，《乾隆盛世江南坐商经营内幕探微》，收于洪焕椿、罗仑主编，《长江三角洲地区社会经济史研究》（南京：南京大学出版社，1989），页 241—257；范金民，《清抄本〈生意世事初阶〉述略》，收于氏著，《国计民生——明清社会经济研究》，页 742—748。

妻，但小夫人憎恶张士廉年老。一日士廉有事远出，小夫人心下正烦。身边从嫁的婢女劝夫人到门口看街景作消遣，小夫人遂同养娘到外边来看。书里描述张员外家门口的店铺形式：“这张员外门首，是胭脂绒线铺，两壁装进橱柜，当中一个紫绢沿边帘子。”这则故事在开头有“如今说东京汴州开封府”，由此可知该则故事的源头应是宋人的作品[①]。不过，对店铺的描述应该是明代的情形。再从小说的插图来看，店铺前展示商品的空间相当醒目（图 2.12）。明代浙江人张应俞所编的《杜骗新书》里，也载有一则故事，叙述徽州府休宁县人吴胜理，在苏州府开铺，收买各样色布，“外开铺面，里藏各货”。一日正在招呼多位客人在内堂作账对银，有一棍徒乘胜理复入内与前客对银时，见铺内无人看守，故近门边诈拱揖相辞状，将铺边布一捆拖在肩上，缓步行去[②]。

图 2.12　明代小说《警世通言》中的绒线铺插图

还有一些记录是关于古玩店铺内的展示空间。如晚明士大夫李日华（1565～1635）的日记里记载杭州西湖附近，有一位项老儿开的古玩店铺：“老屋半间，前为列肆，陈瓶盎〔笔者按：瓦盆〕细碎物，与

① 谭正璧编，《三言两拍资料》（上海：上海古籍出版社，1980），页 288。

② （明）张应俞撰，《杜骗新书》，卷 1，《脱剥骗 · 乘闹明窃店中布》，页 17—19。

短松瘦柏、蒲草棘枝，堪为盆玩者。”[1]清人曹斯栋《稗贩》一书中有另一则关于古董商店的布置与内部陈设的描述：

> 市有设匱董肆者，门庭洒洒，画槅东西，铁锈铜斑，横陈棐几。主人则衣裳楚楚，滚滚清谈，恍若姬公赤舄，尼父象环，曾经什袭，即下至相如犊鼻、李斯狗枷，亦无不一见知名，兼收并蓄。及其所胪陈者，而一一游目焉，非赝石视玉，即鱼目混珠，世举此辈中人为鬼。[2]

此外，清人吴炽昌（1780～?）在《客窗闲话》里也曾记一则故事，描述嘉兴古董贩张某购得一灰色石鼠，后赴苏州古董店找行家鉴定，又存放在古董店内寄售，“日则列于多宝厨，夜则什袭藏之”，如是半载，果然有路过瞥见而入内问价者[3]。

有些规模更大的商号，他们的门市店铺可达数间之多，就像明代即已名著于世的苏州孙春阳杂货铺，据《履园丛话》形容：“其店规之严，选制之精，合郡无有也。”又云：

> 苏州皋桥西偏有孙春阳南货铺，天下闻名，铺中之物亦贡

---

① （明）李日华著，《味水轩日记》，卷4，万历四十年八月十一日，页255。

② （清）曹斯栋撰，《稗贩》，收于《四库未收书辑刊》（北京：北京出版社据清乾隆饭颗山房刻本影印，1997），辑3册28，卷8，页6b—7a。

③ （清）吴炽昌撰，王宏钧、苑育新校注，《客窗闲话·续客窗闲话》（北京：文化艺术出版社，1988），卷4，《和阗玉鼠》，页108。

上用……其为铺也，如州县署，亦有六房：曰南北货房、海货房、腌腊房、酱货房、蜜饯房、蜡烛房。售者由柜上给钱取一票，自往各房发货，而管总者掌其纲，一日一小结，一年一大结。自明至今已二百三四十年，子孙尚食其利，无他姓顶代者。①

至于贩卖柴米油盐这类民生必需品的店铺，并不需要太大的展示空间，但是仍有例子显示这类店铺在内部的装潢与陈设颇花心思。如清代金陵聚宝门外冈上，有武氏家所开设的盐米店：

内有小屋数椽，帘幕几席，洁净无纤尘；屋后修篁数十竿，青翠欲滴。循竹径而入，有培塿焉。茅亭居其巅，遍览梅冈之胜。邻舍老梅一株，高出墙头，适与亭对，天然巧绝。②

再从明清徽州的中小商人所留下的遗产清册或分家单里，可以看到许多家具，如屏风、柜子、香桌、八仙桌等，看似并非用于寝室，而是店铺内展示商品与装点用的家具③。

创造时尚的城市店家

现代的企业不断地制造新奇式样商品，希望借此创造出一股人

---

① (清)钱泳撰，《履园丛话》，卷24，《杂记下・孙春阳》，页640—641。

② (清)甘熙撰，《白下琐言》，卷1，页13—14。

③ 巫仁恕著，《品味奢华：晚明的消费社会与士大夫》，页225—233。

人欣羡的流行风尚，进而吸引消费者购买。然而这种情形并不是到了现代才出现，根据英国史家的研究，早在18世纪英国的制造商就试图创新流行时尚(fashion)，进而促进消费，由之形成"消费社会"与"消费革命"的兴起，为工业革命的到来奠定基础。例如英国史家就发现在18世纪时，有不少英国商人利用宫廷、贵族、外国使臣的社交管道来塑造时尚、传播时尚，造成大众流行风潮后，再以大规模制造来牟利。总之，制造业者塑造时尚以促进商品竞争，对经济发展有重要的影响①。从明清时期的史料显示，当时的工商业者也曾自创新式样，进而成为一种流行时尚。以下就以成衣业为例，说明制造业者如何创造最新的流行时尚。

晚明以来，江南城市的成衣业非常发达，主要集中在杭州、南京与苏州三大城市；而在其他中小城市，乃至市镇，也都有发达的成衣业②。需要说明的是，明清时期的成衣业并非现代的定义，亦即并非是指大量机械制造成衣的行业，而是专门帮客人裁缝制衣，或是专门制造鞋、帽、巾、袜等成品的业者。仇英临摹的《清明上河图》中，就出

---

① Eric L. Jones, "The Fashion Manipulators: Consumer Tastes and British Industries, 1660 - 1800," in L. P. Cain and P. J. Uselding eds., *Business Enterprise and Economic Change* (Kent, Ohio: Kent State University Press, 1973), 198 - 226。最著名的例子，就是大规模陶瓷器制造业者 Josiah Wedgewood，他开始创立自己的品牌，并且广泛利用各种广告形式来宣传其产品，目的是用来区别其他的竞争者产品。见 Neil McKendrick, "Josiah Wedgewood and the Commercialization of the Potteries," in Neil McKendrick, ed., *Historical Perspectives: Studies in English Thought and Society, in Honour of J. H. Plumb*, 100 - 145.

② 李伯重著，《江南的早期工业化(1550—1850年)》，页147—148。

现店铺的招牌书写“成衣”二字（图 2. 13）。以苏州为例，嘉道年间苏州人宋芬所撰的《虫鸣漫录》一书中，记载一则关于成衣业者的故事：

某邑甲，久客于外，十年无耗，妇及幼子贫窭实甚，乃招乙于家。乙故业成衣者，携货就妇居，新其屋宇，门设缝肆，俨然有妻有子。①

图 2. 13　明仇英摹《清明上河图》中的成衣铺

① (清)采蘅子纂,《虫鸣漫录》,收于《笔记小说大观》(台北：新兴书局,1985),编1册7,卷1,页12a。

苏州的成衣业者自清中叶以后陆续成立同业公所，由此可知苏州成衣业的发达。如乾隆四十五年（1780）于金阊门北设立成衣业公所[①]。另有贩卖二手成衣的估衣业者，其成立公所的时间较晚，到咸丰六年（1856）才在护龙街南塔儿巷，集资兴建云章公所[②]。再晚还有结帽缨业者于苏州城西北隅桃花坞后，集资兴建公所存义堂，建成的年代约在同治年间之前[③]。

江南同时也是服饰方面的时尚中心，尤其是起源自苏州一地的流行服饰，时人有"苏样"之称[④]。明代小说里关于"苏样"穿着的流行形式，有较为直接的描述，如冯梦龙（1574～1646）《喻世明言》："头上戴一顶苏样的百柱椶帽，身上穿一件鱼肚白的湖纱道袍。"[⑤]戏曲剧本里也有"苏样"的记载，如《一捧雪》传奇里有一侍女角色，其服饰装扮："青布衫儿称体，湾湾苏样包头，汗巾束向你旁收，大脚长裙遮覆。"[⑥]即使是江南的大城市，如松江或杭州，也纷纷仿效苏州人的服

---

① 《长洲县禁止无业游民在成衣公所寻衅滋扰碑》（光绪二十四年），收于苏州历史博物馆等编，《明清苏州工商业碑刻集》（南京：江苏人民出版社，1981），页225。

② 《估衣业重建云章公所碑》（光绪二年），《明清苏州工商业碑刻集》，页212—213。

③ 《苏州结帽缨公所义塚碑》（同治五年十一月），收于王国平、唐立行主编，《明清以来苏州社会史碑刻集》（苏州：苏州大学出版社，1998），页304—305。

④ 有关明清服饰的流行时尚，另可参见巫仁恕著，《品味奢华：晚明的消费社会与士大夫》，页128—144；Antonia Finnane, *Changing Clothes in China: Fashion, History, Nation* (New York: Columbia University Press, 2008), 43－67.

⑤ （明）冯梦龙编撰，《喻世明言》（台北：鼎文书局，1980），卷1，《蒋兴哥重会珍珠衫》，页7。

⑥ （清）李玉著，《一捧雪》，收于（清）李玉著，陈古虞、陈多、马圣贵点校，《李玉戏曲集》（上海：上海古籍出版社，2004），卷下，第19出，《丑醋》，页66。

饰穿着，而且“苏样”的服饰形式还不断翻新。如张岱在写给他友人的一封信里，就曾批评此风：

> 且吾浙人极无主见，苏人所尚，极力摹仿。如一巾帻，忽高忽低；如一袍袖，忽大忽小。苏人巾高袖大，浙人效之；俗尚未遍，而苏人巾又变低，袖又变小矣。故苏人常笑吾浙人为“赶不著”，诚哉其赶不著也！不肖生平崛强，巾不高低，袖不大小，野服竹冠。人且望而知为陶庵，何必攀附苏人，始称名士哉？①

清人王誉昌于康熙三十一年(1692)所编之《崇祯宫词》有云：“退红蘸碧轻逾艳，远黛飞霞淡自真；就里细参苏样好，内家妆束一时新。”清人吴理的注指称：“后籍苏州，田贵妃居扬州，皆习江南服饰，谓之‘苏样’。”②由此显示甚至在晚明宫廷里的服饰式样也受到“苏样”的影响，虽然此说的真实性仍存疑，不过却也说明了苏州流行服饰所具有的重要地位。

虽然到清代，北京已逐渐有与苏州一争长短的趋势，所谓的“京式”似乎凌驾于“苏样”之上。如《寞存》指出清代高级衣帽服饰的流行式样，以北京为时尚中心：“京师衣帽等物，视诸王府以为式，谓之

---

① (明)张岱著，云告点校，《琅嬛文集》(长沙：岳麓书社，1985)，卷3，《书牍·又与毅儒八弟》，页142—143。

② (清)王誉昌撰，(清)吴理注，(民国)丁祖荫校记，《崇祯宫词》(台北：新文丰出版公司据《虞山丛刻》排印，1989)，卷上，页3b。

内造样。外省效之，为新样，然行至苏松，必须数年以外，而京师往往又变样矣。"①《后海书堂杂录》亦称："男子衣冠式样，自京师相沿而下，天下靡然从风。"②但是苏州仍是很重要的时尚中心。清人褚人获(1625～1682)《坚瓠集》述及清初苏州人重视穿着的流行风尚：

> 吾苏风俗浇薄，迩来服饰滥觞已极。《翰山日记》有《吴下歌谣》，因录于左："苏州三件好新闻：男儿著条红围领，女儿倒要包网巾，贫儿打扮富儿形。一双三镶袜，两只高底鞋，到要准两雪花银。爹娘在家冻与饿，见之岂不寒心。"③

再从清代苏州人的日记里，也可以看到他们购买成衣的频率颇高，反映出即使是苏州下层的士大夫也很重视自己的穿着。本书第六章将会提到清代苏州人茂苑居士在他五个多月的日记中，曾载其两次买估衣，一次买珊瑚结帽顶，这样的频率以现代的角度来看也不算低了。又如清代道咸年间的苏州士人钱辰的购物行为，也类似茂苑居士，在其日记里也曾记其到苏州城内购物，包括买帽子之类。

因为江南是流行时尚的中心，所以各地富裕人家也自然以能穿

---

① (清)胡式钰撰，《窦存》，收于《笔记小说大观》(台北：新兴书局，1987)，编44册10，卷3，《事窦》，页1a。

② (清)王孝咏撰，《后海书堂杂录》，收于《四库全书存目丛书·子部·杂家类》(台南：庄严文化事业据中国科学院图书馆藏清抄本影印，1995)，册116，《衣饰》，页4b。

③ (清)褚人获撰，《坚瓠集》，收于《续修四库全书·子部·小说家类》，补集，册1262，卷6，《吴下歌谣》，页18b。

着地道的江南服饰相尚。明代的有钱人家为了得到江南"原产"服饰，往往不远千里去江南采购，这种情况在明清的小说中也留下痕迹。例如《金瓶梅词话》第22、25回中，西门庆令家人旺儿到杭州为蔡太师订制衣服带回山东。《醒世姻缘传》第65回中描写明代山东小县城里的妇女要想获得南京时装，还须由家人赴江南采购。到清代，金陵时装在山东已有销售基地，如临清的"故衣布"里，就是集中"金陵铺"的地方①。

有需求就有创新，乾隆间吴江的监生袁栋，在其所撰之笔记《书隐丛说》中指称：

> 苏州风俗奢靡，日甚一日。衣裳冠履未敝而屡易，饮食宴会已美而求精，衣则忽长忽短，袖则忽大忽小，冠则忽低忽昂，履则忽锐忽广。造作者以新式诱人，游荡者以巧冶成习。②

引文中不但提到苏州人的衣、袖、冠、履之形式经常有变化，尤其引人注目的是"造作者以新式诱人"一语，足以说明清代苏州服饰的流行时尚，也与制造业者不断推陈出新，创造新式样的服饰有关。又如《履园丛话》提到清代各省皆有帮人制衣的成衣匠，在当时流行的风气是："今之成衣者辄以旧衣定尺寸，以新样为时尚，不知短长之理，

---

① 李伯重著，《江南的早期工业化（1550—1850年）》，页146—147。

② （清）袁栋撰，《书隐丛说》，收于《四库全书存目丛书·子部·杂家类》，册116，卷10，《风俗奢靡》，页7b。

先蓄觊觎之心。”[①]此即上述“造作者以新式诱人”的绝佳范例。

清代的扬州是另一个流行服饰的时尚中心，清人林苏门(1748～1809)所撰的《邗江三百吟》卷6《新奇服饰》，记录了清代扬州所流行的各种男性服饰[②]。男性服饰依四季有不同的流行款式，如夏季流行的内衣是罗汉褡，“褡亦褂类，夏日男子肥胖者易汗，此褡须好薄夏布，左右短袂，以便适体，罗汉之名，俗称也”[③]。外衣的马褂形式则是黄草布褂，“草布亦葛类，用琉黄熏之，夏日为褂，以漉汗”[④]。裤子的流行款式是黑缣丝袴，而且衣料还来自外地：“扬州不产缣丝，而浮华仆从每遇夏日，必买好缣丝，染黑以为袴。”[⑤]平时流行的服饰有荷叶领衣，“男衣缀领以覆肩上，如荷叶之圆，便于解释”[⑥]。男衫是以细罗纱为尚，还有较俭约的形式，是下截以细罗纱为料，以布为上半截者，故称之为“半截衫”[⑦]。就连帽、袜与鞋都有流行的式样，如帽子有西瓜皮和红镶边帽兜；红镶边帽兜是冬天流行戴北方的帽式，“此北省官御风雪之具，分品为之者也。扬俗遇雨雪时，亦多用之，品级若何，究不知也”[⑧]。袜子则流行两截袜，“上截多

---

① (清)钱泳撰，《履园丛话》，卷12，《艺能・成衣》，页324。

② 该资料最早系安东篱教授引用，参见 Antonia Finnane, *Changing Clothes in China: Fashion, History, Nation*, 59-62.

③ (清)林苏门撰，《邗江三百吟》，收于《中国风土志丛刊》，卷6，《新奇服饰・罗汉褡》，页231。

④ (清)林苏门撰，《邗江三百吟》，卷6，《新奇服饰・黄草布褂》，页240。

⑤ 同上书，卷6，《新奇服饰・黑缣丝袴》，页240。

⑥ 同上书，卷6，《新奇服饰・荷叶领衣》，页237。

⑦ 同上书，卷6，《新奇服饰・半截衫》，页239。

⑧ 同上书，卷6，《新奇服饰・红镶边帽兜》，页242。

用杂色,下截皆用白色,绸缎绫罗不一"①。脚上穿的鞋子是网线男凉鞋,"用白绫照鞋式翦裁为里,以颜色线细结如网表,而出之以透风,名曰凉鞋,专为夏日所用"②。

在扬州城内的衣料店铺业者,也在费尽心思配合提供最新式样的流行衣料。如《扬州画舫录》提到的缎子街店铺:

> 多子街即缎子街,两畔皆缎铺。扬郡著衣,尚为新样。十数年前,缎用八团,后变为大洋莲、拱璧兰。颜色在前尚三蓝、朱、墨、库灰、泥金黄,近用膏粱红、樱桃红,谓之福色,以福大将军征台匪时〔笔者按:指福康安(1754～1796)于乾隆五十二年平定台湾林爽文起义〕,过扬著此色也。每货至,先归绸庄缎行,然后发铺,谓之抄号,每年以四月二十日为例,谓之镇江会。③

扬州因为富有盐商聚集,他们的消费力惊人,喜好流行服饰也是可以想象的。所以扬州的风尚所及,对新式样或新颜色衣料的需求量也很庞大。从上引文可知,从大盘商绸缎行到小门市的缎铺,也都会因应这种风尚的需求,随时推出最新式样的衣料。虽然引文中并未明言创新式样者为何人,但就推动服饰的流行时尚而言,成衣业者也起了很重要的催化作用。

再者,一旦形成流行时尚,在制造商大量制造下,价格也会随之

---

① (清)林苏门撰,《邗江三百吟》,卷6,《新奇服饰・两截袜》,页242。

② (清)林苏门撰,《邗江三百吟》,卷6,《新奇服饰・网线男凉鞋》,页235。

③ (清)李斗撰,《扬州画舫录》,卷9,《小秦淮录》,页194。

降低。如《邗江三百吟》所载扬州特别著名的"蝴蝶履",就连苏杭人都称羡:

> 扬式名鞋,苏杭人极称羡焉。余方以为大谬,近因驻足武林间,以苏杭之鞋者著而较之,始信不及扬州远甚。同一毡底也,扬州用整块细毡,铺十层、十一二层不等,久而不变其朴。至于鞋帮或全仰素缎,或杂色洋呢羽毛,线绉宁绸等,镶以元缎,穷工极巧,簇簇生新。此则鞋帮用紫色,或灰色,亦洋呢等不拘;鞋头及后口,或元窝绒,或元素缎,做成大蝴蝶附上,鞋帮两旁各一小蝴蝶,名曰"蝴蝶履"。[①]

作者在此段引文之后,还有一段叙述,指出他购买此鞋的经验:"余幼时曾以元丝五六钱买于市,近日鞋店亦不少此式,问其价,则在一两二三钱内外,可谓今昔大不相侔矣。"看来这款流行鞋式,随着大量制造,价格也有所降低。

上述这些成衣业者们宛如英国的陶瓷业者,为了市场销路而致力于创新风格,把新风格、新式样的制品推销出去,进而形成流行时尚。工商业者的创新商品一旦形成一种风尚,也会带动同类商品的竞争与发展。除了上述成衣业的例子外,明末苏州的刘永晖也是带动文具业竞争的翘楚,据明人黄省曾(1490～1546)《吴风录》形容此人精造文具,"自此吴人争奇斗巧,以治文具"[②]。

---

① (清)林苏门撰,《邗江三百吟》,卷6,《新奇服饰·蝴蝶履》,页233—234。

② (明)黄省曾著,《吴风录》,收于王稼句编纂点校,《苏州文献丛钞初编》(苏州:古吴轩出版社,2005),页320。

第三节　视觉广告与城市景观的变化

城市内提供休闲购物的店家，为了要吸引顾客，最直接的方法就是利用视觉广告，最常见的就是传统的招幌。所谓招幌，是“招牌”与“幌子”的复合式通称，又称“市招”或“望子”，是直接通过视觉传播以吸引顾客的传统广告形式，在中国的起源甚早，可以说是传统时期商业贸易与消费活动的产物①。

招幌的起源与形式

根据学者的考证，招幌最原始的来源是酒旗，古代的酒旗形制是布帘，因而有“青帘”之称。酒旗高悬，很远即可望知酒家的标志，故又称为“望子”。清翟灏（乾隆朝进士）《通俗编》云：“按今江以北，凡市贾所悬标识，悉呼望子。讹其音，乃云幌子。”②由此可见，“幌子”之说源于“望子”，而望子滥觞于“酒肆旗望”③。

---

① 有关招幌研究的二手文献介绍，可以参见曲彦斌主编，《中国招幌辞典》（上海：上海辞书出版社，2001），页 14—18。此外，日本民俗学与人类学学者，早在二战前后已注意搜集中国招牌看板的资料，参见芹泽知広、志贺市子编，《日本人の中国民具収集—歴史的背景と今日的意義》（东京：风响社，2008），第二章《日本人が見た中国の看板——研究史のスケッチ》，页 83—108。

② （清）翟灏撰，《通俗编》，收于《续修四库全书・经部・小学类》（上海：上海古籍出版社据清乾隆十六年翟氏无不宜斋刻本影印，1995），册 194，卷 26，《器用・望子》，页 13a。

③ 青木正儿，《望子（看板）考》，收于氏著，《青木正儿全集》（东京：春秋社，1983—1984），页 592—602。

望子或幌子分为两种，一种是旗竿布帘式，一种是实物模型式。宋人洪迈(1123～1202)《容斋续笔》就如此区分酒望：

> 今都城与郡县酒务，及凡鬻酒之肆，皆揭大帘于外，以青白布数幅为之，微者随其高卑小大；村店或挂瓶瓢、标箒秆，唐人多咏于诗，然其制盖自古已然矣。①

首先来看的是实物模型的幌子，据《清稗类钞》所云：

> 更有不用字，不绘形，直揭其物于门外，或以象形之物代之，以其人多不识字也。如卖酒者悬酒一壶，卖炭者悬炭一支，而面店则悬纸条，鱼店则悬木鱼，俗所谓“幌子”者是也。②

上述系以实物为象征的幌子实例，如卖酒者悬酒壶，卖炭者悬炭，面店悬纸条，鱼店悬木鱼于门前等。使用商品实物或其模型的幌子，基本上少有书写文字者，而且由来已久。早在宋人李昉(925～996)所编的《太平广记》里，已记有一李客者，尝披蓑戴笠，系一布囊，在城中卖杀鼠药，以一木鼠为标记。宋人吴曾《能改斋漫录》说当时的浴场，必定挂一壶于门前作为幌子③。

---

① (宋)洪迈著，《容斋续笔》(上海：上海古籍出版社，1978)，卷16，《酒肆旗望》，页408。

② (清)徐珂编撰，《清稗类钞》，《农商类·市招》，页2283。

③ (宋)李昉等编，《太平广记》(北京：中华书局，1961)，卷85，《异人五·李客》，页553；(宋)吴曾撰，《能改斋漫录》，收入《丛书集成初编》(北京：中华书局，1985)，册1，卷1，《事始一·浴处挂壶于门》，页3。

在明清笔记小说与图像资料里，也有不少例子。如《续金瓶梅》第 47 回描写主角刘瘸子开了个皮匠铺，买了几双旧鞋悬在门首作幌子[①]。《浪迹丛谈》记康熙年间福州南门大街有棉花店，前挂有棉球作为幌子[②]。在明清城市风俗图里，也有些许这样的幌子。如仇英所绘的《清明上河图》中，有家以"万应膏药"为招牌的药店，店门旁吊了一串膏药作为幌子。清代的《姑苏繁华图》里，绘有一饭馆门前挂着罗圈幌子（图 2. 14）。实物模型的幌子出现的原因，就像《清稗类

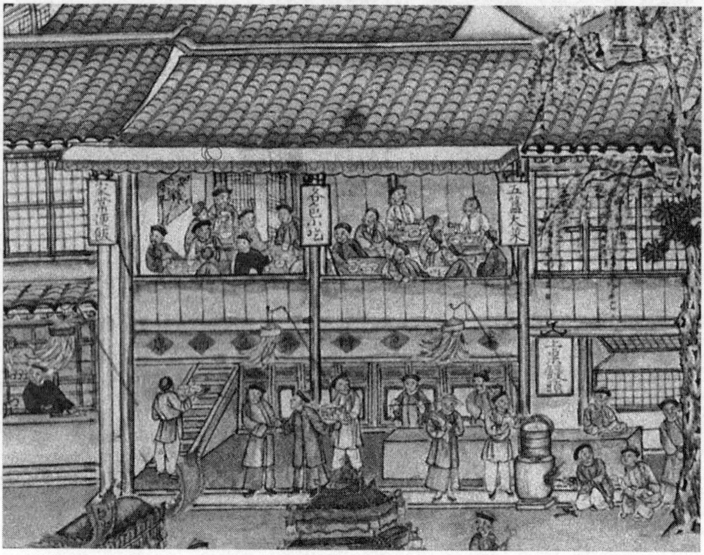

图 2. 14　清人徐扬绘《姑苏繁华图》中的罗圈幌子

① （明）丁耀亢著，《续金瓶梅》（台北：建弘出版社，1995），第 47 回，《游戏品木瓜郎语小莫破 · 石女儿道大难容》，页 489。

② （清）梁章钜著，陈铁民点校，《浪迹丛谈 · 续谈 · 三谈》（北京：中华书局，1981），卷 5，《右旋螺》，页 343—344。

钞》所述，是识字率低的产物，尤其是乡民的识字率不高，所以需要这类一目了然的幌子形式。

至于旗竿布帘式的幌子，在明清时期的发展，可以看到它们在内容上与接下来提到的招牌很类似，是文字与图形并用。此类招幌虽然在文献里少有记录，但是从明清城市风俗中，可以看到一些例子。如《南都繁会图》中有写着“极品官带”的幌子，并绘有官带的图案；还有钱庄的招幌上画有钱币的图案（图 2.15）。

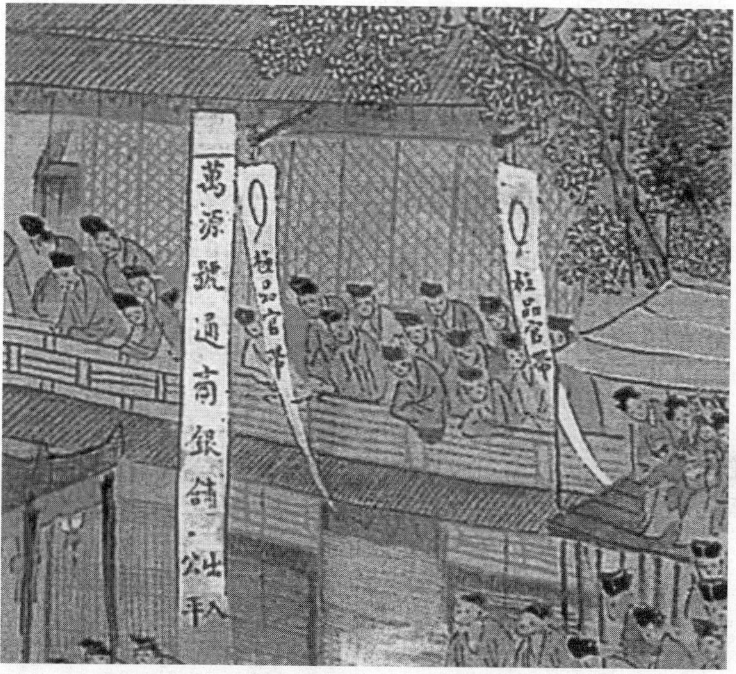

图 2.15 明人绘《南都繁会图》中旗竿布帘式的幌子

幌子后来逐渐被木牌取代，朝向牌匾、匾额的形式过渡，成为宋代以后的文献里常见的“招牌”一词。招牌主要是以悬挂、镶嵌或砌筑等方式，固定于门市的匾、额、牌、联、壁等书有特定广告文字或图案的标志[①]。如《清稗类钞》所云，招牌是专用文字，或是文字与图像兼具：

> 商店悬牌于门以为标识，广招徕者曰“市招”，俗呼“招牌”，大抵专用字，有参以满、蒙、回、藏文者，有用字兼绘形者。[②]

上引文所谓“用字兼用绘形者”，即指图文并茂的招牌。如晚明所绘的《南都繁会图》，有招牌写着“京式靴鞋店”，上绘有靴子图案（图2.16）。至于招牌的形式，从外观来看，可以再细分为竖招、横招、坐招、墙招。挂在墙上的直式竖招是最常见的招牌，而横招就像是挂在城市店铺大门口上方的匾额，通常是书写该店的字号。如《歧路灯》第98回中描写主角阎楷开设书铺的情景：

> 悬出新彩黑髹金字两面招牌，一面是“星辉堂”三个大字，一面是“经史子集，法帖古砚，收买发兑”十二个小字。盒酌满街，衣冠盈庭，才是开张日一个彩头。[③]

① 青木正儿，《望子（看板）考》，页592—602。

② （清）徐珂编撰，《清稗类钞》，册5，《农商类·市招》，页2283。

③ （清）李绿园著，《歧路灯》（台北：新文丰出版公司，1979），第98回，《重书贾苏霖臣赠字·表义仆张类村递呈》，页1004。

图 2.16　明人绘《南都繁会图》中的招牌

引文中两块招牌之一的“星辉堂”就是其字号的匾额；而十二小字的招牌，可能是竖招。坐招则是设置在店铺门前或柜台前的招牌，后来演变成冲天招牌的形式。墙招是书写在店墙上的宣传广告，如清代澡堂常在墙上题写“金鸡未唱汤先热”的字句，在清人徐扬所绘的《姑苏繁华图》中亦可见书有“香水浴堂”的墙招（图 1.5）。

从观看到阅读

明清以来招幌的发展和之前的朝代相较，最大的不同就是文字的应用远比前代更为广泛。观察从宋代张择端所绘的《清明上河图》,到明清城市风俗图的演变,可以看到文字招幌充斥市面的情形愈加明显。文字招幌有的是单字招幌,如在招幌上写个“酒”字的酒帘,是中国最普遍且历史悠久的招幌。又如《儿女英雄传》第7回里描写有某庙门上挂着个“饭”字的幌子,显然就是兼营饭馆的庙宇[①]。

无疑地,多字招幌才是明清城市招幌的主流,无论是在江南的大城市或是北京,都可以看到这样的趋势[②]。在明人小说《说岳全传》里,也可以看到旅店业者的招幌,往往是“某人名安寓客商”七字,如“江振子安寓客商”、“王老店安寓客商”等[③]。清代小说《歧路灯》里也写到有某个豆腐干店的招幌上,写着“汴京黄九皋五香腐干”[④]。有的招幌还会有特殊强调的字句,明正德间朝廷开设酒馆,其酒望写着“本店发卖四时荷花高酒”,又有二匾,一云“天下第一酒馆”,一云“四时应饭食店”[⑤]。又如《艺舟双楫》记清代一火镰店,柜上立招牌两

---

① (清)文康著,《儿女英雄传》(台北:桂冠图书,1983),第7回,《探地穴辛勤怜弱女·摘鬼脸谈笑诛淫娃》,页84。

② 北京也是以多字招幌为主流,如清末民初人蔡绳格所撰《燕市商标沓录》一书里,录有上千种招牌,分类为一、二、三、四、五、六字的商标、牌幌与匾额,而最常用的就是四字牌幌。参见(民国)蔡绳格撰,《燕市商标沓录》,收于《丛书集成续编·史部》(上海:上海书店出版社,1994),册50,《杂志各类》,页5b。

③ (清)钱彩等著,《说岳全传》(台北:三民书局,2000),第7回,《梦飞虎徐仁荐贤·索贿赂洪先革职》,页52;第65回,《小弟兄偷祭岳王坟·吕巡检婪赃闹乌镇》,页570。

④ (清)李绿园著,《歧路灯》,第33回,《谭绍闻滥交匪类·张绳祖计诱赌场》,页338。

⑤ (清)褚人获撰,《坚瓠集·补集》,卷3,《酒馆扁对》,页56。

块，墨书白粉版，大书“只此一家，言无二价”八字①。清代杭州补牙业者的招幌，写有“镶齿如生”四字②。

在城市风俗图里也有很多这类例子，如《南都繁会图》中的“万源号通商银铺”，招幌还书有“出入公平”四字；明末仇英摹《清明上河图》里有家杂货行，店内也有“公平交易”四字横幅字；清代《姑苏繁华图》中的饭馆招幌，常书“五簋大菜”、“各色小吃”、“家常便饭”等字样（图 2.14）。还有一种形式的招牌，特别适合多字书写，就是所谓的“冲天式招牌”。从北宋张择端所绘的《清明上河图》中就可见到这样形式的招牌，到了明代仇英所摹的《清明上河图》、清康熙五十六年（1717）王原祁（1642～1715）等总绘的《万寿圣典图》，以及徐扬于乾隆二十六年（1761）所绘的《日月合璧五星联珠图》，都可以见到相同的例子（参见图 2.8、2.10、2.13、2.16、2.17、2.18）。

招牌或幌子都是诉诸视觉效果的广告形式，其内容包含图像或实物模型以及文字说明。从宋元以来到明清的发展过程显示，这类视觉广告内的文字比重呈现了逐渐增加的趋势，而图像或实物模型的角色渐趋次要。由是广告的视觉效果由观看转向阅读，这样的现象一度令来华的西方人大吃一惊。就像 19 世纪末来中国游历的

① （清）包世臣著，《艺舟双楫》，收于《续修四库全书·子部·艺术类》（上海：上海古籍出版社据上海图书馆藏清道光二十六年白门倦游阁木字印安吴四种本影印，1997），册 1082，卷 5，《论书一》，页 26b—27a。

② 补牙业在宋代已可见，但招牌形成可能要到明清时期才出现。参见（清）曹斯栋撰，《稗贩》，收于《四库未收书辑刊》，1997），辑 3 册 28，卷 6，页 16a—b；（清）叶名澧撰，《桥西杂记》，收于《丛书集成简编》（台北：商务印书馆，1966），册 740，《修补门牙》，页 51a。

图 2.17　清人徐扬绘《日月合璧五星联珠图》中的冲天式招牌

美国人约翰·斯塔德(John L. Stoddard),在1897年坐着轿子初进广州城时,最能吸引他目光的,是街道上的招牌。令他惊讶不解的是,人们怎么才能够阅读这些文字招牌?因为走在街上随处会碰到大量衣衫不整、看似未受教育的中国人,而且,“在这样的环境之中,要想停下来阅读店铺的广告,就好比骑着德州的野马,穿越森林观察树叶一样”①。

① 约翰·斯塔德(John L. Stoddard)著,李涛译,《1897年的中国》(济南:山东画报出版社,2004),页41—42。

图 2.18　清人王原祁绘《万寿圣典图》中的冲天式招牌

招幌的设计与功能

无论是招牌或幌子，其主要功能就是吸引顾客消费，《乡言解颐》就说："善贾者招之以实货，招之以虚名，招之以坐落、门面、字号，而总不若招牌之豁目也。"①清人小说《歧路灯》里曾提到开赌场的说：

① （清）李光庭著，《乡言解颐》，收入《乡言解颐 · 吴下谚联》（北京：中华书局，1982），卷 4，《物部上 · 市肆十事 · 招牌》，页 68。

"有好招牌,不怕没有好主顾。"①所以在城市开店设铺的业者,都很讲究招幌的设计。如清代北京的招牌有愈加华丽、高大的趋势,据《钦定日下旧闻考》云:

正阳门东西街招牌,有高三丈余者,泥金杀粉,或以斑竹镶之,或又镂刻金牛、白羊、黑驴诸形象,以为标识。酒肆则横扁连楹,其余或悬木罂,或悬锡盏,缀以流苏。②

虽然评者以为此举,系"挟有限之赀,先事无名之费,甚无谓也",但这正是一种吸引顾客的广告。所以当时人已有箴言,强调招牌的设计不仅只是字迹端好、金漆装潢,最好是"声光活现",才能吸引顾客,"招之即来"③。

开店除了以高大醒目的招幌为第一考量外,还要配合富丽堂皇的门面装饰,对生意会有很大的帮助。就像清人笔记《燕京杂记》的记载:

京师市店,素讲局面,雕红刻翠,锦窗绣户,招牌至有高三丈者。夜则燃灯,数十纱笼角灯,照耀如同白日。其在东西四牌楼及正阳门大栅栏者,尤为卓越。中有茶叶店,高甍巨桷,细槅宏

---

① (清)李绿园著,《歧路灯》,第 64 回,《开赌场打钻获厚利·奸爨妇逼命赴绞桩》,页 666。

② 《钦定日下旧闻考》,收于《景印文渊阁四库全书》(台北:商务印书馆,1983),册 499,卷 146,《风俗一》,页 16a。

③ (清)王有光著,《吴下谚联》,卷 1,《启目·正目一·活招牌》,页 9。

窗，刻以人物，铺以黄金，绚云映日，洵是伟观。总之，母钱或百万或千万，俱有为修饰之具。茶叶则货于茶客，茶客亦视其店之局面，华丽者即无母钱存贮，亦信而不疑。倘局面暗淡，虽棱积千万，亦不敢贷矣。金玉其外，败絮其中，所由来也。①

引文里说明了清代北京市内的店铺，向来讲究门面的华丽以及招牌的高大（图 2. 19、2. 20），晚上还要点上数十个灯笼作装饰。所以如此，除了吸引顾客以外，其实还与经营有关。以茶叶店为例，只要有华丽的外表，即使没有太多的本钱，茶叶客商也愿意寄放其茶叶在该店代销，或让该店铺赊款。但是如果门面暗淡无华，即使本钱雄厚，这些客商也不敢让其代销。虽然上述两则引文都是关于清代北京的

图 2. 19　清人徐扬绘《日月合璧五星联珠图》中的北京招牌

① 《燕京杂记》，收入《笔记小说大观》（台北：新兴书局，1976），编 14 册 10，页 5a—b。

图 2.20　清人徐扬绘《日月合璧五星联珠图》中的北京店铺正面招牌

记载，但是从常理推断，这样的原则应该不只适用于北京，江南大城市内商店的招牌，应该也是如此。

明清的文献里还有不少例子显示，名士仿佛成了店家招牌的广告代言人。如在戏曲《桃花扇》里有个在南京三山街开书店的蔡益所，其书店即以其名为字号。每当新出版书文时，会在店门廊柱上张贴广告，上有新选时文的封面，书有“复社文开”，左边一行小字是“壬午、癸未房墨合刊”，右边是“陈定生、吴次尾两先生新选”。他的招幌以陈贞慧（1604～1656）及吴应箕（1594～1645）作为号召，希望招徕客人购书①。当然，因为书坊的主要消费者与顾客群是士人，所以书

① （清）孔尚任著，王季恩、苏寰中、杨德平合注，《桃花扇》（北京：人民文学出版社，1959），卷 3，第 29 出，《逮社》，页 184。

坊招幌以名士为号召。不过，别的行业的招幌、匾额或店内的楹联，也往往会邀请名宦或名士为其题匾额或招牌，即利用名宦或名士之名，以自抬身价或招引顾客①。如明代南京牛市口之肥皂香粉店直匾“古子敬家”四字，系刘基（1311～1375）所书；三山街之毡货铺横匾“伍少西家”四字，系进士顾起元（1565～1628）所写；行口大街之南货店，有长方匾“杨君达家海味果品”八字，系翰林院编修余孟麟（1537～1620）所书②。清代扬州城有钞关街，街道两旁多名店，其中有老店伍少西毡铺，该店之匾额“伍少西家”四字，系江宁名书法家杨纪军所题；戴春林香铺门首的“戴春林家”四字，传说为另一名家董其昌（1555～1636）所书③。

明清江南大城市内的商店招幌，几乎已成为城市的重要景观，尤其是所谓“上有天堂，下有苏杭”的苏州与杭州。日人曾根俊虎（1847～1910）于同治十三年（1874）时旅游杭州，其所见的杭州虽然历经太平军战争之后，到处可见有遭受“长毛贼”烧毁之害，仍有不少荒芜之地，但是同时他也看到城市内的繁荣景观。特别是到了涌金门一带的街道，富商的家屋鳞次栉比，不见寸余空地；行人熙熙攘攘，不见如北方城市有穿脏衣、带臭气之人。街道虽然狭窄，但与天津城

① 不过，有时官员为商铺题写招牌，也会落人口实。如光绪朝任都察院左副都御史的崇勋，处理城坊公事时每唤下属官员到其私宅授意，多所干预。又为北京正阳门永顺乾洋货铺题写匾额招牌，且当该铺开张之日还亲往贺喜。光绪皇帝下令：“崇勋以三品大员，职司风宪，似此不知检束，实属有玷台班。”遂将之革职，以示惩儆。事见《大清会典事例》，卷1012，《都察院一五・宪纲一五・谕旨十五・光绪八年》，页162a。

② （清）陈作霖撰，《炳烛里谈》，卷中，《市肆旧匾》，页327。

③ （清）李斗撰，《扬州画舫录》，卷9，《小秦淮录》，页194。

内等地相比也显得清洁。尤其是他看到商店的招牌："各店招牌字号皆为金字，灼灼发光，耀眼刺目。"①由此可见，江南城市的招幌是构成外来人对江南城市印象的重要元素。

赛会广告

城市内的店铺商家，除了用招幌作广告之外，还有别的方法。明清大城市里每当重要节庆时所举办的赛会活动，规模相当盛大。在节庆期间各行各业都会加入一些赛会活动，表面上是一种休闲娱乐活动，同时也是各行各业展示其字号名声的机会。例如在传统元宵节时，城市内往往举办有灯会，如清中叶扬州城内灯节时的情景：

> 淮扬灯节最盛，鱼龙狮象禽鸟螺蛤而外，凡农家渔樵百工技艺，各以新意象形为之，颇称精巧。盐务改票以来，商计式微，不及从前繁丽，然银花火树，人影衣香，犹见升平景象。②

引文中所谓"凡农家渔樵百工技艺，各以新意象形为之，颇称精巧"，说明灯会时各行业都会出钱装点，其功能即在打广告。又如清代江宁府的徽州木商，每逢灯节时之奢靡况，不下于扬州，据《虫鸣漫录》

① 曾根俊虎著，范建明译，《北中国纪行·清国漫游志》（北京：中华书局，2007），页357。

② （清）黄钧宰著，《金壶七墨全集》，收于《笔记小说大观》（台北：新兴书局，1978），编2册7，卷4，《元夕观灯》，页1b—2a。作者记此条时间为道光二十三年正月。

所载：

> 金陵上河，为徽商业木者聚居处，每岁出灯迎神，仪仗卤簿，皆剪纸为之，五色粘合，备极灿烂；而雕镂纤巧，殆类神工，空其中，可燃烛，人物各灯，宛肖真者。惟伞灯尤奇，除纸制外，有穿茉莉结成者，有穿松子仁或瓜子仁者，已出意表，甚有穿炒米为之者，更非思虑所及，且纤纤之粒，何竟能容针度线耶？徽商平日服饰极为朴素，惟此举不吝，偶一岁制灯，所费不下四千金。迎神出中道遇雨，无所庇，顷刻尽付乌有，亦不甚惜。①

又《炳烛里谈》亦云："上新河木商所萃，春初灯会斗巧争奇，周游城市，远近观者如堵，咸称徽州灯云。"②新安商人平日居家服饰极为朴素，却在此时特别大手笔花费装点灯饰，毫无息费之状；表面上是奢侈夸富，实则这样的活动，类似现代的花车游行，各种著名的公司或企业往往会花大钱，装点精致的花车以吸引观众与媒体的目光，同时也达到了广告与宣传的作用。无疑地，商帮这样装点展示的灯会，同店铺的招幌功能一致，都是直接或间接发挥了吸引消费者购物的作用，同时也改造了明清江南的城市景观。

---

① (清)采蘅子纂，《虫鸣漫录》，收于《笔记小说大观》(台北：新兴书局，1985)，编1册7，卷1，页32b。

② (清)陈作霖撰，《炳烛里谈》，卷中，《金陵年节旧俗七则》，页323。

小　结

明清以来城市的空间结构，因为购物消费的需求而有了新的变化。购物可以分为商业采购、日常必需品的购物与休闲购物三种。除了日用必需品的购买以及商业贸易的大宗采购外，休闲购物的行为与活动在明清时期愈发频繁。大城市的大市场与商店街，就是购物的集中地。其实传统政府对城市的市场位置有相当的规划，本章以南京为例，说明了明初政府对市场位置与功能的规划。但是至明中叶因为国都的北迁，促使南京的城市经济一度衰落。晚明以后的南京因为商品经济的发展而再度兴盛，直至清代中叶又有进一步的发展。这段期间南京城内大市场的数量增多，交易的物品更多样化，并不限于民生必需品，甚至出现专业市场。尤其值得注意的是购物街区的形成，还出现类似今日专卖奢侈品的商店所集中的精品或名牌大街。

城市内的商店本身也在明清时期悄悄地发生了变革。过去可能因为文献资料的缺乏，且对商店演变的历史乏人问津，以至于学界关于这方面的探讨甚少。本章透过对城市风俗图的分析，发现宋至明清，商店形式有三方面的变革：首先是店铺的建筑形制从独栋式木结构建筑，转变成连栋式砖结构建筑；其次是楼房形式的店铺愈加普遍；再者是店铺在门面前愈加需要展示商品的空间。如此变化一方面反映了城市客观环境的变迁，如人口集中、建筑物愈加密集、建筑技术提升、商品经济多元化发展等。另一方面也折射出主观环境的改变,特别是官方礼制约束建筑物形制的权威力量逐渐降低。

此外,商店本身的功能不只是买卖有无,许多工商业者为了促进消费者购买其商品,不断地创造新式样的商品,俨然是在塑造流行时尚。不仅如此,商店更利用招幌这种视觉广告来吸引顾客,而且形成一种趋势,就是文字招牌逐渐取代图形或实物模型的招幌,成为当时视觉广告的主流。或有商人在灯会时装饰花灯作为宣传,也具有广告的效果。无论如何,明清时期江南城市的商店本身所发生的变革,说明了消费的动力驱使城市景观发生变化,与过去有相当程度的差异。所以店铺外令人炫目的招牌与灯节时商家的装饰,已成为当时的外地人对城市景观的重要印象。

中篇　休闲空间变迁的社会意义

第三章　城市私家园林的公共化

明清江南地区还有一项非常盛行的休闲设施，但却是私人所建构与专属的，那就是园林。而且因为现有的明清江南园林都集中在大城市，遂成了所谓“古典园林”的代表。早期相关的著作，大多属通论性的介绍，而且焦点放在园林建筑与园艺的美学，以说明传统中国人重视自然的观点①。之后陆续有从哲学、文学、风水学等角度来研究园林者，而造园名家与造园理论等课题也受到高度的重视②。近年来学界从文化史与文学象征的角度来看明清园林，将园林诠释为明清士大夫着意隐居以及建构生活品味的空间；或从文本的分析出发，论及园林书写的塑造与隐喻③。另外，更引人注目的是强调园林

---

① 早期最重要的两位园林研究者——童寯与刘敦桢，都是建筑学家，前者著有《江南园林志》(1937年已完成，至1963年由中国工业出版社出版)，后者撰有《苏州古典园林》(1963年完成，至1979年由中国建筑工业出版社出版)，两书已成园林建筑研究的经典。又最新的江南园林史专著，参见魏嘉瓒著，《苏州古典园林史》(上海：上海三联书店，2007)。

② 有关这类研究的回顾，可以参见田中淡著，黄兰翔译，《中国园林史研究的现况与问题点》，《空间》，期65(1994年12月)，页57—64。

③ 关于园林建筑与中国传统文化的关系，参见王毅著，《园林与中国文化》(上海：上海人民出版社，1990)；曹淑娟著，《流变中的书写：祁彪佳与寓山园林论述》(台北：里仁书局，2006)。后者除了论及园林本身以外，还透过对《寓山志》的解读，(转下页)

所具有的社会功能与政治作用，包含了人际网络与社会声望的建构等[①]。明清园林对欧洲文化的影响，也被学者重新研究而赋予了新意[②]。这些研究呈现园林的多个面向，无疑丰富了我们对园林的了解。

不过，笔者要强调的是，明清江南园林文化的兴盛，并不能孤立于社会经济的脉络之外，而单纯地被视为士绅阶层与文人文化的产物。明清江南城市园林的出现，与当时的社会风气和都市化的现象息息相关。就从空间的角度来看，江南城市园林不只是私人空间，还演变成半开放的公共空间[③]。本章的前半部分，将园林重新放回明清社会的脉络中，分析筑园之所以成为社会风气的原因。明清江南

（接上页）分析园林的文本塑造与其隐喻。

① Joanna F. Handlin Smith, "Gardens in Ch'i Piao-chia's Social World: Wealth and Values in Late-Ming Kiangnan," *The Journal of Asian Studies* 51.1 (February, 1992): 55 - 81. 本文以祁彪佳筑寓园为例，从建构社会关系（social connections）的角度，来探讨晚明士大夫筑园林的目的。

② Bianca Maria Rinaldi, *The "Chinese Garden in Good Taste": Jesuits and Europe's Knowledge of Chinese Flora and Art of the Garden in the 17th and 18th Centuries* (Munchen: Meidenbauer, 2006). 本书探索明清耶稣会士将中国的园林与园艺知识传播到欧洲的过程。

③ 著名的艺术史学者柯律格（Craig Clunas）就对以美学角度来观察园林文化不以为然，而主张应将园林置于晚明以来商品经济的脉络来分析。参见 Craig Clunas, *Fruitful Sites: Garden Culture in Ming Dynasty China* (Durham: Duke University Press, 1996)；作者又强调明园林几经修建，已非原来的形式（form）。但也有学者强调，明清园林的修复过程中，仍会重视保留原有的空间布局与整体配置。见许亦农，《作为文化记忆的苏州园林（11～19 世纪）》，收于米歇尔·柯南、陈望衡主编，《城市与园林：园林对城市生活和文化的贡献》（武汉：武汉大学出版社，2006），页 323—354。

著名的园林有许多是位于城市或城郊关厢附近，这些园林和城市的经济发展、百姓的日常生活息息相关。故本文拟以苏州为例，分析园林的位置和苏州城市发展在空间上的关联性。明清盛行的筑园风气其实在当时人的观感里，并不完全是正面的形象。后半部分将探讨园林主人在社会观感与压力之下，如何意识到开放园林，而园林的开放又如何影响苏州一般市民的生活。

第一节　明清江南城市的筑园风潮

明初至中叶仍属于经济恢复时期，江南虽是全国的经济重心，不过当时无论是官宦士大夫或富人，一般在消费方面是颇为简朴的。明中叶以前，住宅居室的建筑无论在装饰与空间方面都很朴素，不至于过度华丽。即使是富人家也都是"多谨礼法，居室不敢淫"，所以"房屋矮小，厅堂多在后面"①。明初虽也有富人建园林，唯规模虽宏，却不奢华。最著名的例子是苏州府周庄镇关于沈万三家宅的"传说"，明清不少史籍都记载沈氏家族虽富有，但所有的园亭住宅亦不过是"中人家制耳"②。另外，明代前中期苏州士大夫所建的园林还

---

① (明)顾起元撰，《客座赘语》，卷5，《建业风俗记》，页170。

② 明人杨循吉(1458～1546)《苏谈》载："万三家在周庄，破屋犹存，不甚宏大，殆中人家制耳，惟大松犹存焉。"光绪《周庄镇志》记载沈万三家宅时亦云，"仓库园亭住宅互相联络，其巨富气象犹可想见，然亦仅中人家制耳"；"可知万三里居，并无奢侈之迹，故明太祖虽忌之，而无可加诛也"。参见(明)杨循吉撰，《苏谈》，收于王稼句编纂点校，《苏州文献丛钞初编》，《万三遗宅》，册上，页170；光绪《周庄镇志》(清光绪八 (转下页)

有二例。一是礼部尚书吴宽(1435～1504)之父,吴融(号孟融)所治之“东庄”。园中有稻畦、果林、菜圃等,吴氏世居该园,“课其耕艺,而时作息焉”①。另一个是明朝御史王献臣(弘治六年〔1493〕进士)所盖的拙政园,该园约建于正德五至九年(1510～1514)之间。园中种植许多具有经济价值的农艺作物,园主也自称要效法古人“筑室种树,灌园鬻菜”②。由此二例可见当时的园林规模不小,且是以耕读的生产活动为主,并无奢侈富丽之态③。

为何在明前期富人不敢兴建奢华的园林呢?除了因为消费力有限之外,从文献来看,还有可能是与赋役制度有关。据乾隆《震泽县志》描写明代的情形:

> 邑在明初,风尚诚朴,非世家不架高堂,衣饰器皿不敢奢侈。若小民咸以茅为屋,裙布荆钗而已;即中产之家,前房必土墙茅

(接上页)年元和陶氏仪一堂刻本),卷2,页23a。其实,沈万三在元朝时即已过世,沈氏在明初洪武年间又分为四家,但是人们提到江南首富沈家时,仍是习惯用沈万三来概括之。上述记载反映的应该是明初沈万三家族的情况。又据学者考证,沈家一败涂地,是从洪武二十六年“蓝玉案”开始的。参见顾诚,《沈万三及其家族事迹考》,《历史研究》,1991年第1期,页65—84。

① (明)李东阳撰,《东庄记》,收于邵忠、李瑾选编,《苏州历代名园记·苏州园林重修记》(北京:中国林业出版社,2004),页107。

② (明)文征明撰,《王氏拙政园记》,收于《苏州历代名园记·苏州园林重修记》,页90—91。

③ 据柯律格的研究发现,16世纪中叶以前的苏州园林,主要是生产性质的园林;到16世纪后半叶,园林才转变成奢侈消费的物件。参见 Craig Clunas, *Fruitful Sites: Garden Culture in Ming Dynasty China* 之第一章。

盖，后房始用砖瓦，恐官府见之以为殷富也。[①]

可见当时即使是中产之家稍有资财者，都怕被官府发现后，会被佥选为粮长役之类的苦差事，所以并不敢过于声张。

明中叶以后，江南的住宅逐渐走向奢华，《名山藏》记嘉靖年间(1522～1566)之前与其后的变化："当时人家房舍，富者不过工字八间，或窖圈四围十室而已。今重堂窈寝，回廊层台，园亭池馆，金翚碧相，不可名状矣。"[②]可见嘉靖中叶以后，约当16世纪中期以后的江南城市，逐渐吹起一股建筑豪宅与园林的风气。在这股风气中，江南的缙绅士大夫是带动者，《说梦》云："吴中士大夫，宦成而膴，辄构园居。"[③]而且愈华丽愈显示自己的成就非凡，就像《五杂俎》所云："缙绅喜治第宅，亦是一蔽。……及其官罢年衰，囊橐满盈，然后穷极土木，广侈华丽，以明得志。"[④]这种风气也吹到百姓与富人之家，不是装饰华丽，就是扩大居第的空间。在方志中就常提到："至嘉靖中，庶人之妻多用命服，富民之室亦缀兽头，循分者叹其不能顿革"；"富家堂寝外间有楼阁别馆"；江南富翁，"辄大为营建，五间七间，九架十

① 乾隆《震泽县志》(清乾隆十一年修光绪十九年重刊本)，卷25，《风俗一》，页2a。

② (明)何乔远辑，《名山藏》(台北：成文出版社据明崇祯十三年刊本影印，1971)，卷101，《货殖记》，页11b。

③ (清)曹家驹撰，《说梦》，收于《笔记小说大观》(台北：新兴书局，1974)，编4册8，卷2，《纪松江园亭之兴衰》，页15b。

④ (明)谢肇淛著，《五杂俎》，卷3，《地部一》，页75。

架，犹为常耳”[1]。顾起元说得更明白：

> 嘉靖末年，士大夫家不必言，至于百姓有三间客厅费千金者，金碧辉煌，高耸过倍，往往重檐兽脊如官衙然，园囿僭拟公侯。下至勾阑之中，亦多画屋矣。[2]

由此可见，就连老百姓也受此风所染，即使没有扩建住宅空间，也会重金打造自家的客厅与装饰，甚至妓院“勾阑”也是雕梁画栋。

明代中叶以后的江南住宅，之所以逐渐走向奢华，一方面是因为商品经济的发展，带来大量的财富累积，使得消费力提升，也就是“消费社会”(consumer society)的形成[3]。另一方面是明初制约这种奢侈消费的赋役制度出现变化，因为士绅可以优免徭役，或透过其他手段逃避粮长役，于是不用再顾虑被佥选为粮长役，而大大方方地盖起园林。至于有钱的富豪巨贾，也可以透过捐纳买得功名地位，一样可以享受士绅的待遇。此外，还要特别提出的是江南建筑技术的提升

---

① 乾隆《震泽县志》，卷 25，《风俗一》，页 2a；嘉靖《六合县志》(明嘉靖刊本)，卷 2，《风俗》，页 4a；(明)唐锦撰，《龙江梦余录》，收于《续修四库全书・子部・杂家类》(上海：上海古籍出版社据上海图书馆藏明弘治十七年郭经刻本影印，1997)，册 1122，卷 4，页 13a。

② (明)顾起元撰，《客座赘语》，卷 5，《建业风俗记》，页 170。

③ 从消费的角度来看明清的奢侈风气，反映了消费社会的诞生。而消费社会所以在晚明诞生，导因于明中叶以后在经济、社会与思想文化等方面的变迁，和 18 世纪英国的情形颇为相似。有关晚明消费社会的兴起，参见巫仁恕著，《品味奢华：晚明的消费社会与士大夫》，第 1 章。

所带来的影响。若要扩建住宅与厅堂，向高耸发展，必须在建筑技术上有所改进。本书第二章第二节已提到明中叶以后砖的大量使用，加速了传统木结构建筑的改造。在这方面，江南地区，尤其是苏州，具有优越的技术条件。苏州向来以建筑工匠闻名，如吴县有“香山帮”，即是著名的大木作业匠。苏州是民居中最早建造砖墙的地区之一，砖墙的出现减轻了柱子的承重，并且使屋顶出檐减少，使扶墙柱加密，而柱身变得更细长，厅堂也变得更高大、宽敞、明亮[①]。以上这些都是明中叶以后奢华的住宅居第逐渐能在江南普及与盛行的原因。

竞筑园林的风气与动机

缙绅士大夫在居室建筑方面最奢华之举，莫过于营建园林了。《万历野获编》云：“嘉靖末年，海内宴安，士大夫富厚者，以治园亭，教歌舞之隙，间及古玩。”[②]所谓的居第或第宅，指的是贵显者的住宅，而园林是种植花木，建亭台高楼，以供游赏的住宅。在当时士大夫的眼中，建园林比建居第更具意义，就像明代湖州人陈函辉（1590～1646）在《游灵水园记》一文中所云：“湖中诸大家，类治居第，而寡园林之趣，鲜有可观者。”[③]嘉靖朝闻名一时的大文豪王世贞（1526～

① 参见张朋川，《明清书画“中堂”样式的缘起》，《文物》，2006年第3期，页88—90。

② （明）沈德符撰，《万历野获编》，卷26，《玩具·好事家》，页654。

③ 民国《乌青镇志》（民国二十五年刻蓝印本），卷17，《园林》，页11a。

1590)可为士大夫爱园成癖的代表[①]。他喜欢游览林泉园圃，并为之作记。在《太仓诸园小记》一文中，他声称：

> 今世贵富之家，往往藏镪至巨万而匿其名，不肯问居第。有取第者，不复能问园。而间有一问园者，亦多以润屋之久溢而及之。独余癖迂，计必先园而后居第，以为居第足以适吾体，而不能适吾耳目；其便私之一身及子孙，而不及人。[②]

王世贞认为，有钱人应该要盖居第、筑园林，而且应该以筑园为优先。因为居第“足以适吾体”，“其便私之一身及子孙”；然而园林不但可以“适吾耳目”，而且其便及于外人也。看来经过精心设计的园林，对士大夫更具有文化象征的意义与社会功能，所以他们会认为园林较居第更有趣，更值得一观。王世贞以自己能懂得筑园为傲，自认是当地引领筑园风潮之先驱。明末如同王世贞这样有筑园之“癖”的士大夫还不少，像名宦祁承爜(1565～1628)与其子祁彪佳(1602～1645)，或明季殉节的名臣如倪元璐(1593～1644)之辈，也都有筑园之癖[③]。

---

① 王世贞自号“弇州山人”，所以他在太仓城里所建的园墅题名为“弇山园”。

② (明)王世贞著，《弇州山人续稿》，《明人文集丛刊》(台北：文海出版社，1970)，册22，卷60，《太仓诸园小记》，页8a。

③ 祁承爜自陈其“素抱园林之癖”，又说：“大抵素心人，不能一日无园居，犹王佛大三日不饮酒，觉形神不相亲，非虚言也。”倪元璐虽是甲申死节名臣，但据云其“爱构园亭，颇极工巧”。参见(明)祁承爜撰，《书许中秘梅花墅记后记》，收于衣学领主编，王稼句编注，《苏州园林历代文钞》(上海：上海三联书店，2008)，页198；(清)王应奎撰，《柳南随笔·续笔》(北京：中华书局，1983)，卷2，《倪文正公》，页169。

江南大城市内及近郊的园林，在明清之际曾因战乱而颓败。例如常州武进县城之东北隅，有园初名“东皋”，在明代曾是“曹尚书”故第，“巨丽甲于一时，歌舞声伎之侈，悉与园称”。但是，明清之际江南城市成了兵家必争之地，使得这些园林遭到极大的破坏，所谓“乙酉军兴时，籍之为兵使者署，园浸以圮”①。清人叶梦珠（1624～?）在《阅世编》中也记载了不少松江府内的园林在明清之际遭受兵灾影响而倾废的例子。聊举一二例为证。如北城安仁里的乐寿堂，原是明朝布政使潘允端（1526～1601）所建之游宴地，环山临水，嘉树扶疏，园林之胜，冠绝一时；但崇祯之季，园亭残毁，旋遭鼎革，乃供佛像于中堂，延僧住持。又松江府城北郊之东北二三里有桃园，园种桃柳名花，有累石叠山、堂榭亭台之美，吸引不少游人，在崇祯十六、十七年（1643～1644）之间，已成为一邑名胜；之后却遭逢明清鼎革，园主逝世，而该地又为吴淞往来孔道，营兵遂随意而入，攀花摘果，园丁不敢问，园遂日废②。即使如此，外在政治环境的变化，似乎并没有阻碍筑园的风潮，直到清初仍是如此。清人王芑孙（1775～1817）为苏州怡老园所写的《图记》中就指出：“顺治、康熙间，士大夫犹承故明遗习，崇治居室。”③由此可见，筑园之风历经明清易代，仍然一直延续到清代。

---

① （清）邵长蘅著，《青门簏稿》，收于《四库全书存目丛书·集部·别集类》（台南：庄严文化事业据青海省图书馆藏清康熙刻本影印，1997），册247，卷9，《东皋园记》，页3b—4b。

② （清）叶梦珠撰，《阅世编》（台北：木铎出版社，1982），卷10，《居第一》，页215、218。

③ （清）王芑孙撰，《怡老园图记》，收于《苏州历代名园记·苏州园林重修记》，页67。

筑园之风所以历经明清二代不衰，究其原因，就像《五杂俎》所云，园林是致仕缙绅“以明得志”之作，也就是为了显示自己的财力与成就；然而一旦相习成风之后，便形成彼此争胜的景象。而且无论是显示成就或是炫耀竞赛，城市都提供了最佳的展示空间，所以缙绅、富豪，都优先考量在城市筑园林。如何良俊（1506～1576?）就形容：“凡家累千金，垣屋稍治，必欲营治一园。若士大夫之家，其力稍赢，尤以此相胜。大略三吴城中，园苑棋置，侵市肆民居大半。”①清人叶梦珠提到松江府的情形亦如是：“余幼犹见郡邑之盛，甲第入云，明园错综，交衢比屋，阛阓列廛，求尺寸之旷地而不可得。缙绅之家，交知密戚，往往争一椽一砖之界，破面质成，宁挥千金而不恤。”②

不只是缙绅彼此以筑园林争胜，缙绅还面临着富豪尤其是富商的竞争。从以下几个例子可以看到这样的现象。如明人费元禄居江西铅山县河口镇，据他说始迁居铅山时，当地仅有二三户人家，七十余年后，而百而千，成为该县巨镇。又说：

> 闾阎之人，与缙绅先生竞胜，而园林亭榭秀甲一时，每花时春事，元夕灯棚，歌声伎馆，钟鼓丝竹，千家嘹亮，士女云集，斗鸡蹴踘，白打樗蒲，赏心乐事，技艺杂沓，盖其舟车四出，货镪所兴，铅山之重镇也。③

---

① （明）何良俊著，《何翰林集》（台北：“中央”图书馆据明嘉靖四十四年何氏香严精舍刊本影印，1971），卷12，《西园雅会集序》，页9a。

② （清）叶梦珠撰，《阅世编》，卷10，《居第一》，页208。

③ （明）费元禄纂，《鼂采馆清课》，收于《丛书集成简编》，册222，卷上，页1。

可见当地经商致富的商人，也学着筑“园林亭榭”，来“与缙绅先生竞胜”。清代在河道总督行署的所在地——淮安府清江浦[1]，则有官员与盐商以园林争奇斗胜的情形。据《水窗春呓》记载，清江浦虽为繁华之地，但园林之胜极少，至清中叶则发生了变化：“若近年淮北盐务大旺，商于此者张、陈诸大家及路观察各争奇斗胜，颇有林泉之趣。”[2]在明清江南的大城市中，很容易发现商人所建的园林，如清代苏州阊门东有粤商在市廛中建园林，名之为“勺湖”[3]。尤其是清代扬州盐商所建的园林更是耳熟能详，据《水窗春呓》指出，扬州园林之胜导因于盐商的豪奢，以及为了讨好南巡的乾隆皇帝，所以许多园林是仿造宫廷园林的形式[4]。

园林的相关花费

要兴筑园林需要多少经费呢？虽然在明清的笔记中有一些概略

---

① 陈康祺《郎潜纪闻初笔》：“国初，河道总督行署，驻山东济宁州。康熙十六年，圣祖以江南功程重大，特令移驻淮安清江浦。雍正三年，添设北河总督，驻济宁；而改南河总督，仍驻清江。”参见（清）陈康祺著，《郎潜纪闻初笔・二笔・三笔》（北京：中华书局，1984），卷 4，《河道总督驻节之所》，页 80。

② （清）欧阳兆熊、金安清著，《水窗春呓》（北京：中华书局，1997），卷下，《清江浦》，页 71。

③ （清）沈德潜撰，《勺湖记》，收于《苏州历代名园记・苏州园林重修记》，页 222。

④ （清）欧阳兆熊、金安清著，《水窗春呓》，卷下，《维扬胜地》，页 72；关于扬州盐商的园林及其对扬州城市文化的影响，参见 Antonia Finnane, *Speaking of Yangzhou: A Chinese City, 1550 –1850* (Cambridge, Mass.: Harvard University Press, 2004), 188 –210.

性的叙述，如“数千金”或“数万金”，然而这些数字颇有夸大之嫌，真实性令人生疑。在清人所撰的园林记中，有少数会记载所花的费用，以下就举苏州园林数例说明之。如苏州城郊横山山麓的尧峰山庄，为汪琬(1624～1691)所建，其自云：

> 秋七月，予介友人卢子定，三评其屋，直偿以白金四十五两，而命子筠更新之。凡鸠工一百五十有奇，木以根计，竹竿以个计，瓦甓砖钉以枚计，炭砂以斛计，漆油以斤计者，共一万一千五百有奇。阅四旬，糜白金几如屋直之数，而始讫工，予从朋旧，置酒群游于此。①

园主自撰的园林记说明购买旧屋花了白银 45 两，可是翻修改建所耗的材料与工钱惊人，几乎与购买的费用相当，也就是说总共的花费接近百两。又苏州城郊近虎丘处有朱氏园，约成于康熙年间，戴名世(1653～1713)曾记园主买田圃改建为园林，“园之大二百亩，凡费金钱数万”；其间竹木水石与亭榭楼阁，可说是极一时之盛②。第三个例子是苏州城郊的灵岩山馆，系毕沅(1730～1797)于乾隆四十八、四十九年间(1783～1784)所购筑，梁章钜(1775～1849)在《浪迹丛谈续谈》中提到，该园园主买地与建园的工费共计白银十万两左右，又历经四五年才算完工③。这算是耗费较昂且费时较久的园林。十万两

① (清)汪琬撰，《尧峰山庄记》，收于《苏州历代名园记·苏州园林重修记》，页 123。

② (清)戴名世撰，《绿荫斋古桂记》，收于《苏州园林历代文钞》，页 111。

③ (清)梁章钜著，陈铁民点校，《浪迹丛谈·续谈·三谈》，卷 1，《灵岩山馆》，页 219。

看似夸大，但其他地方的私家园林，亦曾有类似花费数十万的例子[①]。第四个例子是清苏州府昆山县画家顾春福，他在洞庭东山附近购建隐梅庵，历时四年，于道光二十六年(1846)完成，"计地十亩，屋四十楹，咸茅檐，树梅三百本，共靡钱三千缗焉"[②]。其所谓三千缗，即三百万文铜钱，换算为白银约二千两[③]。

而以上这四个例子还都是在城郊，而不是城内的园林，营建费用从数百两、数千两，到十万余两，可能都还不算是最奢华的。在城内建园林的花费势必更高。笔者所见史料有限，仅见两例。其一是嘉定县城内的平芜馆，系小商人张丈山重价买城南隙地筑为园，费至万余金[④]。又如苏州府元和县举人朱绶(1789～1840)，于道光三年(1823)自苏州城内幽兰巷迁居孔副使巷，此地原为明苏州府长洲人孔镛的墨池园部分，他花了五百缗购地，折算白银约三百八十余两[⑤]。所以在城内购地，再加上建筑的费用，张丈山平芜馆的"费至万余金"就一点也不夸大了。这都说明了在县城要营造一个还不错

---

① 如仪征东南三十里的朴园，该园中的湖石数峰，洞壑宛转，较苏州的狮子林尤有过之，号为淮南第一名园也。据说园主花费白金二十余万两，经五年始成。参见(清)钱泳撰，《履园丛话》，卷20，《园林·朴园》，页534。

② (清)顾春福撰，《隐梅庵记》，收于《苏州园林历代文钞》，页168。

③ 清制1缗即1 000文，又道光二十六年江南地区银钱比价，是白银1两合制钱1 500文。参见彭信威著，《中国货币史》(上海：上海人民出版社，1988)，页831。

④ (清)钱泳撰，《履园丛话》，卷20，《园林·平芜馆(嘉定)》，页539。

⑤ 孔镛，字昭文。景泰五年(1454)进士，累官至右副都御史巡抚贵州。清初割其宅为织造局，其余为李之先所得。朱绶所居乃李氏园一隅。(清)朱绶撰，《移居第二图记》，收于《苏州园林历代文钞》，页107。又银钱比价的折算，根据道光八年苏松地区的标准，参见彭信威著，《中国货币史》，页831。

的园林，花费相当惊人。此外，园林之所以难维系，也和维修经费惊人有关。梁章钜就曾言及杭州第一名园金衙庄，他在杭州时曾有意购此园，但思量后作罢，盖因修理费用庞大，非其财力所及。据其自称：

> 时余方在城中相宅，有为此园蹇修者，谓但得二千缗之价便可赁居；余谓二千缗价本不昂，但修理之费亦非二千缗不办，非力所能任，因置之。①

概言之，花费数百两至十万余两来营造园林，无疑地已成为当时奢侈浮华的表征。

再从当时聘请设计与监造园林的叠山者来看，著名的叠山师受聘的费用相当高。如《五杂俎》记载："吴中假山，土石毕具之外，倩一妙手作之，及舁筑之费，非千金不可。"②又如《识小录》中记明末著名的叠石家周时臣之子周廷策，"太平时江南大家延之作假山，每日束修一金，遂生息至万"③。看来聘请著名的造园设计师也需要至少千两的费用。

---

① (清)梁章钜著，陈铁民点校，《浪迹丛谈·续谈·三谈》，卷1，《金衙庄》，页6。

② (明)谢肇淛著，《五杂俎》，卷3，《地部一》，页72。

③ (明)徐树丕撰，《识小录》，收于《笔记小说大观》(台北：新兴书局据"中央"图书馆藏佛兰草堂手抄本影印，1985)，编40册3，卷4，《周一泉》，页636—637。

第二节　江南城市园林与城市空间

晚明以来兴筑的园林，明显地集中在城市里或是附近的关厢，就像清人陈祖范（1676～1754）曾提到苏州府常熟县某孙氏第宅时所云：

> 邑中旧族位望通显者不少，惟孙氏之先，兼有文翰风流林泉高旷之致。他家第宅多列通衢，孙氏独择虞出胜处……（邑中）列通衢，称甲第者，几易其主。[①]

《履园丛话·园林》卷记载了五十多座清代江南名园，其中有半数以上位于城市或城郊[②]。在文人或士大夫笔下，这些园林虽位处闹市之中，然而进入该园林后却宛如置身山林。就以明清苏州为例，苏州

---

① （清）陈祖范撰，《陈司业文集·诗集》，卷3，《画映雪山居图》，页17b。

② 包括江宁有城北的随园、城东的张侯府园，苏州有城内狮子林、拙政园、归田园、息园（依园）、秀野园、绣谷园、怀云亭、瞿园、涉园及城郊寒碧山庄（留园）等，常熟县有大东门外的东皋草堂、县西门内的壶隐园、县北门内的燕谷，扬州在城内的园林就有康山别业、小玲珑山馆、双桐书屋、片石山房、江园、静修俭养之轩与樗园等，松江府城内的有塔射园、啸园、右倪园，上海县有城内的豫园、城西的吾园，太仓州城南有南园，嘉定县城内有平芜馆，杭州府有城南的玉玲珑馆、清泰门北的皋园、城内的潜园、涌金门外的长丰山馆等，嘉兴县有城西门内的倦圃、城内的二十五峰园，等等。甚至在江南的小市镇中，也有许多园林，由此说明了晚明以来竞筑园林的奢靡风气，已逐渐蔓延到城市之外的小市镇。参见巫仁恕，《明清江南市镇志的园第书写与文化建构》，《九州学林》，卷5期4（2007），页79—89。

著名的园林有近半数位于城内，或是城外关厢附近。沈德潜（1673～1769）笔下的苏州勺园：

> 园在破楚门（阊门）东，其地狭隘，其民奔利，屋宇鳞密，市声喧杂，而勺湖之地，翛然清旷，初不知外地为阛阓者，而阛阓往来之人，不知中有木石、水泉、禽鱼之胜。[①]

他又形容拙政园是“不出轩裳而共履闲旷之域，不出城市而共获山林之性”；又称清华园是“地皆阛阓，市声喧呶，而园之中镜如澄如”[②]。故而当时的文人常以“城市山林”一词，来形容城市园林。如清人顾汧（1646～1712）形容凤池园是“盖境不自异，因心而开，非所称城市山林者耶”[③]。对苏州与其他江南城市的园林有类似的形容者颇多，兹不赘述[④]。

① （清）沈德潜撰，《勺园记》，收于《苏州历代名园记·苏州园林重修记》，页222。

② （清）沈德潜撰，《复园记》、《清华园记》，皆收于《苏州历代名园记·苏州园林重修记》，页99、150。

③ 参见（清）顾汧撰，《凤池园记》，收于《苏州历代名园记·苏州园林重修记》，页188。

④ 如龚炜（1704～1769?）描写苏州的东园是“去城市而入山林矣”；清人孙天寅（生卒不详）形容绣谷园是“地去金阊不数武，然嚣氛稍远，渐即夷旷”；钱大昕（1728～1804）形容网师园是“居虽近廛，而有云水相忘之乐”；清人李雯（生卒不详）形容宝树园“至其地者，超然有城市山林之想”；钱泳形容扬州的双桐书屋是“真城市中山林也”，又称松江府的啸园是“清池峭石，窈若深山，不知在城市间也”。参见（清）龚炜撰，《巢林笔谈续编》（北京：中华书局，1981），卷1，《东园》，页34；（清）钱大昕撰，《网师园记》，（清）李雯撰，《宝树园记》，收于《苏州历代名园记·苏州园林重修记》，页195、209；（清）钱泳撰，《履园丛话》，卷20，《园林·双桐书屋》，页531；卷20，《园林·啸园》，页537。

在城市内购建园林，除了金钱以外，还必须考量到许多客观的条件，诸如空地的有无、购地之难易、是否能配合园林建筑的地形、距离市场是否过远，等等。由此出发，园林盖在什么位置，也就是园林在城市内外的空间分布，当与城市不同区位的机能发展有很大的关系。以下将以苏州为例，讨论园林的位置和城市发展在空间上的关联性。

城内的园林分布

图3.1、3.2是根据表3.1、3.3中所列举的苏州城内园林位置绘制而成，从图中可以看到苏州城内园林分布的空间位置。值得注意的是，明清两代园林的空间分布最大的差异，是由西北朝东南方向发展，这和苏州城市内各个区位的经济发展息息相关。

苏州城的经济在元末明初的战乱时期曾遭受到颇大的破坏，一度“里邑萧然”，到了正统、天顺年间，才“稍复其旧”，到成化年间“愈益繁盛”[①]。明代的苏州城是吴、长洲二县治共一城的都市，清代雍正二年(1724)则增为三县治，即吴、长洲及元和三县。吴县在城西半部，长洲县在东南部，元和县在城东北。明清苏州城的东西南北四个区位，其繁华程度、职业分工乃至于民情风俗都存在着明显的差异。

自明代以来，苏州西城之吴县境内较东城繁盛，西北区尤为商业中心。正德以后苏州更显繁华，唐寅(1470～1523)在《阊门即事》诗中生动地描写道：“世间乐土是吴中，中有阊门更擅雄。翠袖三千楼上下，黄金百万水西东。五更市买何曾绝？四远方言总不同。若使

① (明)王锜著,《寓圃杂记》,卷5,《吴中近年之盛》,页42。

画师描作画，画师应道难画工。”在明嘉靖三十八年(1559)左右，明人曹自守在《吴县城图说》中就指出，“(苏州)公署王室以逮商贾多聚于西，故东旷西狭，故亦西文于东也”，阊胥门一带“侨客居多”①。又如顾炎武(1613～1682)《肇域志》也形容明代的苏州：“西较东为喧闹，居民大半工技。金阊一带，比户贸易，负郭则牙侩辏集。”②明清易代之际，此区的繁华曾一度中断，到清代仍是苏州城内最重要的商业区。乾隆年间为苏州丝织业与棉织业鼎盛时期，阊门内外绸缎庄林立，棉布业字号也多设立在阊门附近③。

图3.1显示明代苏州西北阊门内园林数量相当多，尤以桃花坞一带为最。可是到了清代，这一带的园林数量锐减(参见图3.2)。《丹午笔记》描写清初这一带的情况：“顺治十六年，海寇作乱，苏郡有驻防之师。领兵将军祖大寿圈封民房以居兵，自娄门直至桃花坞宝城桥止，独不及后厂一隅。”④据说因为后厂一带在明代有苏家园，原是万历时御史苏怀愚所建，后归侍御李模；因李模有恩于祖大寿，所以该地得免驻军。然而该园至清代终夷为菜圃，当地人相沿俗称“北

① (明)顾炎武撰，《天下郡国利病书》(台北：广文书局，1979)，原编册5，《苏下》，页11b、12b。

② (明)顾炎武撰，《肇域志》(“中研院”历史语言研究所傅斯年图书馆藏蓝栏抄本)，册5，《江南八·苏州府》，页48a。关于明清苏州城的发展可以参见王家范，《明清苏州城市经济功能研讨——纪念苏州建城两千五百周年》，《华东师范大学学报(哲学社会科学版)》，1986年第5期，页74—84。

③ 段本洛、张圻福著，《苏州手工业史》(南京：江苏古籍出版社，1986)，页35—36、61。

④ (清)顾公燮著，甘兰经等点校，《丹午笔记·吴城日记·五石脂》(南京：江苏古籍出版社，1999)，《祖大寿》，页61。

园”。由此推测，可能是因为清初战争兵灾的影响，使得桃花坞一带的园林受到严重的摧残，几乎只剩下后厂一处得以安宁。清代以后仅剩后厂一隅有新筑之绣谷园，系清初曾任知州的长洲人蒋深于康熙年间所筑。据孙天寅（雍正二年〔1724〕举人）《西畴阁记》描述绣谷园附近的景物如下：

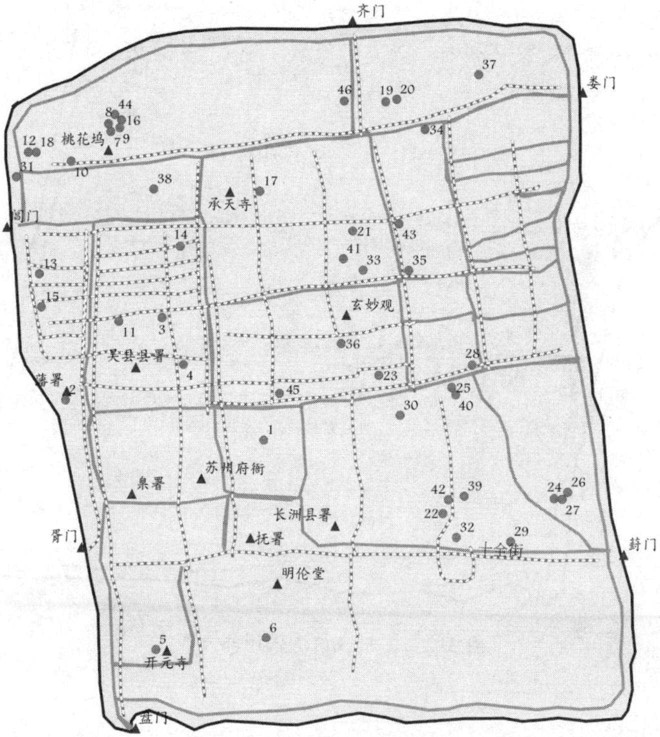

图 3.1　苏州城内明代园林分布 *

* 图片说明见 189 页表 3.1。

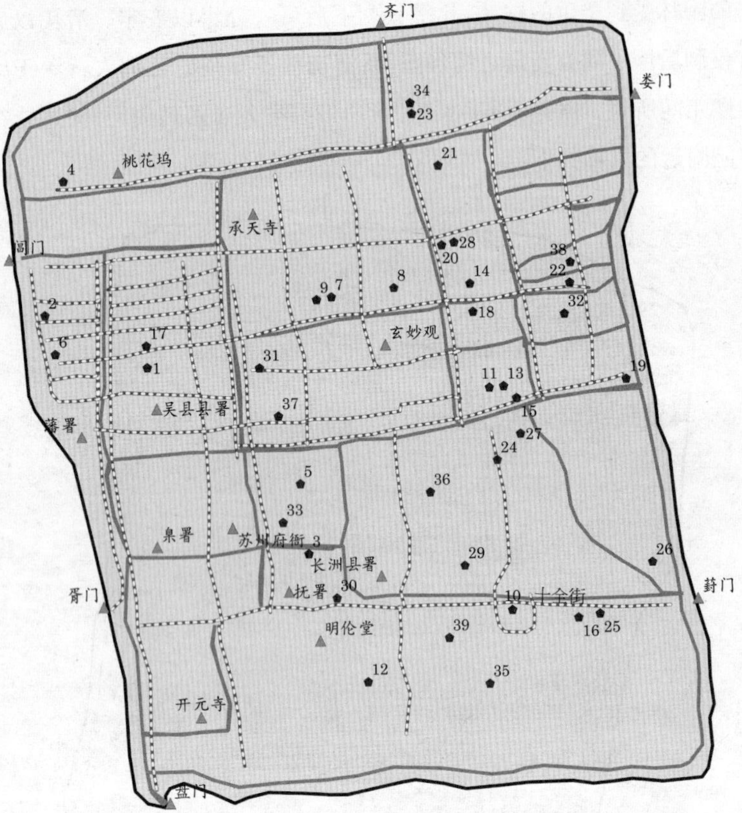

图 3.2　苏州城内清代园林分布 *

---

* 图片说明见 190—191 页表 3.3。

地去金阊不数武，然嚣氛稍远，渐即夷旷，门临清渠，后枕碧雉，高原眺望，见嘉畴数十亩，平削如掌。当春农月，荷锄秉耒，耕耘其中者，杂沓云合，凡田家景物，历历如绘。①

由上引文可知，原本在绣谷园外桃花坞一带的园第，在清前期可能已沦为田地。

苏州城内正西与西南区一带，是官府衙门集中的地区。包括有抚署(巡抚衙门)、臬署(按察司)、藩署(布政司)、吴县署、长洲县署、府学与县学等，皆位居于此，同时也是缙绅士大夫较集中居住的地区。康熙《吴县志》就说:"胥、盘之内，密迩府县治，多衙役厮养。诗书之族，聚庐错处，近阊尤多。"②可知城内府县治所在的正西与西南区是官衙区，这一区的空间恐怕早已作为官署与官员宿舍，所以就园林数量而言，在明代不是特别多。例如明尚书王鏊的居第在城南，其别墅"怡老园"选址在靠近阊、胥之间的升平桥西北、西城桥一带，清代以后改为布政司衙门。此区域至清代，园林略有增加，部分是在明代园林的旧址上修建的。如明代申时行(1536～1614)的园林，到清代在其旧址上，申氏其孙申揆新建了"蘧园"，清乾隆间为蒋楫所居，嘉庆间改为孙氏宅;后归汪氏，于道光二十九年(1849)新建义庄，又重修东花园，名为"环秀山庄"。

---

① (清)孙天寅撰，《西畴阁记》，收于《苏州历代名园记·苏州园林重修记》，页159。

② 康熙《吴县志》(康熙年间刊本)，卷15，《风俗》，页1。又引文与前引《肇域志》一书内容相同，《肇域志》应抄自该书。

前已提到苏州城内“东旷西狭”，城东半部的人口远不如西半部。城东北齐门与娄门内大街相交之处，明清两代都聚集相当多的园林，最著名的是拙政园与狮子林。前已提及拙政园建于明代嘉靖中，文征明《王氏拙政园记》一文的开头，就叙述有园主王献臣之所居，“在郡城东北，界齐、娄门之间，居多隙地，有积水亘其中，稍加浚治，环以林木，为重屋其阳”等语[1]，显见城东北区在明前期居住的人口尚不密集。至清代，此处已不再像明代是“居多隙地”，而是商业兴盛，人口密度大增，就像清人程章华《涉园记》中所指称：

吴城之东曰娄关，承三江之脉，故以三江之名名之。廛如列星，四方商贾辐辏，征逐什一，环雉为市，惟恐一草一木之妨其地。求所谓梅园、筠谷、小丹丘诸胜，盖荡乎无复有存者焉。[2]

可能也因为商业的发展，使得地价愈趋昂贵，园林在易主与重修的过程中不断分化。所以明代位于此处的园林，到清代即使有重修，规模与范围都较前代来得小。如著名的拙政园在明末归里中徐氏，至清初，虽由海宁陈相国之遴得之，却又因罪入官。乾隆初，园又分为中部的复园和西部的书院。园的西部，于光绪三年(1877)售于吴县富商张履谦，易名为“补园”。狮子林虽早在元代已著名，元至正二年(1342)原名“狮子林寺”，历经沧桑，明代时已倾圮严重，直到清代才

① (明)文征明撰，《王氏拙政园记》，收于《苏州历代名园记·苏州园林重修记》，页90。

② (清)程章华撰，《涉园记》，收于《苏州园林历代文钞》，页88。

加以重修，屡易其主。乾隆初年，寺与园分，花园属黄氏，取名“涉园”。园中有合抱大松五株，又名“五松园”。据清人朱象贤《闻见偶录》指称，当时苏州重修之旧园，均属有名，且非弹丸俗地，但总不及蒋桥东偏之五松园，即俗称的狮子林①。此外，城正东接近城墙边缘的地区，清代也比明代有更多新筑的园林。

苏州城东南方靠近葑门一带，向来是人口较稀疏、商业较不发达的地区。在明代虽然有不少园林位于葑门内偏北的地区，可是这些园林名声与规模都不显眼。到了清代，因为苏州城内商业的发展与城内人口的激增，城内隙地所剩无几，东南城区成了最后一块空地较集中的地区，也是新建园林的集中区。尤其是葑门内河道与横向的十泉街（十全街）以南的地区，直到乾隆朝初期徐扬所绘的《姑苏城图》中，都还有大片的田地（参见图 3.3）②。清代有特别多新建的名园集中于此区，最具代表性的就是网师园。钱大昕的《网师园记》云：

> 吴中为都会，城廓以内，宅第骈阗，肩摩趾错，独东南隅负郭临流，树木丛蔚，颇有半村半廓之趣。……曩三十年前，宋光禄悫庭〔笔者按：名鲁儒，字宗元〕购其地治别业，为归老之计，因以“网师”自号。③

① （清）朱象贤撰，《闻见偶录》，收于《丛书集成续编·文学类》（台北：新文丰出版公司，1989），册 213，页 17b—18a。

② 《姑苏城图》应是徐扬于乾隆八年至十三年（1743～1748）间，以候选主簿身份参与苏州知府傅椿主持的《苏州府志》编纂工作时所绘的。

③ （清）钱大昕撰，《网师园记》，收于《苏州历代名园记·苏州园林重修记》，页 195。

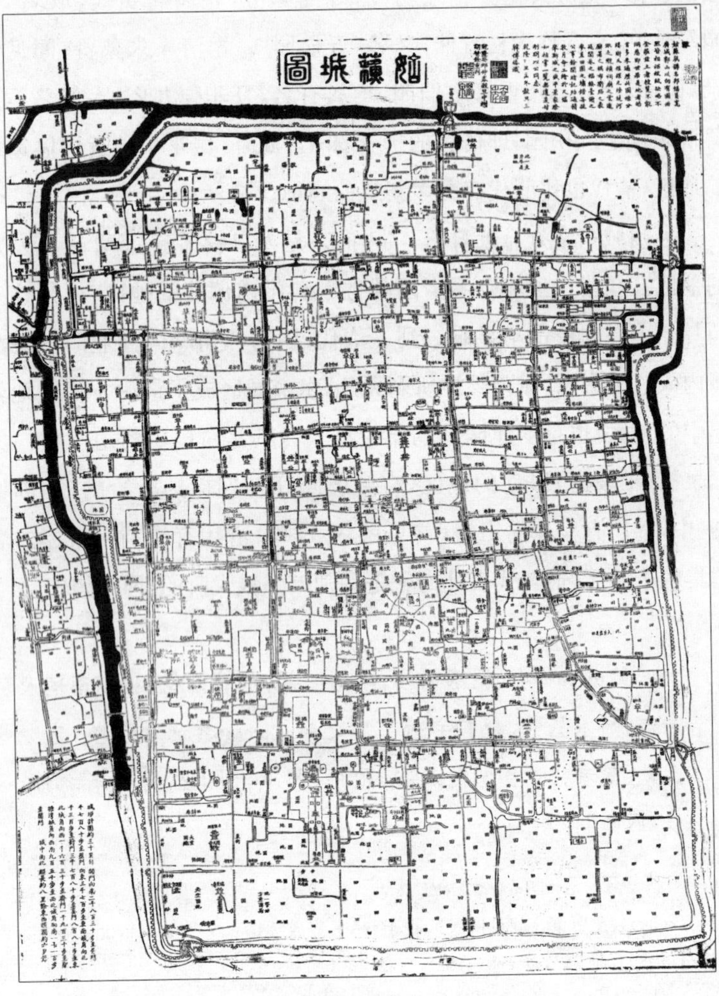

图 3.3　乾隆《姑苏城图》中的田地分布

由此可知，苏州至清代只剩东南隅有大片空地。到了清中叶，从葑门至灭渡桥附近也成了贸易相当繁荣的地区。据同治《苏州府志》记载，当地建灭渡桥是因为："吴城东南由赤门湾距葑门水道间之非渡不行，舟人横暴侵凌旅客，风晨雨昏，或颠越取货。"①而《丹午笔记》就指出这附近房屋价格的变化：

> 即如盘、葑两门，素称清静，乾隆初年，或有华屋减价求售者，望望然去之，今则求之不得。②

可见当地的商业贸易活动亦颇频繁，而该地区的地价与房价和盘门附近一样，到清中叶都呈现上涨的趋势。

城郊的园林分布

从表3.2、3.5可以看到，在苏州城郊还有许多园林，大多数位于阊门外。苏州城西北角阊门至城外西郊的枫桥之间，是明代苏州最繁华的地区。明人郑若曾（1503～1570）在其所著之《江南经略》一书中有关于天启年间苏州商业兴盛的描写：

> 自阊门至枫桥，将十里，南北两岸，居民栉比，而南岸尤盛。

① 同治《苏州府志》（清光绪九年刊本），卷33，《津梁一》，页28。

② （清）顾公燮著，甘兰经等点校，《丹午笔记·吴城日记·五石脂》，《芙蓉塘》，页104。

凡四方难得之货，靡所不有，过者烂然夺目。枫桥尤为商舶渊薮。①

引文说明了由阊门往西到枫桥的河道南北两岸，在明代商业兴盛，人口稠密；北岸有下塘街，南岸有上塘街，南岸尤为繁盛。不过，这一带到了明末清初，工商业发展稍退，就像《丹午笔记》所云："东西洋未通，货物寥寥，南濠亦非辐辏之区；国初，湖寇揭竿，上、下塘又遭兵火。"②当时海外贸易还未臻全盛，而且明清易代之际遭兵灾，所以盛况不再。直到康熙后期才恢复旧观，人口渐密，地价腾贵，所以《丹午笔记》又说："以后渐占官路，人居稠密，五方杂处，宜乎地值寸金矣。"③

由阊门出去往西北方向到虎丘山这一带，又称为山塘，最早是唐朝诗人白居易（772～846）在此间凿河堆堤，筑通了一条七里山塘。明代时虽已是重要的旅游观光地区，但是到清代更加繁荣，几乎已成了苏州的地标。一年从头到尾各样的岁时节日，在虎丘山塘就包办许多游观活动。清代文人顾禄，还专门为虎丘山塘写了一本类似导游介绍的书籍，名为《桐桥倚棹录》，书中详细介绍这个地区的风土人情与历史，以及重要的景观。而且山塘街已形成固定的商业市场，所

---

① （明）郑若曾撰，《江南经略》，收于《四库全书珍本》（台北：商务印书馆，1971），集2册171，页60上。

② （清）顾公燮著，甘兰经等点校，《丹午笔记·吴城日记·五石脂》，《芙蓉塘》，页104。

③ 同上。

卖的东西各式各样，许多新奇的舶来品，令人目不暇接[①]。此外，明末清初以后，棉布贸易中心由松江移到苏州，与之相伴的是棉纺加工业，包括染色加工业与踹布业也移往苏州。明末时，"数百家布号，皆在松江、枫泾、洙泾乐业，而染坊、踹坊商贾悉从之"[②]。入清以后，山塘区的染坊与踹坊逐渐增多，甚至在乾隆二年(1737)官府为了禁止染坊污水污染河道，所以下令迁移。此后染坊迁至娄门，踹坊仍在山塘[③]。

这两个地区经济发展情况的消长，也会反映在园林的分布上。对照表3.2、3.5可以看到，在明代，上、下塘街直到枫桥一带是苏州城郊园林数量最多的一区，最有名的园林就属寒碧山庄(留园)了。该园原为明人徐泰时(1540～1598)东园故址，乾隆五十九年(1794)吴县人刘恕移居于此，重修后改名为寒碧山庄。其外园，于光绪二年(1876)归武进人盛康(1814～1902)，遂改名留园。在明代，山塘地区的园林并不多，只有荒荒斋、塔影园和近峰别业在虎丘旁，真趣园在山塘街。可是到清代，山塘地区的园林陆续出现，数量已超过上、下塘一带。如邱南小隐、西华别墅、蒋氏塔影园、靖园、一榭园、艺芸书舍、挹秀楼、吟啸楼、聚远堂、涌泉庵、程文焕宅、拥翠山庄、三溪小隐等(参见图3.4)。

---

① 乾隆《元和县志》(清乾隆二十六年刻本)，卷10，《风俗》，页8a。

② (清)顾公燮著，甘兰经等点校，《丹午笔记·吴城日记·五石脂》，《芙蓉塘》，页104。

③ 段本洛、张圻福编，《苏州手工业史》，页60—61。

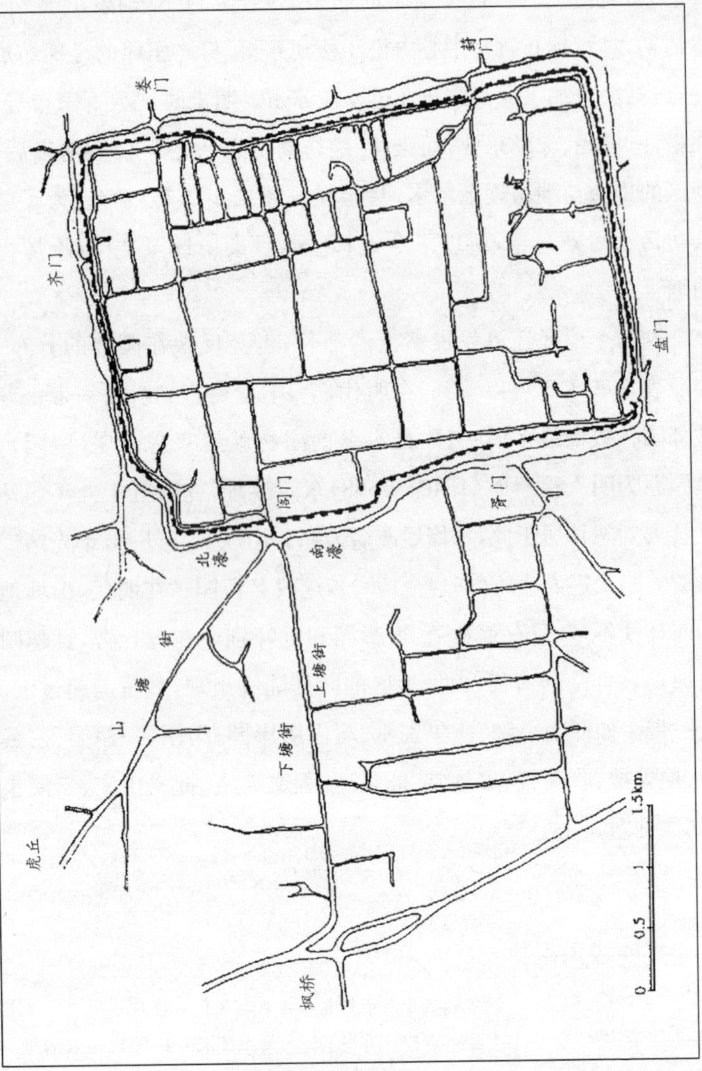

图 3.4　苏州阊门外城郊图

第三节　社会的观感与批评

明清江南大城市内的人口与住家相当密集，所以想在城市内建园林，需要购买附近大批的房屋土地，这远比在郊外或乡村建园林时购买空地或田地的价格要来得贵，而且困难度更高。明清以来有不少因在城市筑园林第宅而与邻人发生争执或纠纷的故事。如《花当阁丛谈》中有一则描写弘治朝曾任吏部尚书的屠滽（1441～1512）辞官后，回乡营建第宅，“规划已定，宅前有老妪败屋两楹，适当门址，屡使人从容譬说，欲券之，妪坚不从”①。据该书作者徐复祚（1560～1630?）的评论指出，这种现象在江南很普遍：

> 此事虽不逮苏文忠公还券，然亦今人所难，尤为吴中人所难。今有吏部尚书府第前，乃容一寡老妇借居者乎？即主人不言，门干狠仆，亦必多方遣逐之矣。闻江陵相公〔笔者按：张居正〕在位，欲买邻居盖宅，其人死守不肯去，有荆州府同知某者，私为款曲其人，倍直与之，归券江陵，同知遂得升荆州知府。②

官员士大夫为了筑园林而购买邻人屋地时，其下属或仆人以威胁利诱的方式，迫使邻人出售宅地，可见当时高官营建第宅时常会出现这

① （明）徐复祚撰，《花当阁丛谈》（台北：广文书局，1969），卷3，《屠太宰》，页39a。
② （明）徐复祚撰，《花当阁丛谈》，卷3，《屠太宰》，页39b。

类情况。还有官绅在营建第宅时，甚至动用乡人充当徭役，如松江府的钱尚书，“治第多役乡人，而砖甓亦责供焉”①。

吴宽就曾为文批评苏州画家杜琼（1396～1474），指其在城内营建园林之举，实乃欺凌弱夫贫妇之邻者，且筑园既浪费人力，又使田地无法复耕，必定会遭致民怨，其云：

> 故尝以先生之一亭观之，则四野之外，弱夫贫妇，其绳枢瓮牖，岂无有不胜其震凌，而相对以怨咨者乎？又以先生之一亭前后推之，垣墉陀矣，则疆畎之欲修也，劳乎力；竹树偃矣，则禾稼之不登也，乏乎食；而弱夫贫妇又岂无不胜其沮洳，而相对以怨咨者乎？②

无独有偶，归庄（1613～1673）对苏州城内竞筑园林的风气也有一番批评，出发点也和吴宽类似。其云：

> 古者五谷桑麻菜蔬之外，无他种植；庐舍裁令蔽风雨，不崇侈，以故民富而俗朴。后益淫靡，豪家大族，日事于园亭花石之娱，而竭资力为之不少恤。……今日吴风汰侈已甚，数里之城，园圃相望，膏腴之壤，变为丘壑，绣户雕甍，丛花茂树，恣一时游观之乐，不恤其他。呜呼！废有用为无用，作无益害有益，何其

---

① （明）徐复祚撰，《花当阁丛谈》，卷3，《钱尚书》，页37b。

② （明）吴宽撰，《重建延绿亭记》，收于《苏州园林历代文钞》，页20。

不思之甚也！[1]

文末还提到江南往岁即使是丰稔之年，粮食仍是不足供应需求，所以他批评江南竞筑园林之风是浪费土地资源的无益之事。

在明清的笔记中充斥着缙绅富户透过强迫的手段取得土地权，行径如同豪强一般。例如前述拙政园系御史王献臣在原大弘寺旧址拓建而成，明末清初人徐树丕（1596～1684）所撰的《识小录》一书中，却记载园主王献臣不为人所知的另一面：

拙政园在娄门迎春坊，乔木参天，有山林杳冥之致，实一郡园亭之甲也。园创于宋时某公，至我明正、嘉间，御史王某者复辟之。其邻为大横寺，御史移去佛像，赶逐僧徒而有之，遂成极胜。相传御史移佛像时，皆剥取其金，故号"剥金王御史"。末年患身痒，令人搔爬不快，至沃以沸汤，如此逾年，溃烂见骨而死。其子即贫，孙某至于吊丧为业，余少时犹识之。当御史殁后，园亦为我家所有。[2]

因为徐树丕的曾叔祖徐少泉曾以千金与王献臣之子约赌，并以拙政园为质，而献臣之子赌输，园遂归徐氏，故云："园亦为我家所有。"又如清人姚廷遴（1628～1697）《历年记》描写清初松江府城乡绅黄机

---

① （清）归庄著，《归庄集》（上海：上海古籍出版社，2010），卷6，《记·太仓顾氏宅记》，页350—351。

② （明）徐树丕撰，《识小录》，卷4，《拙政园》，页560—561。

右，“当此盛时，竟不做好事。住宅周围，遍买居民房屋，拆去改花园，不论人家愿与不愿，概以势压之，故使人甚有恨者”①。

明清的笔记有不少论述是在嘲讽筑园的士大夫，像是前述有筑园之癖的王世贞与倪元璐，都成了被嘲讽的对象。谢肇淛（1567～1624）就曾批评道：“王氏弇州园，石高者三丈许，至毁城门而入，然近于淫矣。”②《戒庵老人漫笔》记载太仓王世贞的弇州园筑成后，有人题诗于壁上嘲讽他，其诗曰：“丈夫垒石易，父祖积金难。未雪终天恨，翻成动地欢。峻岭悲高位，深池痛九泉。燕魂来路杳，拟作望云山。”盖指王世贞的父亲王忬（1507～1560），因和严嵩（1480～1567）结怨，以致死于西市，但身为人子却热衷于兴筑园林，故讽其行径如同“化悲恸为逸乐”③。前述倪元璐爱构园亭则是另一个成为笑柄的例子，清人王应奎（1684～1757）《柳南随笔·续笔》就记载他因为太爱构园，当时有徽州墨匠方于鲁、程君房二人以制墨著称，倪氏尝以方、程所制之墨调合朱砂，涂于门窗及墙壁。他向任职于徽州府推官的门生鲁元宠多方索取，元宠只得遍觅以应之，然而隔数日又索，所以元宠不耐烦地说：“先生染翰虽多，亦不应如是易尽。”又园中构三层楼，其两旁种竹数百竿，他尝以此自鸣得意地说：“竹固水产也，今托根百尺之上，君以为何如？”所以王应奎嘲讽地说：“其可笑如此！”④

---

① （清）姚廷遴著，《历年记》，收于上海人民出版社编，《清代日记汇抄》，《历年记下》，页126。

② （明）谢肇淛著，《五杂俎》，卷3，《地部一》，页73。

③ （明）李诩撰，《戒庵老人漫笔》（北京：中华书局，1997），卷5，《嘲弇园》，页190。

④ （清）王应奎撰，《柳南随笔·续笔》，卷2，《倪文正公》，页169—170。

明清还出现另一类著作，强调以炫耀财富与社会地位为目的所筑的园林，转眼间就成了荒烟蔓草。借着描述园林的衰败来提醒世人穷究奢华的下场，要不是富不过三代而转手，就是引起后代对家产的争夺。晚明以来已有不少士大夫认为应该以此为戒，如张瀚（1510～1593）在《松窗梦语》中提到杭州的名人园林时就说："余所闻先达高风如沈亚卿省斋〔笔者按：指沈锐，成化五年（1469）进士，官至南京刑部侍郎〕、钱都宪江楼〔笔者按：指钱宏（1476～1536），正德三年（1508）进士，累官至副都御史〕，皆身殁未几，故庐已属他姓。至如近者一二巨姓，虽位臻崇秩，后人踵事奢华，增构室宇园亭，穷极壮丽；今其第宅，皆新主矣。"①归庄在一篇序文里描述王世贞的弇园，有林壑之美，本为"吴中名园之冠"；但是当他亲历该园时所见，则是"主非王氏矣，又仅得其一隅"。盖因后人无法守成，以致"分裂芜废"：

> 琅琊后人之所守者，未得其半，而林木已斩伐，洞壑已颓，奇石已鬻，台榭无复有存者。以弇州之记案之，不可复识矣。园仅百年，而分裂芜废，遂至于此，不亦可感乎！②

到了清代，这样的警语更多。如清人陆文衡（1587～1665）也说："士宦显盛，必求美宅，置园亭以为乐，不一再传，子孙零替，辄为游客借憩，官府布施之地，甚至有没作官房，鞠为蔬圃者，转眼桑沧，可胜

① （明）张瀚撰，《松窗梦语》，卷7，《风俗纪》，页140。
② （清）归庄著，《归庄集》，卷3，《序·王氏西田诗序》，页184—185。

太息。”所以他劝人：“卜宅在城则慎，临水则便，勿为雕峻，则易于修葺，勿太恢大，则后人可守。”[①]清人李渔（1610～1680）所撰之拟话本小说《十二楼》，其中的《三与楼》乃作者自寓之作，其第1回开头即提到造园林与卖园林：

> 要晓得世间的产业都是此传舍蘧庐，没有千年不变的江山，没有百年不卖的楼屋。与其到儿孙手里烂贱的送与别人，不若自寻售主，还不十分亏折。[②]

接着作者又提醒世人将园林留给不肖后代，一遭贱卖就有许多议论与恶名出来，倒不如片瓦不留、卓锥无地之人，反使后代儿孙白手创起家来[③]。

除了家道中落以致园林易主之外，园林还可能因为兵祸而遭殃。如前述清人叶梦珠在《阅世编》中指出晚明松江府园林之盛，但也指出了兵灾的影响：

> 一旦遭逢兵火，始而劫尽飞灰，继之列营牧马。昔年歌舞之地，皆化为荆榛瓦砾之场。间或仅存百一，而胥原之后，降于圭

① （清）陆文衡撰，《啬庵随笔》，卷5，《鉴戒》，页4a—b；卷1，《格言》，页4a。

② （清）李渔，《十二楼·三与楼》（台北：三民书局，1998），第1回，《造园亭未成先卖图产业欲取先予》，页42。

③ 清人袁景澜（1804～1880）在游苏州诸家园林后也叹道：“大抵豪贵子弟习睹奢靡，服鲜骋肥，万钱下箸，不知撙节，遂至丧家。”见（清）袁景澜撰，《吴郡岁华纪丽》，卷3，《三月·清开明园》，“袁景澜春日游吴郡诸家园林记”，页107。

窭荜门，王谢堂前，多非旧时燕子，始知萧李二相，良足师也。然金谷楼台，鞠为茂草，平泉花石，终属他人，理势必然，其可若何？①

有的极端例子还显示，园主可能因为炫耀过甚，不但会引起社会舆论的批评，又会遭仇人借机诬陷入罪，园林第宅也就因此而毁。如《戒庵老人漫笔》记载一则明代发生在常州府江阴县的事件，该事件主角是嘉靖年间曾任广西道御史的钱籍。他在该县内有甲第庄所，大小四十余处，其他田亩、财货与家口无算，“以至园林亭榭之美，歌童舞女之妖，画船厩马之盛，莫可殚述”。可是却在数日之间，“悉为乡里豪强辈群起而分拉之”。作者分析其原因，钱籍实无贯盈大罪，只因其世居傍江，为防盐盗出没，收有许多健仆壮子；这些人等系游惰顽民，平时恃势放恣，而钱籍也漫不检察。于是当此辈一有败露，人皆指称钱家为窟穴，遽为士流所唾骂，仇家又起而诬告，以致上官亦骇于耳目，钱氏遭罪终不能免也。所以作者最后叹道：“于是屋居不守，人人得以攘夺之而不问也。”②

以上这些对园林主人的批评、嘲讽，以及对世人的警语，都说明了晚明以来竞筑园林以夸示炫耀的风气，违反儒家传统以来崇俭黜奢的观点，于是引发社会的批判。尤其是在城市修筑园林的展示效果更强，更易成为社会舆论批评的对象，对园主的社会观感也随之变差。尤其是缙绅士大夫身份的园主，面对舆论的批评，得有所作为，

① （清）叶梦珠撰，《阅世编》，卷10，《居第一》，页208。

② （明）李诩撰，《戒庵老人漫笔》，卷4，《海山覆败》，页154—155。

才能摆脱奢侈的污名，使人改变对他们的负面评价。再者，明清缙绅士大夫的园主，毕竟多少还会有儒家思想的公私观念，受到强调社会责任感之影响，也会尝试透过开放园林来扭转社会形象，甚至提高自己的社会声望。所以外部的社会压力与士大夫内部的反省，两相交杂之下，有越来越多的士大夫园林走向对外开放。明清江南园林主人时常面临的一大困扰，就是园林是否对外开放。

第四节　园林的开放与市民空间

明清以来士大夫筑园者，就有不少主张开放园林给人游览是一桩美事。如王世贞《题弇园八记后》中主张开放园林供游客游览，自己也很自豪其园林因开放而著名：

> 余以山水花木之胜，人人乐之，业已成，则当与人人共之。故尽发前后扃，不复拒游者，幅巾杖履与客屐时相错，间遇一红粉，则谨趋避之而已。客既客目我，余亦不自知其非客，与相忘游者日益狎，弇山园之名日益著。①

而士大夫也会撰文赞赏某些园林主人将园林开放给一般大众，为市民又多提供一处公共空间，就如同作善事一样，值得称道。如清人龚炜在《巢林笔谈》一书中，描述他久闻苏州东园之大名，某日终能探其

① （明）王世贞撰，《题弇园八记后》，收于《苏州园林历代文钞》，页248。

胜，“辟地旷，取径幽，树老云深，去城市而入山林矣”；游完园景之后，他盛赞园主开放园林之美德：“因叹奉常先生之泽，波及游人者多矣。”①而从另一个角度来看，私家园林的开放，适可以提高园林主人的社会声望。

当然，私家园林开放与否，开放到什么程度，决定权在于园林主人，但在社会舆论的压力下，很难再画地而趋，不知变通。例如钱泳友人曾购一园，他与该友人对是否开放与他人同乐，有过一番争辩：

> 有友人购一园，经营构造，日夜不遑。余忽发议论曰：“园亭不必自造，凡人之园亭，有一花一石者，吾来啸歌其中，即吾之园亭矣，不亦便哉！”友人曰：“不然，譬如积赀巨万，买妾数人，吾自用之，岂可与他人同乐耶！”余驳之曰：“大凡人作事，往往但顾眼前，傥有不测，一切功名富贵、狗马玩好之具，皆非吾之所有，况园亭耶？又安知不与他人同乐也。”②

此段反映园主筑园的目的与士大夫的社会理想有落差，也说明了社会舆论一定会造成园林主人的压力。

还有不少并非士大夫身份的园林主人，也受到影响而倾向开放其园林。例如明清江南私人园林中有许多是商人所营造的，除了资本雄厚的大盐商以外，也有小商人。如清人钱泳在《履园丛话》中记载一则嘉定小商人营建园林的故事：

---

① (清)龚炜撰，《巢林笔谈》，卷1，《东园》，页11。

② (清)钱泳撰，《履园丛话》，卷20，《园林・造园》，页546。

> 嘉定有张丈山者，以贸迁为业，产不逾中人，而雅好园圃。邻家有小园，欲借以宴客，主人不许，张恚甚，乃重价买城南隙地筑为园，费至万余金，署曰平芜馆，知县吴盘斋为作记。遂大开园门，听人来游，日以千计。张谓人曰："吾治此园，将与邦人共之，不若邻家某之小量也。"识见亦超。①

故事的主角嘉定人张丈山，本是以贸迁为业，虽然其资产不过是中等之家，然而他却雅好园圃。邻家有小园，他想借以宴客，但主人不许，张丈山一气之下，遂花万余金买下城南隙地筑为园林，而且大开园门，听人来游，日以千计。钱泳就称赞他是"识见亦超"。

当然园主会主动邀请好友参观，或有官绅与著名文士想进入这些私家园林，大概主人也都不会拒绝。不过，也会有优先级，官员就比文士或幕友优先，例如钱泳曾二度造访杭州清泰门北的皋园，该园俗名"金衙庄"；第一次在嘉庆元年(1796)，"园主人托故不纳，怅然而返"；第二次是道光十三年(1833)冬，偶至杭州时又同友人造访该园，"甫入门，见丛桂编篱，枯槐抱竹，正顾盼间，园丁出报云，有官眷游园，不便入也"②。看来钱泳与该园无缘，概因其幕友的身份地位远不如正式的官员。不过，除了对这类有身份的人开放以外，园林也有对一般城市住民开放的时间。

① (清)钱泳撰，《履园丛话》，卷20，《园林 · 平芜馆(嘉定)》，页539—540。

② (清)钱泳撰，《履园丛话》，卷20，《园林 · 皋园》，页541。

私家园林走向开放

江南城内与城郊的园林，虽为私人所拥有，但是在特定的时节，也会对市民开放，允许人们入园游览。园林在特定时节时的开放游览，在江南某些城市已经发展成为特殊的景观。像苏州每当春天的游园活动，已成为当地的岁时活动，列入明清方志的《岁时志》中。

在明代，苏州城内与城郊的某些著名园林①，在特定的时候会开放给外来人游览。例如在城北有小隐堂之秀野亭，正德年间以来，“苏人多游饮于此”②；另一个较完整的记载，是曾任浙江按察使司参议徐廷课在葑门内所修建的园林，据《近事丛残》记载云：

> 徐少浦名廷课，苏之太仓人。后居郡城为浙江参议。家居为园于葑门内，广一二百亩，奇石曲池，华堂高楼，极为崇丽。春时游人如蚁，园工各取钱，方听入。其邻人或多为酒肆，以招游人。入园者少不检，或折花号叫，皆得罪。以故人不敢轻入。③

---

① 袁宏道(1568～1610)《园亭纪略》一文提到苏州著名的园林，包括有参议徐廷课的园林(在葑门内)、王元美的小祇园、正德朝内阁大学士王鏊的园林(在阊、胥两门之间)、太仆寺少卿徐泰时(1540～1598)的园林(在阊门外下塘)以及著名的拙政园(在城内)。参见(明)袁宏道著，钱伯城点校，《袁宏道集笺校》，卷4，《锦帆集之二——游记·杂著》，《园亭纪略》，页180—181。

② 正德《姑苏志》(明正德元年刊本)，卷31，《第宅》，页10b。

③ (明)沈瓒撰，《近事丛残》(上海图书馆藏乾隆甲寅刻本)，卷1，《徐少浦园》，页22b—23a。该园原为吴宽之父吴融所建之“东庄”，后为徐廷课所有。

从引文中可以看到，这个园林在春天会开放游人进入，在门口有园工收门票钱，甚至附近的邻居都会开设酒店来招揽游客，只不过入园的规定甚为严格。

到了清代，苏州园林更是市民游玩休憩的胜地，尤其春天是开放游园最盛的时节。袁学澜《吴下名园记》提到苏州城内著名园林，如沧浪亭、拙政园、狮子林与依园等，于春时游客入园的情景：

> 方其盛也，春时开园设厨传，园丁索看花钱，钗钏云集，车骑哄户，袂云汗雨，街衢尘涨，人声嘈杂，拥挤不得行，人影衣香，与花争媚，夕阳在山，犹闻笑语，人散后，遗钿满地，游者拾归，致萦梦想。①

又《清嘉录》与《吴郡岁华纪丽》二书都有记载，苏州每当春暖之季，园林百花竞放，阍人或园丁索扫花钱或看花钱少许，然后让人入园游览，而有“士女杂沓，罗绮如云”之状②。当地风俗是在清明日开放园林供游人参观，至立夏时节方止。园林开放的时节，在附近也会形成商贩聚集的市集，“随处有赶卖香糖果饵，皆可入口。琐屑玩具，诱悦儿曹”③。例如《吴郡岁华纪丽》描述苏州三月，有“南北园看菜花”之俗，南园在子城西，俗名巴家园；北园在阊门内后板厂，旧名苏家园，

---

① (清)袁学澜撰，《吴下名园记》，收于《苏州园林历代文钞》，页 286。

② (清)顾禄撰，《清嘉录》，卷 3，《三月 · 游春玩景》，页 56；(清)袁景澜撰，甘兰经、吴琴点校，《吴郡岁华纪丽》，卷 3，《三月 · 清明开园》，页 104。

③ (清)袁景澜撰，《吴郡岁华纪丽》，卷 3，《三月 · 清明开园》，页 104。

"春时菜花极盛，暖风烂熳，一望黄金。到处酒炉茶幔，款留游客"①。

清代不少文人士大夫记载其亲历苏州游园的经验与回忆。如程章华《涉园记》云："花时则洞开其门，纵人游观，弗之禁。"袁学澜《游息园记》回忆道："每春时，士女看花，纨扇扑蝶，柑酒听莺，备极笙歌游衍之乐，由来旧矣。"②最生动的记载，莫过于沈三白的《浮生六记》一书，记录了乾隆五十八年(1793)时和其妻陈芸同游苏州的南、北园：

> 苏城有南园、北园二处，菜花黄时，苦无酒家小饮，携盒而往，对花冷饮，殊无意昧。或议就近觅饮者，或议看花归饮者，终不如对花热饮为快。众议未定。……饭后同往，并带席垫至南园，择柳阴下团坐。先烹茗，饮毕，然后暖酒烹肴。是时风和日丽，遍地黄金，青衫红袖，越阡度陌，蝶蜂乱飞，令人不饮自醉。既而酒肴俱熟，坐地大嚼，担者颇不俗，拉与同饮。游人见之莫不羡为奇想。杯盘狼籍，各已陶然。或坐或卧，或歌或啸。③

从上述引文可以知道苏州南、北园的开放情形，游园者的身份为一般大众，并不限于士大夫与缙绅阶层。

现有的文字记载，描述苏州园林游人最多的当属阊门外下塘花

---

① (清)袁景澜撰，《吴郡岁华纪丽》，卷 3，《三月 · 南北园看菜花》，页 124。

② (清)程章华撰，《涉园记》，收于《苏州园林历代文钞》，页 88；(清)袁学澜撰，《游息园记》，收于《苏州园林历代文钞》，页 87。

③ (清)沈复著，《浮生六记》(台北：三民书局，2006)，卷 2，《闲情记趣》，页 31—32。

埠街的寒碧山庄以及齐门内的狮子林与其附近诸园林。寒碧山庄从道光三年(1823)才始开园门,"来游者无虚日,倾动一时"①。狮子林及其附近诸园游观的盛景,就像前面所提到的《履园丛话》所记:"每当春二三月,桃花齐放,菜花又开,合城士女出游,宛如张择端《清明上河图》也。"②即使是城郊的小市镇,也有著名的园林供游览。如木渎镇有瑞园、潜园与遂初园等,该地接近灵岩山,春时游人毕集。因为园林是要收钱才能进入,所以要稍有赀财者才可进入游玩,毕竟市井贫民无能力购买门票,只能驻足其园前,就像《吴郡岁华纪丽》形容:"佣夫担竖,无资入游,群聚植立,以观杂沓。"③不过,园林开放时并未限定入内游览者的身份。

综观之,苏州历经明清两代,至少有近十余个私家园林是在特定时节开放,提供客人游览。开放的时节通常是春天,从清明到立夏,约一个月的时间。客人通常只要在门口付给园丁看花钱,即可入园。从文献描述"士女杂沓"、"诱悦儿曹",可见入园者并无男女之别、长幼之分,甚至在阶级上亦无限制,才会有沈复入园后,邀担者同饮之画面。还需要强调的是,园林开放的现象,不仅仅只有苏州,《履园丛话》中《园林》篇还提及江南其他两处名园,也是对外开放:

---

① 园主爱石,园中聚奇石为十二峰,乃以太湖石一时之选而构筑成。参见(清)袁景澜撰,《吴郡岁华纪丽》,卷3,《三月·清明开园》,页106。(清)钱泳撰,《履园丛话》,卷20,《园林·寒碧山庄》,页529。

② (清)钱泳撰,《履园丛话》,卷20,《园林·狮子林》,页523。

③ (清)袁景澜撰,《吴郡岁华纪丽》,卷3,《三月·清明开园·春日游吴郡诸家园林记》,页107。

随园在江宁城北，依小仓山麓，池台虽小，颇有幽趣。……近年闻先生长君兰村又葺而新之，游人杂沓矣①。

吾园在上海城西，邑人李氏别业。得露香园水蜜桃种，植数百树，桃花开时，游人如蚁。②

入园前园丁索钱的情形，在其他江南城市也可以看到。例如清人龚炜在《巢林笔谈续编》中提到苏州府昆山县的北园，“在马鞍之阴，因山为屏，疏泉为沼，有卉木亭台之胜，无阛阓嚣尘之扰”，然而，“自少至壮，每至山间，辄往游焉，园丁犹必索钱然后入”③。清代扬州的桥西草堂，为田氏之园林，也会对外开放。入园参观者须购买“园票”，园票长三寸，宽二寸，以五色花笺印之，上面还刻有某年、月、日“园丁扫径开门”，旁钤“桥西草堂”四字印章④。包世臣（1775～1855）撰有《园丁三李传》一文，文中描述他于嘉庆十五年（1810）携眷到扬州，住宿于西门外之倚虹园。该园园丁共六姓，守门者为句容李氏兄弟三人，事母至孝。该文记李氏老三李鹏万，“洒埽亭阁，分游观酬值市甘旨，必厌妪意”。而且曾经有富家挟着大量的嫁妆，包括衣饰值百余两与现金二百两，想要将女儿嫁给他，他却以照料母亲为由而婉谢。后来，“鹏万以照料园事，或侍奉不能以时，遂以管园业授

① （清）钱泳撰，《履园丛话》，卷20，《园林・随园（江南）》，页521。

② 同上书，卷20，《园林・吾园》，页538。

③ （清）龚炜撰，《巢林笔谈续编》，卷4，《北园》，页91。

④ （清）李斗撰，《扬州画舫录》，卷10，《虹桥录上》，页240。

甥，而奉妪赁屋居园外”①。由这则难得的记载可知，扬州的这座园林也是开放供人游观的，而且由守门园丁收钱。显然开放园林的收入不小，当园丁似乎是很好的职业，所以才会有富家女欲嫁之，而其后又将“管园业”传给其甥。除了门票的收入之外，园丁在打扫园林时还会有意外之财，如《吴郡岁华纪丽》所载：“日晚人散，蔗滓果核，拥积碍履，遗钿堕珥，园丁拾归，产致中人。”②从上述史料中，我们可以推测园主之所以开放收钱，多少也带有营利的动机；因为维护园林的开销太大，而不得已开放以生利。

市民的公共休闲空间

明清江南城市内与城郊的私家园林，有逐渐走向对外开放的趋势，这也使得城市园林与市民的生活逐渐地产生了微妙而密切的关系。至此，我们可以发现，城市园林不仅是缙绅富人的私人空间，对城市住民具有另外一层意义。因为私家园林的开放，提供市民新的休闲场所，同时也酝酿出新的观念。这个新的观念就是城市内需要可以供民众休闲游览的公共空间，最明显的就是许多园林与当地庙宇结合，形成庙园合一的公共休闲空间。

过去城市内的庙宇可以说是少数供民众活动的公共空间，至清

---

① （清）包世臣著，潘竟翰点校，《齐民四术》（北京：中华书局，2001），卷6，《礼三·园丁三李传》，页215。

② （清）袁景澜撰，《吴郡岁华纪丽》，卷3，《三月·清明开园·春日游吴郡诸家园林记》，页107。

代中叶以后，不少江南城市中的庙宇，特别是城隍庙，庙内也都建有园林，据钱泳的说法：

> 今常熟、吴江、昆山、嘉定、上海、无锡各县城隍庙俱有园亭，亦颇不俗。每当春秋令节，乡佣村妇，估客狂生，杂沓欢呼，说书弹唱，而亦可谓之名园乎？①

有的则是庙方并购园林，如苏州府属嘉定县东城的秋霞圃，极木石亭馆之盛，原是明朝广西布政使龚锡爵（明万历二年〔1574〕进士）所筑之园林，后归汪氏，至清中叶则并入“邑庙”。同县南翔镇由明朝生员李宜之（李流芳之子）所建之漪园，鼎革时遭奴变，园林遂改为城隍庙②。苏州府属昆山县城内有茧园，原为明代吏部侍郎叶盛（1420～1474）之子孙所创辟，后来也是“鬻于邑庙”③。最典型的例子就是上海的豫园，豫园自从建城隍庙于其中后，成了某些同业公所，也成了市民游览的公共空间。《履园丛话》记：

> 豫园在上海城内，明潘恭定公恩之子方伯允端所筑，方伯自有记。……今造城隍庙于其中，为市估所占，作会集公所，游人杂沓，妇女如云，医卜星相之流，亦无不毕集，虽东京大相国寺不

① （清）钱泳撰，《履园丛话》，卷20，《园林·造园》，页545。

② （清）姚承绪撰，《吴趋访古录》（南京：江苏古籍出版社，1999），卷7，《嘉定》，页149—150。

③ （清）龚炜撰，《巢林笔谈续编》，卷下，《茧园》，页217。

能过之。[①]

到了晚清，据王韬（1828～1897）的描述，城隍庙内的园林，已成为上海市民最重要的休闲游览胜地：

城中游览之地，以城隍庙之东、西两园为最盛。西园游人杂沓，东园则双扉常键，值令节始启之，幽草孤花，别开静境，大境高阁可远眺为城西胜处，桃花开时，士女丛集也。[②]

苏州在清中期有不少外地商人建立了许多会馆，而这些会馆表面上是庙宇，内部也常筑有园林胜景，供人游览。尤其是福建商人在苏州建立的会馆多以天后宫为名，乾隆《吴县志》记载了许多天后宫的园林亭台之胜，如泉州会馆天后宫："其西为园，莳种花卉，楼之后为池，临以假山，编以药栏，则游观之区也。"[③]漳州的天后宫，中为大殿，前辟大门，后置两堂，堂上为楼，"凭眺轩豁，楼之后院及东偏，皆有余地甚宽，将为亭榭陂池之胜，供游览"[④]。三山会馆天后宫，"中

① （清）钱泳撰，《履园丛话》，卷20，《园林·豫园》，页537。

② （清）王韬著，《海陬冶游录》，收于（清）王韬编撰，《艳史丛钞》，页545—546。

③ （清）陈万策撰，《泉州天后记》，收于乾隆《吴县志》（清乾隆十年刻本），卷106，《艺文·坛壝》，页15b。

④ （清）蔡世远撰，《漳州天后宫记》，收于乾隆《吴县志》，卷106，《艺文·坛壝》，页16b。

有陂池亭馆之美，岩洞花木之奇，为吴中名胜"①。苏州的邵武会馆天后宫，"殿前构立观台，分翼回廊，殿后辅以楼，楼之下为乡人讲礼燕集之所，亭轩树石，映带左右。虽地势稍隘，未若三山各馆之闳厂，而结构精严，规模壮丽，亦足以妥侑神灵，绥辑行旅"②。苏州的延建会馆天后宫，"宫殿崇宏，垣庑周卫，金碧绚烂，傍及斋房别馆，罗致花石，器用具备"③。

庚申之变后，苏州府内诸多园林遭毁，迄晚清有部分重修或改建，还有不少成为宗族的义庄、同乡或同业的会馆公所。如表 3.4 中的"之园"，清末俗称"全浙公所"；"环秀山庄"有汪氏家族的"耕荫义庄"；原来的艺圃，至清末归丝绸公所，改名"七襄公所"；原来的韩氏洽隐园旧址，晚清重建为蕙荫园，内有忠烈祠与安徽会所。至此，我们看到更多的私家园林，转变成家族与社会团体的公共空间。

小 结

空间的性质与功能并非是一成不变的，本章就以明清时期盛行于江南的休闲空间——园林××为例，说明这类原是私人性质的空

① (清)余正建撰，《三山会馆天后宫记》，收于乾隆《吴县志》，卷 106，《艺文·坛壝》，页 17b。

② (清)谢钟龄撰，《邵武会馆天后宫记》，收于乾隆《吴县志》，卷 106，《艺文·坛壝》，页 18b。

③ (清)林鸿撰，《延建会馆天后宫记》，收于乾隆《吴县志》，卷 106，《艺文·坛壝》，页 21b。

间，如何被改造或转化成为公共的空间。当我们将江南园林放回到明清的历史脉络中，重新探索园林发展的历史与城市空间的关系时，我们发现：园林的出现是在复杂的社会情境下所形成的。晚明以来大量出现的园林建筑，其实是一种社会风尚下的产物，为的是夸示身份、炫耀财富与成就。而且最先引领风尚者，就是江南的缙绅士大夫，接着又可以看到富户商人的争相效仿。

明清江南许多园林都是建在城市内或城郊关厢的位置，苏州的例子显示出：园林位置在空间上的分布，与城市各个区位的机能发展息息相关。从明至清，苏州城市内住民人口与经济发展，不断由西部往东部扩散。反映在园林的分布上，是明代集中在西北部，而清代往东南部发展。苏州城郊发展的情况，明代是以上、下塘街至枫桥一带最为繁华，至清代，则是以虎丘山塘一带为盛。

园林一旦成了奢侈浮华的象征，在传统强调崇俭黜奢的观念下，不免受到社会舆论的批评。从明清的笔记小说中，就可以看到许多嘲讽园主的故事；甚至筑园林成了反面教材，有不少著作是告诫士大夫，园林难以维系，莫以筑园为要务。私家园林的主人考量社会舆论的压力，并为获得社会声望，逐渐意识到园林开放的重要性。从苏州的例子可以看到，晚明时已有私家园林于特定时节开放游人进入观赏；到清代，私家园林的开放成了苏州一地的岁时风俗。至此，园林已不仅仅是士大夫着意隐居、独善其身的空间，也不再是富户商人纯粹只为炫耀财富的装饰品，它还是城市居民非常重要的休闲场所。私家园林的开放，不但逐渐影响了市民的生活，同时也形成市民对公共休闲空间需求的新观念。至清代，江南有一些园林被城市内的庙宇并购（特别是城隍庙），还有不少城隍庙也建有园林。又如苏州在清中叶时有许多会馆都建有园林，而到晚清以后，还有不少园林成了宗族的义庄或同业公所。这些现象，都说明了私家园林逐渐转向公共化的倾向。

表 3.1　明代苏州城内园林

1. 晚圃（在憩桥巷） 2. 怡老园（在西城桥，清代改为藩署） 3. 如意堂（在清嘉坊） 4. 月驾园（在麒麟巷） 5. 息园（在开元寺后西蒲帆巷） 6. 徐园（在府学西平畴内） 7. 废园（在桃花坞） 8. 陆氏橘林（在桃花坞） 9. 韩衙庄（在桃花坞） 10. 多木园（在宝城桥北） 11. 申时行宅（在黄鹂坊桥东，今犹名申衙前） 12. 苏家园（北园；在阊门内后板厂） 13. 醉颖堂（药圃；在宝林寺前东） 14. 香草垞（在高师巷） 15. 二株园（在周五郎巷） 16. 小桃源（在桃花坞）	17. 春草闲房（在卧龙街西双林巷） 18. 密庵旧筑（在阊门内后板厂） 19. 拙政园（在娄门内北街迎春坊） 20. 归田园居（在娄门内北街迎春坊） 21. 顾贞孝宅（在西白塔子巷） 22. 何衙园（在水仙庙东） 23. 张孝廉宅（在玄妙观前小曹家巷） 24. 葑溪草堂（在葑门内姜家桥弄，后改名为韩衙前，又称天赐〔四〕庄） 25. 桐园（在甫桥） 26. 东庄（在葑门内） 27. 廷棣园（在葑门内天赐〔四〕庄东） 28. 归氏园（洽隐山房）（在苑桥巷石子街北） 29. 卧雪斋（在葑门上塘新造桥西）	30. 丁元复别业（在十郎巷） 31. 瓒园（在阊门水关北） 32. 无梦园（在孔副司巷） 33. 竹梧园（在旧学前） 34. 桂花厅（在周通桥南） 35. 圆峤仙馆（在悬桥巷） 36. 顾家园（在玄妙观桥南东巷） 37. 管园（在北园崇甫巷，今称油车巷） 38. 五峰园（在阊门下塘福济观后，柳毅桥西） 39. 石虹园（在南仓桥北） 40. 辟疆园（在甫桥南） 41. 雅园（在史家巷南） 42. 槐树园（在南仓桥西） 43. 淡园（在白塔子巷） 44. 唐家园（在桃花坞后，五亩园西，宝华庵址） 45. 郑园（在吉由巷） 46. 芳草园（齐门内定跨桥北石皮弄） 47. 墨池园（梧亭；在清道桥南）* 说明：注记 * 部分为位置不明者

表 3.2 明代苏州城郊园林

1. 荒荒斋（在馆娃里）
2. 东园（即清代寒碧山庄；在阊门外下塘花步里，徐泰时建）
3. 西园（在阊门外治坊浜东，徐泰时之子徐溶建）
4. 月湖别业（在娄门外北塘周和山南）
5. 紫芝园（在阊门外上津桥）
6. 项家花园（在阊门外石盘巷，枫桥路东首）
7. 郭氏别业（在阊门外长荡东山塘）
8. 文氏塔影园（在虎丘便山桥南）
9. 毛家园（砺庵；在阊门外下塘下津桥义慈巷）
10. 桃李园（在南濠谈家巷兴隆桥）
11. 近峰别业（在虎丘旁）
12. 蓼庵（在阊门外林家巷）
13. 寄傲园（在齐门外）
14. 叶唐夫宅园（在阊门外江村桥）
15. 真趣园（在郦季子巷，今名李继宗巷，在山塘街）
16. 梅园（小吟香阁）（在齐门外安齐王庙西）

表 3.3 清代苏州城内园林

1. 慕家花园（在黄鹂坊桥南。清初称慕家花园后分为二，西园为董国华宅，东园为毕园，清末称遂园）
2. 艺圃（在今文衙弄5号。即明代醉颖堂，清代归官宦姜氏寓所，称敬亭山房，后又辟为艺圃，后归丝绸公所）
3. 五柳园（在金狮巷）
4. 绣谷园（在阊门内后板厂）
5. 悔庐（在大石头巷）
6. 香禅精舍（在阊门内刘家浜）
7. 秀野园（在闾邱坊依园东）
8. 雅园（在史家巷南，即明代雅园）
9. 依园（在闾邱坊巷南，瞿园，清末为逸园）
10. 网师园（在带城桥南，阔家头巷东口）
11. 凤池园（在銮驾巷，俗称钮家巷）
12. 可园（乐园；在沧浪亭对面，原系沧浪亭的一部分）
13. 养心园（在钮家巷）
14. 琢园别业（在悬桥巷）
15. 宝树园（即明代洽隐山房，清遗民顾其蕴重修，俗称顾家花园）
16. 尤侗宅（在葑门新造桥）
17. 蘧园、蒋楫宅、毕沅宅（耕荫义庄、环秀山庄、颐园；在申衙前，即明申时行宅旧址，裔孙筑蘧园，后归蒋楫、毕沅，嘉庆归孙士毅，道光归汪为仁，置耕荫义庄，又重修为环秀山庄，又名颐园）
18. 洽隐园（在北显子巷，清韩馨所筑）
19. 红豆书庄（在城东南，冷香溪之北）
20. 止园（朴园）（在东白塔子巷，清末改建称北半园）
21. 涉园（原狮子林部分）
22. 五松园（即狮子林部分，在娄门内直街）
23. 拙政园（斑竹厅、复园、书园、瑞棠书屋、襆园、忠王府；在临顿桥东）

续表

24. 辟疆小筑(传砚堂;在甫桥西街,长洲顾济美宅第,称传砚堂,其增孙顾沅筑园) 25. 王芑孙宅园(在新造桥巷) 26. 葑湄草堂(在葑门鹭鸶桥) 27. 双塔影园(在官太尉桥西) 28. 种梅亭(在东白塔子巷) 29. 茧园(柴园)(在葑门苏家巷东,今称醋库巷)	30. 志圃(在太平桥之南) 31. 荆园(在马医科巷东) 32. 潘姓宅(在卫道观前7号) 33. 晦园(在东美巷17号) 34. 有怀堂(在娄门内直街,拙政园附近) 35. 蒋氏宅园(在南园) 36. 退园(在井仪坊巷) 37. 听枫园(在小市桥东) 38. 红豆树馆(在娄门内柳贞巷)	39. 流水禅居(在城东南木杏桥) 40. 勺湖(在阊门东)* 41. 墨庄(在城南)* 42. 留卧园(在娄门内)* 43. 月满楼(在城东北隅)* 44. 祇园(在白莲寺北里许)* 45. 澹园(在西跨塘)* 46. 鸥隐园(在城西)* 47. 沈锡祚宅(在豸冠坊北,久忘园故址)* 说明:注记 * 部分为位置不明者

表 3.4 晚清苏州城内园林

1. 遂园(在黄鹂坊桥南,即慕家花园,清末称此名) 2. 七襄公所(原艺圃,后归丝绸公所,改名七襄公所) 3. 曲园(在马医科,晚清建) 4. 之园(在长春巷,晚清建,俗称全浙公所) 5. (南)半园(在仓米巷,晚清建) 6. 息园(逸园)(即依园,在闾邱坊巷南) 7. 绿水园(在碧凤坊,清季布衣朱襄侨居)	8. 耕荫义庄、环秀山庄、颐园(在申衙前,即明申时行宅旧址,道光归汪为仁,置耕荫义庄,又重修为环秀山庄,又名颐园) 9. 蕙荫园(在北显子巷,即韩氏洽隐园旧址,晚清重建,有忠烈祠与安徽会所) 10. (北)半园(在东白塔子巷,即止园〔朴园〕,晚清重建) 11. 畅园(在庙堂巷22	号,晚清潘氏建) 12. 慕园(在护龙街,又称富仁坊巷,晚清太平天国慕王府) 13. 怡园(在卧龙巷尚书里,部分原为明人吴宽之宅,晚清顾文彬建) 14. 任氏花园(在铁瓶巷22号,晚清建) 15. 万氏书房庭院(在王洗马巷7号,晚清建) 16. 鹤园(在韩家巷,清末道员洪鹭汀始筑) 17. 笑园(紫藤书屋;在升平桥弄14号,清末建)

续表

18. 马大篆巷周姓宅院(晚清建,在马大篆巷11号)
19. 马大篆巷季姓宅园(在马大篆巷37号)
20. 修仙巷张宅庭院(晚清建,在修仙巷13号)
21. 残粒园(原称东园,清末扬州盐商所有,城西接驾桥附近装驾桥巷34号)
22. 顾家花园(晚清河南某县令建,在甲庄前4号)
23. 耦园(在娄门新桥巷东,即涉园,清末光绪年间重构改名)

表3.5 清代苏州城郊园林

1. 清华园(在阊门外上津桥)
2. 一枝园(在枫桥)
3. 周锡瓒宅(在阊门外马铺桥)
4. 邱南小隐(在虎丘头山门甬道之东)
5. 薛家园(在娄门外下塘)
6. 葑水园(在葑门外)
7. 渔隐小圃(在阊门外江村桥)
8. 西华别墅(在虎丘山下塘,甫里先生祠之侧)
9. 蒋氏塔影园(靖园)(在虎丘东南隅云岩寺左,清季为靖园,俗称李公祠)
10. 一榭园(忆啸园)(在虎丘斟酌桥,一云在东山浜北)
11. 寒碧山庄(留园,即明代东园)(在阊门外花步里)
12. 艺芸书舍(在阊门外山塘)
13. 挹秀楼(在虎丘山塘,清季太守吴云别夜,后归亢氏祠)
14. 吟啸楼(在虎丘青山桥西)
15. 广居(在阊门外,寒山寺东)
16. 赵园(原为明尚书吴一鹏真趣园,在阊门外山塘郦季子巷)
17. 三山馆(在山塘,为著名饭馆,内有山景园)
18. 绉云别墅(在阊门外江村桥)
19. 养素园(在阊门外枫桥下塘)
20. 聚远堂(在虎丘山塘)
21. 涌泉庵(在虎丘后)
22. 程文焕宅(在枫桥镇)
23. 拥翠山庄(在虎丘二山门内)
24. 三溪小隐(在虎丘申家庄)
25. 萱园(在阊门外下津桥东)
26. 尧峰山庄(在尧峰胡巷,今名萧家巷)
27. 灵岩山馆(在城外灵岩山)
28. 绣春园(在城外上津桥附近)
29. 七松草庐(在阊门外冶坊浜西园寺附近)

资料来源:邵忠编,《苏州园墅胜迹录》(上海:上海交通大学出版社,1992)。

第四章　旅游空间的演变与社会分层化

本书上篇已提及明清以来江南城市住民的休闲和购物的空间有逐渐扩大的趋势。从休闲空间来看，除了私人园林逐渐开放成为公共休闲空间之外，还可以看到城市住民的休闲旅游空间在范围上逐渐扩张、旅游景点更多元化的情形。明清以来兴起了一些以城市及其附近的景点著称的游览胜地，如杭州、扬州、北京与苏州等。[①] 本章即以苏州为例，探讨明清以来苏州旅游活动的兴衰变化以及旅游空间的演变。这样的演变不但说明了城市住民生活的变化，也反映了城市发展的空间模式。首先看到的是一般大众休闲娱乐的游览活动，传统文献常将之称为"游观"。明清以来苏州的大众游观空间有向外扩大与向内延展的趋势。

其次，明清休闲旅游文化的发展，士大夫阶层是最重要的推手。

---

① 关于前三个例子的旅游文化史，都已有很好的研究成果，独缺苏州的研究。杭州的研究有汪利平，《杭州旅游业和城市空间变迁(1911～1927)》，《史林》，2005 年第 5 期，页 97—124；扬州的研究参见 Tobie Meyer-Fong, "Seeing the Sights in Yangzhou from 1600 to the Present,"收于黄克武编，《画中有话：近代中国的视觉表述与文化构图》(台北："中研院"近代史研究所，2003)，页 213—251；有关明清以来北京旅游与景物的研究，可以参见 Susan Naquin, *Peking: Temples and City Life, 1400 - 1900* (Berkeley: University of California Press, 2000), 249 - 283, 451 - 498.

传统文献描述士大夫的旅游活动，有以休闲娱乐为目的之“冶游”活动，或是以“壮游”一词来指称长程的探险游历活动。明清江南旅游空间中的许多景点，经由不同时代的士大夫记录下来，呈现在他们的游记中。至此景点本身已不再是客观存在的实体，而是被赋予了许多文化意涵、象征意义与社会功能。关于“地景”(landscape)的观念，早期的人文地理学者认为，地景是客观存在的实体，景点的美也是可以客观地感知到的。然而，近年来的研究逐渐意识到人们对景点的反应与观念，其实是来自社会、文化和历史的脉络①。本章另一个议题，即是尝试分析旅游空间的重要开发与建构者，也就是士大夫与文人阶层，他们如何开发与塑造旅游景点，而其背后的动机又是什么。

第一节　大众游观活动的兴盛

传统文献常将休闲娱乐的游览活动称为“游观”。在明代中期以后的苏州，呈现出各式各样的游观活动，而且游观的地点甚广，参与者也不分阶层，笔者称之为“大众游观”活动。明代的苏州至迟到了正德年间(1506～1521)，已经盛行游观。据正德《姑苏志》所载，在春天游山已成风气，每当二月始和，就有楼船游山，如虎丘、天平、观音、

① Cara Aitchison, Nicola E. MacLeod and Stephen J. Shaw eds., *Leisure and Tourism Landscapes: Social and Cultural Geographies* (London; New York: Routledge, 2000), 73 - 77; Denis E. Cosgrove, *Social Formation and Symbolic Landscape* (London: Croom Helm, 1984), 15.

上方诸山，常见山下竹舆载客登山游览[①]。到晚明，苏州好游的风气更盛，袁宏道就指出，过去正德《姑苏志》的记载太过简略，至他所处之年代，苏州旅游风俗更值得大书特书，其中最重要的是六月二十四日荷花荡与中秋日游虎丘；再者，虎丘诸山之游在当时已不限于二月，即使是尺雪层冰、疾风苦雨，游客仍是络绎不绝[②]。到清代，苏州的游览风气愈益兴盛，成了当地足以自豪的特色。康熙《苏州府志》与《吴郡岁华纪丽》都声称：

> 盖言吴人之好游也，以有游地，有游具，有游伴。地则山水园亭多于他郡；具则旨酒嘉肴、画船箫鼓，咄嗟而办；伴则选妓征歌，尽态极妍。富室朱门，互相邀引，酒社花坛，争奇竞胜。其俗尚斯然，谚云："上有天堂，下有苏杭。"[③]

故而苏州所以被称为人间的天堂，也跟游览活动的兴盛有关。清代相关文献的记载，无论是在数量上还是在内容的详细程度上，都超越明代甚多。除了地方志以外，还有三本记载苏州风俗更为详尽的专

---

① 正德《姑苏志》（明正德元年刊本），卷 13，《风俗》，页 3b。苏州府内喜好游览的风气，不只是在府城内，常熟县亦有此风，如弘治《常熟县志》记载当地"好游览"的民风云："春和秋爽，虞山之巅，尚湖之涯，游览乐者常满。二三月间，迭为义社，箫鼓喧闹，声闻村落。"参见弘治《常熟县志》（清抄本），卷 1，《风俗》，页 4a。

② （明）袁宏道著，钱伯城笺校，《袁宏道集笺校》，卷 4，《锦帆集之二——游记·杂著》，《岁时纪异》，页 182—184。

③ 康熙《苏州府志》（清康熙二十二年序刊本），卷 21，《风俗》，页 14a；（清）袁景澜，《吴郡岁华纪丽》，卷 3，《三月·游山玩景》，页 121。

著，分别是顾禄的《清嘉录》、《桐桥倚棹录》，以及袁景澜的《吴郡岁华纪丽》。

如果依性质来作分类的话，大众的游观活动大致上可分为四种。第一是岁时节日的游观活动。依据春夏秋冬以及一些传统节日，如端午、中秋、重阳等，苏州的百姓都会到特定的地点游览休闲。有些岁时节日的旅游活动可能在明代以前已经形成，但是到明代中叶以后愈发兴盛。第二类是带有宗教性质的游观活动，也就是第一章所提到的寺庙烧香活动。明人所撰之《吴社编》一书中，提到苏州府内有各种名目的"会"，包括松花会、猛将会、关王会、观音会。到清代这类游观活动更加频繁，更加多元化，举行地点较明代更多，所以清人龚炜就以"赛会奇观"来形容之[①]。第三类是市肆游观活动，尤其到了清代已成了该地的一大特色。据《扬州画舫录》云："杭州以湖山胜，苏州以市肆胜，扬州以园亭胜；三者鼎峙，不可轩轾。"[②]苏州城内与城郊有许多处著名的市肆，如虎丘山塘街与玄妙观附近大街，原来都是配合季节性游观人潮而出现的，久而久之成了固定的市肆。第四类是上一章已提及的园林游观活动。苏州城内与城郊在明清时期建有许多园林，有些园林在特定的时候会开放给外来人游览。尤其是在春天，园林常会开放游人进入，在门口有园工收门票钱，甚至附近的邻居都会开设酒店来招揽游客，只不过入园的规定甚为严格。

---

① （清）龚炜撰，《巢林笔谈》，卷2，《赛会奇观》，页34—35。

② （清）李斗撰，《扬州画舫录》，卷6，《城北录》，页151。

第二节 游观活动的空间变化

城郊游观活动的兴盛

苏州城郊每逢岁时节日，都有许多游观活动。例如前面提到正德《姑苏志》记苏州风俗，在二月春天到来之初，会去附近城郊的诸山如天平、观音、上方与虎丘等地游玩。至清代此风仍持续，当地人称之为“游春玩景”。游览的景点颇多，举凡天平、灵岩、虎丘、山塘与白堤之间，还有城内及城郊的园林，都是苏人游观的地方[①]。城郊诸山不仅仅是岁时游观的景点，还是进香活动的重要地点，据《吴郡岁华纪丽》的形容：“凡支硎、灵岩、虎阜、穹窿诸山，篌舆画舫，柏烛檀香，充盈川陆。远乡男妇，亦结伴雇船，船旗书‘朝山进香’字。”[②]这些进香客的目的就像袁景澜所说的：“都人士女，借烧香以游衍。”也就是为游览而进香，宗教的目的似乎是其次的[③]。明清以来，苏州城郊诸山的游观地点，有扩大，也有转移，以下就举较著名的例子作说明。

苏州很早就有九九重阳节时吴山登高之举[④]，申时行（1535～

---

① （清）顾禄撰，《清嘉录》，卷3，《三月·游春玩景》，页56。

② （清）袁景澜撰，《吴郡岁华纪丽》，卷8，《八月·秋山香市》，页264。

③ （清）顾禄撰，《清嘉录》，卷2，《二月·观音山香市》，页40—41；（清）袁景澜撰，《吴郡岁华纪丽》，卷2，《二月·观音山香市》，页69—70。

④ 崇祯《吴县志》，卷10，《风俗》，页3b。

1614)有诗一首,形容当时"阖闾城中十万户,争门出郭纷如麻"的景象①。到了清代,九月的吴山登高活动,甚至成为某些职业工人停工游玩的节日。因为苏州城东居民多以丝织为业,据云吴山山顶有机王殿,每年此时都有鼓乐酬神的庙会节庆,而城中织机为业者,俱趁此时停工上山出游②。这个例子说明,传统的职业工匠,利用大众游观文化加以转化,塑造出特殊职业的游观亚文化③。

明代城郊诸山中最著名的进香活动,系上方山(又名楞伽山)的五通神庙会,也就是《吴社编》中所谓的"五方贤圣会"。上方山庙会之盛和传说中神祇之灵验,由来已久。据明人朱逢吉于永乐二年(1404)所撰之《游石湖记》云,自前代时,苏州城内外及村落百余里间,每当春夏,男女远近各相率以往,并载有酒肴、杂乐戏具、壶磕食器自随,"或登以乐神日,肩摩迹接,毕则宴游以乐太平,逮今如之"④。到清代因官府的严厉镇压,于是此风潮消退,但不久又借尸还魂再度兴起⑤。盛况仅次于上方山五通神庙会者,就属观音山的观音寺进香活动。在苏州城外西北方向的支硎山,因为东址有观音

① (明)申时行撰,《吴山行》,收于崇祯《吴县志》,卷10,《风俗》,页4b—5。

② (清)袁景澜撰,《吴郡岁华纪丽》,卷9,《九月·登高》,页276。

③ 从明清手工业工人的罢工抗议仪式,也可以看到这样的现象。参见巫仁恕,《明末清初城市手工业工人的集体抗议行动——以苏州城为探讨中心》,《"中研院"近代史研究所集刊》,期28(1997年12月),页70—72。

④ (明)朱逢吉撰,《游石湖记》,收于劳亦安辑,《古今游记丛钞》,册4,卷15,《江苏省》,页37。

⑤ 五通神庙会活动到清初的衰退,和官方视其为淫祠而采取镇压措施有关。参见 Richard Von Glahn, " The Enchantment of Wealth: The God Wutong in the Social History of Jiangnan," *Harvard Journal of Asiatic Studies* 51.2(1991): 651 - 714.

寺，故又名观音山。每年的二月十九日俗称观音诞，六月十九日又是观音成道之日，苏州人都会赶到山上寺内进香，此风历清代不衰[①]。

由明到清，苏州城郊游观活动与旅游景点的重大变化有三：一是城郊诸山的游观活动与景点中，有些是明代未见记载，到清代之后才有记录者。如城西天平山在明代只有春游的活动，到清代又有十月看枫的活动。据《吴郡岁华纪丽》的形容："郡西天平山，枫林最胜。……郡人每赁山轿，结伴往游。夕阳在山，纵目鸡笼诸山，丹林远近，烘染云霞，四山松、栝、杉、榆，间以疏翠，岩壑亭台，俱作赤城景象，信奇观也。"[②]清代文人士大夫也有不少描绘太平山看枫的诗文[③]。

二是城郊的游观活动中，有的在明代盛行，到清代却日渐衰微。如明代每年的六月二十四日，苏州当地流行所谓的"荷花生日"，要到葑门外的荷花荡游观[④]。张岱《陶庵梦忆》曾记其于天启二年（1622）偶至苏州时，目睹荷花荡的盛况："见士女倾城而出，毕集于葑门外之荷花宕，楼船画舫至鱼艓小艇，雇觅一空。远方游客，有持数万钱，无所得舟，蚁旋岸上者。"[⑤]又明代以来每年的八月十八日夜晚，苏州人会去支硎山附近的宝带桥下看月影环连洞中，当地人称此为石湖"串

---

① 崇祯《吴县志》，卷3，《山》，页38；卷10，《风俗》，页3b。

② （清）袁景澜撰，《吴郡岁华纪丽》，卷10，《十月·天平山看枫叶》，页299。

③ （清）李果撰，《在亭丛稿》，收于《四库全书存目丛书补编》（济南：齐鲁出版社据北京大学图书馆藏清乾隆刻本影印，2001），册9，卷9，《天平山看枫叶记》，页33a—34a。

④ 袁宏道就说："荷花荡在葑门外，每年六月二十四日，游人最盛。"见（明）袁宏道著，钱伯城笺校，《袁宏道集笺校》，卷4，《锦帆集之二——游记·杂著》，《荷花荡》，页170。

⑤ （明）张岱撰，淮茗评注，《陶庵梦忆》（台北：汉京文化事业公司，1984），卷1，《葑门荷宕》，页6。

月”①。这两个活动与景点到清代则盛况不再。究其原因，跟虎丘山塘的突出有关，而这也是明清苏州城郊游观活动与景点的第三个重大变化。

虎丘山塘的突出

明清苏州城郊游观活动与景点上最突出的变化，就是虎丘山塘一带几乎已成了苏州的地标。从城西北阊门处到虎丘山之间，最早是唐朝诗人白居易在此间凿河堆堤，筑通了一条七里山塘。归庄有诗云：“吴中多名山，最胜称虎丘，游人无时无，绝盛惟中秋。”②尤其是到了清代，当地成为苏州最重要的风景名胜。一年从头到尾各样的岁时节日，许多游观活动都在虎丘山塘举行，人称：“至山塘之游赏者，以春秋为盛。当花朝月夕，仙侣同舟，名优俊妓，四方宦游之客，靡不毕集。”③八月中秋看月，向来是虎丘最吸引人的节日活动，尤其是千人石听歌一事，前引明代文人袁宏道的游记已可见其盛况；而清中叶的情景，据称也是每到中秋之夕，“樽罍云集，士女杂沓”，方志都会提到此事，而且还会描述成“笙歌彻夜”④。到九月又有登高之游，

---

① 崇祯《吴县志》，卷10，《风俗》，页3b。

② (清)归庄著，《归庄集》，卷1，《虎丘山三首》，页103。

③ (清)袁景澜撰，《吴郡岁华纪丽》，卷3，《三月·游山玩景》，页121。

④ 同上书，卷8，《八月·千人石听歌》，页256。又据《清嘉录》云：“今虎丘踏月听歌之俗，固不逮昔年，而画舫妖姬征歌赌酒，前后半月，殆无虚夕。”可见听歌之俗，与明代时的情况有本质上的不同，不过热闹依旧。见(清)顾禄撰，《清嘉录》，卷8，《八月·走月亮》，页131—132。

俗云："或借登高之名，遨游虎阜，箫鼓画船，更深乃返。"①

虎丘游船最盛的时节是所谓的市集与庙会的时候。市集有三：春为牡丹市，秋为木樨市，夏为乘凉市②。此外，端午时节观龙舟竞渡的地点，甚至形成市集，人称"竞渡市"，在燕子墩附近，"游人争集，可以瞭远。兼设茶桌，以憩游屐"③。另有属庙会节庆的清明、七月半、十月朔，人称"三节会"。三节会中又以清明节的庙会最为热闹，游人群聚于山塘，号为"看会"④。三节会起源于明末，原是由官员迎城隍神出巡祭厉坛的活动。因为苏州府的厉坛就设在虎丘山前，附郭属县的厉坛亦在此。后来演变成民间抬城隍神出巡的庙会节庆⑤。除城隍神以外，其他神祇也有祭祀之责，皆得入坛，称之为"督祭"；而且十乡的土谷神，也就是土地公，都要"以手版谒城隍神"⑥。明清方志、笔记与竹枝词，对三节会多有描述，据云当时"络绎山塘，

① （清）顾禄撰，《清嘉录》，卷 9，《九月·登高》，页 141。

② （清）顾禄撰，《桐桥倚棹录》，卷 12，《舟楫》，页 163。

③ 同上书，卷 7，《场弄》，页 105。

④ （清）袁景澜撰，《吴郡岁华纪丽》，卷 3，《三月·山塘清明节会》，页 98—99。清代苏州沿袭明代的风俗，各乡赛会都于此时会集，而有"会首"、"走会"、"巡风"、"接会"、"助会"、"打会"、"舍会"、"看会"等名目。

⑤ 按照官方的规定，每年的清明、中元与十月朔三个节日，由地方官迎城隍神至此致祭无祀之鬼，府官主祭，三县官陪祀。据说此一规定的由来，是因为明太祖朱元璋梦到东莞城隍托梦，遂下令天下于每年清明、中元、十月朔时，地方官必须致祭地方上无主之鬼于厉坛，并将此祭仪列入祀典之中。有关此仪式之起源，参见巫仁恕，《节庆、信仰与抗争——明清城隍信仰与城市群众的集体抗议行为》，《"中研院"近代史研究所集刊》，期 34，页 172—173。

⑥ 所以《吴郡岁华纪丽》形容："十乡土谷神及旦升堂放衙，如人世长官制度。"见（清）袁景澜撰，《吴郡岁华纪丽》，卷 3，《三月·山塘清明节会》，页 98。

游人杂沓”,“山塘一带观者如云,鼓乐幡幢,盈塞道路,妇女至赁屋而观”。夸张者甚至形容山塘至虎丘一带,无一寸隙地[①]。

不仅是山景,还有热闹的街景。上一章第二节曾提及明代苏州城郊最繁华的地区,是苏州城西北角由阊门往西到枫桥的河道南北两岸,也就是上、下塘街一带,商业兴盛,人口稠密。不过,这一带到了明清易代之际遭兵灾,盛况不再,直到康熙后期才恢复旧观。而虎丘山塘一带在明代也是重要的商业区,只是未及上塘街兴盛。入清以后,山塘区的棉布业染坊与踹坊逐渐增多,带来不少就业人口与商业利益。再者,虎丘山塘除了有著名的三种市集之外,山塘街已形成固定的商业市场,所卖的东西各式各样,还有许多新奇的舶来品[②],都是为游赏者服务,而且这里商店的一大特色是前店后坊、自制自售[③]。可见此一带的繁荣已逐渐超过下塘街了。此外,虎丘为满足众多旅客的需求,许多旅游相关设施也逐渐完备,据记载虎丘附近的茶坊:“多门临塘河,不下十余处。皆筑危楼杰阁,妆点书画,以迎游

---

① 康熙《苏州府志》,卷 21,《风俗》,页 12b—13a;(明)徐树丕撰,《识小录》,卷 4,《吴中巫风》,页 565—566;(清)顾禄撰,《桐桥倚棹录》,卷 4,《祠宇》,页 57。

② 据称:“花市则红紫缤纷,古玩则金玉灿烂,孩童弄具,竹器用物,鱼龙杂戏,罗布星列,令人目不给。”参见乾隆《元和县志》,卷 10,《风俗》,页 8a。

③ 晚明至清中叶,这一带较重要的商铺店作,按行业来分的话,就有酒楼、茶馆、扇肆(有葵扇店、团扇店)、画铺(以沙氏最为著名)、酒筹肆(即以象牙或骨、角制的计数算筹店)、绒花店(卖绒制假花之店)、线带店(搓线织带的小买卖)、灯铺、洋琴、竹刻、葫芦雕、玩具业(包括绢人、耍货、泥人、纸人、自走洋人、竹木与铜铁类之玩)、洋货、席草行、花树店、药铺、酱坊、糖坊、棕草业等。参见徐刚毅等著,《七里山塘》(上海:上海古籍出版社,2003),页 119—131。

客，而以斟酌桥东情园为最。”①

到清代，苏州因为虎丘山塘的突出，无论是旅游设备或是吸引力都超过其他的景点，相应地造成其他旧景点的游客大减，而出现游人衰退的现象。最明显的例子就是六月荷花荡与八月中秋石湖串月的活动。原本在明代盛行六月到葑门外观荷纳凉的活动，到清代游客转移到了虎丘。就像《清嘉录》与《吴郡岁华纪丽》所云：“旧俗，画船箫鼓，竞于葑门外荷花荡，观荷纳凉。今游客皆舣舟至虎阜山滨，以应观荷节气。”②“或有观龙舟于荷花荡者，小艇野航，依然毕集。每多晚雨，游人赤脚而归，故俗有赤脚荷花荡之谣。”③也就是说，荷花荡在过去明代流行的荷花生日观荷之俗已不再盛况空前，只有在端午节龙舟竞渡时才会有比较多的人往游。同样的现象发生在八月中秋游石湖至行春桥下串月的活动。本来游船都是停泊在望湖亭，至清代可能因为望湖亭建筑的荒废，以致游客在石湖都不会驻足太久，只有白天会去，到了晚上很快就转移到虎丘山下的白堤去了。据《清嘉录》云：“昏时，看行春桥下串月。旧俗多泊舟望湖亭，今亭废，而画舫皆不轻往。或借观串月之名，偶有一二往游者，金乌未坠，便已辞棹石湖，争泊白堤，征歌赌酒矣。”④

---

① (清)顾禄撰，《桐桥倚棹录》，卷10，《市廛》，页146。

② (清)顾禄撰，《清嘉录》，卷6，《六月・荷花荡》，页113。

③ (清)袁景澜撰，《吴郡岁华纪丽》，卷6，《六月・荷花荡》，页220。

④ (清)顾禄撰，《清嘉录》，卷8，《八月・石湖串月》，页133。此现象在《吴郡岁华纪丽》中云：“画舫楼船仅借串月之名，日间遨游山水，金乌未坠，便已辞棹石湖，争泊白堤，传觞醉月矣。”见(清)袁景澜撰，《吴郡岁华纪丽》，卷8，《八月・石湖行春桥串月》，页261—262。

还需一提的是，在苏州城郊也有一些园林别业，可供人游览。如木渎镇有瑞园、潜园与遂初园等，该地接近灵岩山，春时游人毕集。不过，要论最著名、游客最多的园林，当属阊门外下塘花埠街的寒碧山庄。寒碧山庄，俗称刘园，本为明徐泰时（1540～1598）东园故址。[①]从道光三年（1823）才始开园门，“来游者无虚日，倾动一时”。[②] 这类城郊园林同城内园林一样，因为开放时仍要收费用，所以要稍有赀财者才可进入游玩，但并未限定游览者的身份。

旅游空间的城内延展

由明至清，苏州城内的大众游观活动愈加频繁，且游观地点也逐渐增多，这显示游观空间出现渐趋扩散的现象。城内许多庙会市集的形成，就是最好的例证（参见图 4. 1）。城内最著名的庙会游观活动是玄妙观的庙会。玄妙观的庙会情况在明代较少见到记载，清代的记录颇多，显示其盛况。如在六月中，观内所祀的多位神祇陆续有建醮会，城市村镇的善男信女都会前来进香，以雷神殿的香会最盛。[③]但是玄妙观每年一度最重要的庙会节庆，则是在三月二十八日，于东岳神殿举行的东岳神诞会。因为俗谓东岳神掌人间生命禄籍，所以人们酬报特别虔诚。玄妙观的东岳殿殿宇特别宏丽，士女瞻拜者

① 园主刘恕（1759～1816）爱石，园中聚奇石为十二峰，乃以太湖石一时之选而构筑成。参见（清）袁景澜撰，《吴郡岁华纪丽》，卷 3，《三月 · 清明开园》，页 106。

② （清）钱泳撰，《履园丛话》，卷 20，《园林 · 寒碧山庄》，页 529。

③ （清）袁景澜撰，《吴郡岁华纪丽》，卷 6，《六月 · 元都醮会》，页 226。

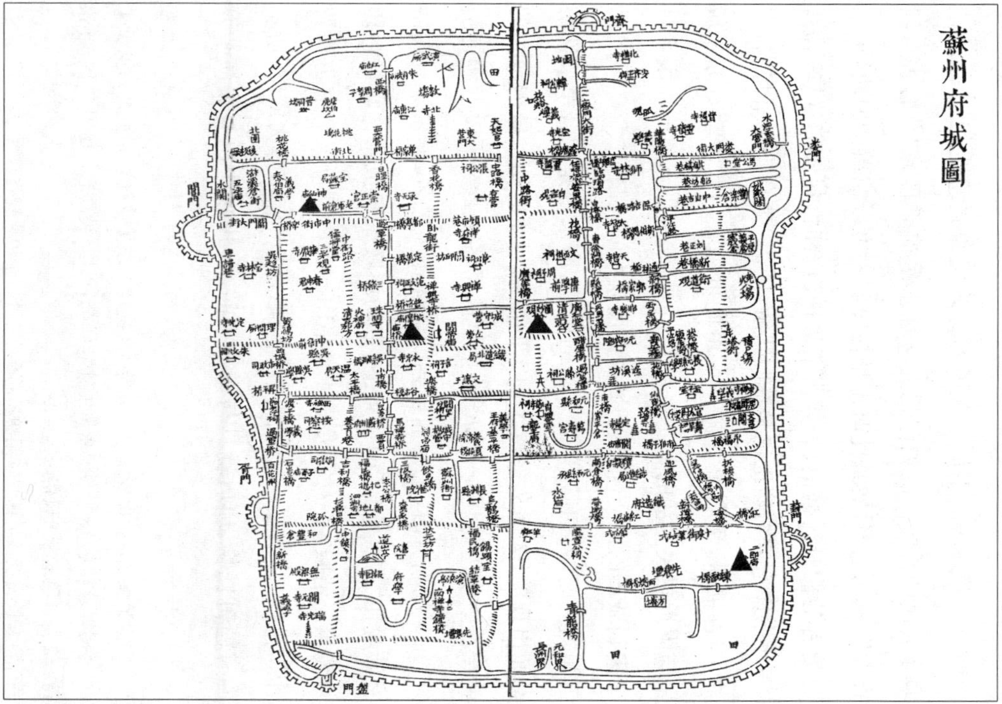

图 4.1　苏州城内庙会市集的分布

每逢朔望毕至，神诞日尤盛。尤其到入夜后，“庙中陈设供席，张灯演剧，百戏竞陈，游观若狂”①。

而城内的游观活动不但体现了不分阶层的共通性，更可以清楚看到城乡人民的交流。例如苏州人又称东岳神诞日为“草鞋香”，因为进香者以乡人居多；而且此时正是村民农闲可以出游的时机，可以说是劳动者的假日。据记载，苏州东岳神诞会时，村农们尽皆出游，“以了一年游愿”；农村雇工也是歇假嬉游，因为“盖自是田事将兴，农家浸种，布谷催耕，无暇游赏矣”②。由此可以看出此活动对苏州城内住民与附近村民生活的重要性。这样的活动提供苏州城周围乡村村民聚集到城市的机会，也成了城乡人民联系的机制。

苏州城内与城郊有许多处著名的市肆，原来都是配合季节性游观人潮而出现的，久而久之成了固定的市场与商店街。城内最大的市肆就在玄妙观内与观前大街。玄妙观除了各个月会有某些神诞醮会以外，每年的新年时，士女们也会以烧香礼佛之名，群聚于观内游玩。玄妙观在“游人争集”的情景下，带动商贩聚集成市。卖设色印板画片者聚三清殿，乡人争买芒神春牛图。观内广场又有五方商贾丛萃，因为观内并未有专门房舍供设店铺，所以“支布幕为庐”。所卖的东西有糖饵食物、琐屑玩具与橄榄果品。③ 广场中也有表演杂要

---

① (清)袁景澜撰，《吴郡岁华纪丽》，卷 3，《三月 · 东岳草鞋香》，页 132；又见于(清)顾禄，《清嘉录》，卷 3，《三月 · 东岳生日》，页 65；民国《吴县志》(民国二十二年铅字本)，卷 52 上，《舆地考 · 风俗一》，页 14a。

② (清)袁景澜撰，《吴郡岁华纪丽》，卷 3，《三月 · 东岳草鞋香》，页 133—134。

③ 玄妙观也是当地橄榄的集散地。参见(清)顾禄撰，《清嘉录》，卷 1，《正月 · 新年》，页 9—10。

诸戏以资谋生者，最奇特的表演有地铃、丝鹞、太平箫、西洋镜等诸玩具，“以玻璃瓶盛朱鱼，转侧其影，大小俄变”①。附近的茶坊、酒肆及小食店，门市如云。② 由此可知，玄妙观内市肆聚集情况，应该已经发展成固定而非季节性的市集，只是当庙会节庆与新年时更盛吧！

另外，城隍神庙会也是苏州城内很重要的庙会活动。苏州府城隍庙在武状元坊内，据说是城内庙宇香火最盛之地，“牲礼酬献，笙歌演剧，庙无虚日”。而到此地进香的香客是形形色色，“舆者、骑者、步以拜者，贵家、豪右家、游侠儿、小家妇女十窭人子，并搀杂出，酬香祈愿”，说明香客是不分阶层的。城隍庙附近也成为重要的市肆之地，卖有著名的土产，如甜食点心麻胡饼、欢喜团，及盔帽、竹篮、纸糊面具与不倒翁玩具。香客归途时皆会买这些土产品带回去炫耀，由此也可以证明到苏州参与游观活动的游客或香客，不乏外地人。③ 而新年时所形成的临时市场，有另一个可与玄妙观相抗衡的，是在阊门外闻德桥朱家庄的广场，新年时也是“百戏竞陈，观者麇集。货郎蚁聚，星铺杂张，酒炉茶幔，装点一新，其热闹与元都相埒”④。

其他在苏州城内较次要的庙会，还有葑门内的二郎神诞。传说六月二十四日为二郎神生辰，“男女奔赴，以祈灵贶”，“士女合沓，进香庙中”。据说该神对患伤者颇有灵应，所以患伤者最常往之祈祷，

---

① (清)袁景澜撰，《吴郡岁华纪丽》，卷1，《正月·城内新年节景》，页14—15。

② (清)顾禄撰，《清嘉录》，卷1，《正月·新年》，页11。

③ (清)袁景澜撰，《吴郡岁华纪丽》，卷3，《三月·城隍犯人香》，页115—116。

④ 同上书，卷1，《正月·城内新年节景》，页15。

而该庙附近也成了市集[1]。另外,俗称四月十四日为吕祖神诞,也就是吕洞宾的仙诞日,地方官会致祭于苏州府城内皋桥东的福济观,俗称神仙庙,观中道士也会举行祭醮会;据云:“以是士女骈集进香,游人杂闹,谓之轧神仙”[2]。

长程旅游空间的扩张

晚明以来苏州游观活动之所以发达,因其具备优于他地的客观条件,也就是水运交通的便利。苏州地区河湖纵横交错,带动了交通运输的兴旺发达。船运成了苏州地区内部及与外界交通的主要工具。四通八达的河流港湾构成无所不到的水网系统,农民进城买卖产物,走门串户靠乘船,城市里的地主和一般市民踏青扫墓、探访亲友也是乘船。明清以来苏州已经可以通过江、湖、河、海到达全国各地。专门从事水上运输的职业船户在明清时期已普遍出现。一直到 19 世纪末,较详细的统计资料显示,水运价格远比陆运便宜,水路客运只是陆运价格的 38%[3]。苏州立基于此优越的客观条件,不仅可以看到如上述的游观空间扩大到城郊,甚至还延展到更远的风景区。

---

① (清)顾禄撰,《清嘉录》,卷 6,《六月 · 二郎神生日》,页 112;(清)袁景澜,《吴郡岁华纪丽》,卷 6,《六月 · 二郎神诞日》,页 227。

② (清)袁景澜撰,《吴郡岁华纪丽》,卷 4,《四月 · 轧神仙》,页 161。又参见(清)顾禄撰,《清嘉录》,卷 4,《四月 · 轧神仙》,页 76。

③ 张海林著,《苏州早期城市现代化研究》(南京: 南京大学出版社,1999),页 4—8。

苏州在岁时节日的游观景点之中，到清代还有一个较特殊的变化，是发生在离苏州城区较远的太湖风景区。明代的太湖风景区因为离城距离较远，风景虽美，但也路途险峻，所以只有少数士大夫曾旅游该地。至于一般大众，似乎并不曾以此为游观目的地。可是到清中叶，太湖风景区已经跃入大众游观的行程之中。例如二月有玄（元）墓看梅的活动，据《清嘉录》云："暖风入林，玄墓梅花吐蕊，迤逦至香雪海。红英绿萼，相间万重。郡人舣舟虎山桥畔，幞被遨游，夜以继日。"[①]六月有消夏湾看荷花的活动，据《清嘉录》："洞庭西山之址，消夏湾为荷花最深处。夏末舒华，灿若锦绣，游人放棹纳凉，花香云影，皓月澄波，往往留梦湾中，越宿而归。"[②]玄墓在邓尉山，亦名光福山；而消夏湾在洞庭西山附近，二处皆位于太湖风景区内。

苏州人旅游空间的扩展，最值得一提的是长程进香活动。清代的苏州人不但到城郊、城外的山上进香，甚至远到杭州的天竺山进香。《吴郡岁华纪丽》有一段关于苏州在三月，城乡妇女组成进香团，群聚坐进香船到杭州天竺山灵隐寺进香的情景：

> 吴郡去杭四百里。天竺、灵隐香市，春时最盛。城乡士女，买舟结队，檀香柏烛，置办精虔。富豪之族，则买画舫，两三人为伴，或挈眷偕行，留连弥月。比户小家，则数十人结伴，雇赁楼船，为首醵金之人曰香头。船中杂坐喧嘈，来往只七日，谓之报香，船上多插小黄旗，书"天竺进香"四字，或书"朝山进香"

① （清）顾禄撰，《清嘉录》，卷2，《二月·玄墓看梅花》，页33。
② 同上书，卷6，《六月·消夏湾看荷花》，页114。

字。……名为进香，实则借游山水。……故俗有借佛游春之说。归时，必向松木场买竹篮、灯盏、藕粉、刨花之物，分送亲友，以示远游。至三月中，香船始罢，亦春时一胜景也。①

从引文中我们看到，去杭州进香的多是妇女，有富豪之族，也有普通的士女之家。尤其是后者，往往数十人结伴组团去雇船，而真正的目的就是作者所说的："名为进香，实则借游山水。"所以进香船成为当地的胜景之一。此外，还有到更远的泰山去进香的例子，小说《咫闻录》中就载有某苏州香客携妻及子婿四人，往泰山进香所发生的故事②。

第三节　士大夫与旅游空间的开发

当然，在传统中国旅游消费人口中，扮演着非常重要角色的，就是士大夫阶层。宋元以来苏州的文化已相当兴盛，至明初受到政治的压抑而沉寂一时。至15世纪中叶以后，苏州又逐渐成为江南文化甚至全国文化的重心。士大夫文化在苏州得到充分的发展，而"游"文化亦是士大夫文化重要的一环。需要特别指出的是，对于晚明苏州的游览活动在旅游空间上，士大夫扮演了积极开发的角色。从文人画作的题材上，也可以反映出这一点。例如吴门画派的代表性人

---

① （清）袁景澜撰，《吴郡岁华纪丽》，卷3，《三月·杭州进香船》，页101。

② （清）慵讷居士著，陶勇标点，《咫闻录》（重庆：重庆出版社，1999），卷5，《泰山》，页93。

物之一沈周(1427～1509),他所绘的《苏州山水全图》将苏州城郊从虎丘到太湖之间的重要景点与风景区,举凡浒墅关、天池、天平山、支硎山、何山、狮山、横塘镇、木渎镇、灵岩山、上方山、石湖、胥口、光福等,都绘入画中(图 4.2、4.3)。画卷末的题文如是云:

吴中无甚崇山峻岭,有皆陂陀连衍,映带乎西隅,若天平、天池、虎丘为最胜,而一日可游之遍,远而光福、邓尉,亦一宿可尽。余得稔经熟历无虚岁,应目寓笔为图为诗者屡矣,此卷其一也。将谓流之他方,亦可见吴下山水之概,以识其未游者。

由此可见,明代吴门画派特色之一,就是将休闲旅游的活动作为画作的题材。游山玩水作为文人逸士的隐逸生活自南朝刘宋时期宗炳起,而实实在在的游历生活题材付诸绘画艺术表现,成大气候者,则要归功于吴门画派①。再从"以识其未游者"一语,显见文人画家积极地以画笔来"开发"苏州的风景区或景观,以留给世人知晓的企图。然而其背后的动机,并不单纯只是为了休闲的目的。

雅俗之辨

士大夫阶层在苏州的好游风气,相较其他地区兴盛得多。就像明人黄省曾(1490～1540)在《吴风录》中的形容:"今吴中士夫画船游

---

① 胡光华,《明四家与吴门画派》,收于林树中总主编,《海外藏中国历代名画》(长沙:湖南美术出版社,1998),卷 6,页 16。

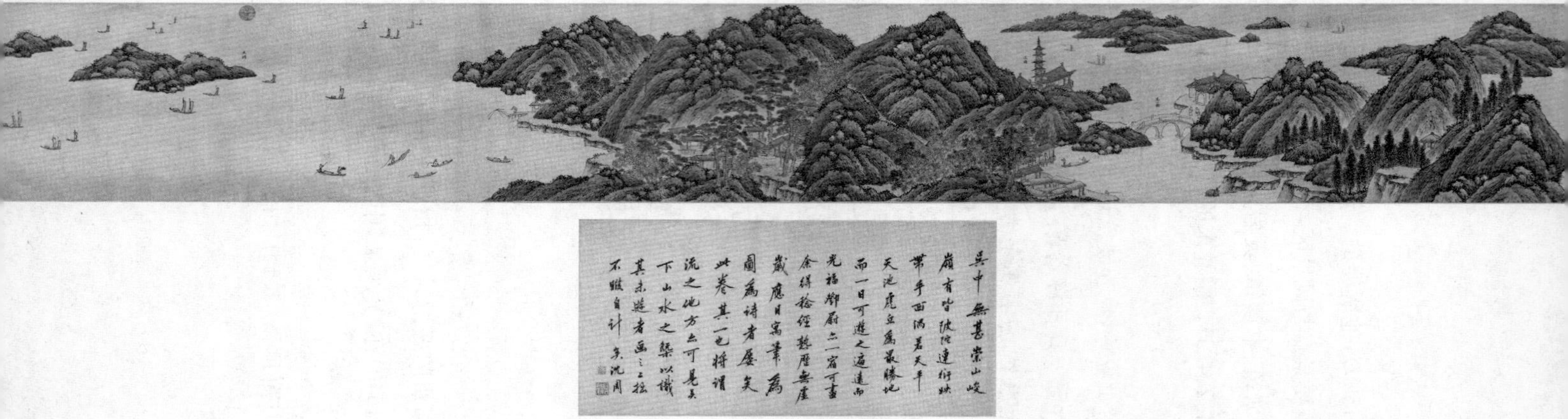

图 4.2　传明人沈周所绘《苏州山水全图》局部

资料来源：《吴派画九十年展》(台北：台北“故宫博物院”，1976)，页 228—229。

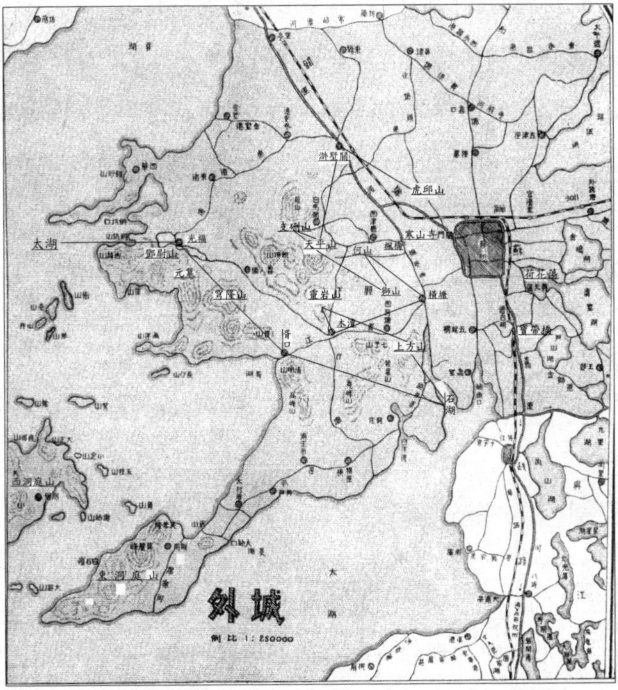

图 4.3　传明人沈周所绘《苏州山水全图》所显示之苏州城郊与城外风景区

资料来源：底图系根据 1928 年初版、1943 年再版之《最近苏州游览地图》。

泛，携妓登山，虎丘尤甚，虽风雨无寂寥之日。初春则西山踏青，盛夏则东荡观荷，帆樯接翼，箫鼓沸川矣。”①《吴风录》所提及士大夫喜好的虎丘登山与夏季观荷，都是大众游观的活动与景点，由此可见士大夫的游览活动有相当程度是和大众游观活动相重叠的。其他的例子

① 隆庆《长洲县志》，卷 1，《风俗 · 吴风录》，页 6b。

也说明大众游观活动的场合，士大夫也会参与其中。例如观音山的进香活动，袁宏道形容："闻二、三月间，游人甚广，朱楼复阁之女，骚人逸士之流，狭斜平康之伎，社南社北之儿，花攒绮簇，杂踏山间，不减上方、虎丘。"①再以中秋夜游虎丘为例，晚明不少士大夫的游记都有记录，例如曾任长洲县知县的江盈科（1553～1605）在《游虎丘记》中，就描写他和苏州知府卢熊等官员于中秋游虎丘时坐船沿途所见之景②。和江盈科非常要好，同一时期任吴县知县的袁宏道，也曾撰文描述中秋节游虎丘竞歌的盛况。该文作于袁宏道辞去吴县知县而尚未离开苏州之时，追忆虎丘月夜之游，并对自己游虎丘而不能尽兴发出感叹③。

虽然有士大夫或文人参与大众游观活动，然而，大众游观的活动其实在某些程度上，冲击着士大夫的"游"文化。因为传统以来士大夫自认清高的游览活动与游览地点，至晚明却成了大众游观的对象，某些士大夫心中对此现象持鄙夷的态度，特别是一些大众游观活动最常去的景点，苏州就以虎丘为最。费元禄就认为虎丘不如杭州西湖，就是因为"此地游踪成市，故是篱落间景，不当引西湖比也"④。嘉定人李流芳（1575～1629）可以说是士大夫有意和大众游观作区隔

---

① （明）袁宏道著，钱伯城笺校，《袁宏道集笺校》，卷4，《锦帆集之二——游记·杂著》，《楞伽》，页176。

② （明）江盈科撰，《游虎丘记》，收于阿英编，《晚明二十家小品》（石家庄：河北人民出版社，1989），页52—53。

③ （明）袁宏道著，钱伯城笺校，《袁宏道集笺校》，卷4，《锦帆集之二——游记·杂著》，《虎丘》，页157—158。

④ （明）费元禄纂，《鼂采馆清课》，收于《丛书集成简编》，册222，卷下，页36。

的代表。李流芳，字长蘅，万历举人，后绝意仕进，性好山水，著有《檀园集》。他的著作中充分地表达出他对大众游览虎丘活动的不满，他说："虎丘中秋游者尤胜。士女倾城而往，笙歌笑语，填山沸林，终夜不绝。遂使丘壑化为酒场，秽杂可恨。"所以他特别挑个游人稀少的时间去游虎丘："予初十日到郡，连夜游虎丘，月色甚美，游人尚稀，风亭月榭间，以红粉笙歌一两队点缀，亦复不恶，然终不若山空人静，独往会心。"[①]他并不是认为虎丘不美，只是因为离城市的距离太近，市井大众的游人过多，而这些人并非真正知道虎丘之美，并非真正为美景而来，可说是不懂得欣赏。其云：

> 虎丘宜月，宜雨，宜烟，宜春晓，宜秋爽，宜落水，宜夕阳，无所不宜，独不宜于游人杂沓之时。盖不幸与城市密迩，游者皆以附膻逐臭而来，非知登览之趣者也。[②]

身处于明末清初的归庄(1613～1673)，在清初游苏州城郊诸山时，有诗形容虎丘："吴中多名山，最胜称虎丘，游人无时无，绝盛惟中秋。余亦乘良时，百里驾孤舟。僧舍无余地，可知游人稠。"他虽"坐待明月上，亦逐游人游"，似有不得已之处。但他在游其他诸山时，则很注意选择出游的时间。如游愣伽山有诗云："昔登愣伽山，时值重阳节，游人方嚣杂，耳目未甚豁；今来中秋后，山光正明洁，纵步上翠

① (明)李流芳著，《檀园集》，收于《景印文渊阁四库全书》，册1295，卷8，《游虎丘小记》，页6a—b。

② (明)李流芳著，《檀园集》，卷11，《〈江南卧游册〉题辞之一》，页12b。

微，杖策轻嵽嵲。”还有《支硎山》诗也说：“士女春游常杂沓，只今明净爱秋林。”①不论他是有意或无意地与一般游人在时间上错开，都反映了作者不愿混迹在一般游客群中。

到了清代，依然可以看到士大夫对虎丘的大众游观活动有类似的评论。如汤传楹《游虎丘记》一文曾批评虎丘山“苦俗久矣”！其云：“芳春之朝，清秋之夜，围珠捧翠，载酒征歌，犬吠驴鸣，间不容膝，此辈俗物败意，予曾有祢生尸冢之叹。”又自命清高地说：“今日青山主人，呼舒青眼，幸无恶客，污我洞门，此间一片石，差许吾辈借生公麈尾一挥，为山灵解秽，良云胜事。”②这样的心态，可以解释明清士大夫致力于开发旅游景点的动机。

明清的士大夫一方面在空间上积极地开发新的旅游空间，另一方面则是透过重修古迹与题咏来塑造新的游览景观。以下分别论之。

开发景点

士大夫在苏州喜好游览的景点，与一般大众游观并不完全一致。除了会游览虎丘这些景点外，他们还会去离城更远的地方。晚明士大夫们尤其喜欢太湖附近，于是太湖风景区常常成为他们亟欲探幽揽胜之处。太湖附近的重要景点，包括东、西山（东、西洞庭）、邓尉山

---

① （清）归庄著，《归庄集》，卷 1，《诗词 · 虎丘山三首》，页 103；《愣伽山》，页 103；《支硎山》，页 107。

② （清）汤传楹撰，《游虎丘记》，收于劳亦安辑，《古今游记丛钞》，册 4，卷 16，《江苏省》，页 26—27。

(光福山)与林屋洞等地。士大夫对太湖附近的景点评价颇高,如皇甫信就自称其一生以不能尽游吴中诸山为恨,尤最遗憾者就是太湖的西山。[①] 姚希孟(1579～1636)游洞庭山后也大加称赞说:"吾辈时时作此游,时时历此境,嚣悰既涤,秽形可捐,便当拍洪崖之肩,蹑浮丘之迹,何用海上三神山及不死大药哉。"[②]他将洞庭山比作仙山与不死药,具有身心解脱的功效。袁宏道在万历二十三年(1595)吴县知县任上,写信给他公安派的朋友丘坦,[③]信中邀请挚友游苏州风景时说:"太湖一勺水可游,洞庭一块石可登,不大落寞也。"[④]可见在他心中,最值得游之处,不是虎丘,而是太湖洞庭山。

为何太湖诸山对士大夫而言如此重要呢?原因之一就是其地处偏远,游人罕至。汪道昆(1525～1593)就说:"都人士好奇宜莫如吴会,名山大泽宜莫如洞庭,惟舟楫有戒心,百不一至。"[⑤]可见太湖诸山不但是"名山大泽",而且因为离苏州城甚远,交通不便,所以很难到达游览。吴宽(1435～1504)曾记其游西山的过程,从府城西的胥门,西过横塘镇,由木渎镇折而北行,经灵岩山后,还要继续西行,估

---

① (明)皇甫信撰,《游金碧山记》,收于崇祯《吴县志》,卷3,《山》,页54。

② (明)姚希孟撰,《循沧集》,收于《四库全书存目丛书·史部·地理类》(台南:庄严文化事业据北京图书馆藏明崇祯张叔籁陶兰台刻清閟全集本影印,1996),册251,卷1,《游土昂记》,页12a。

③ 丘坦,字坦之,号长孺。湖广麻城(今湖北麻城)人,万历三十四年举武乡试第一。官至海州参将。此时仍是诸生。善诗,工书,喜游历。与袁氏兄弟交好,是公安派作家。

④ (明)袁宏道著,钱伯城笺校,《袁宏道集笺校》,卷5,《锦帆集之三——尺牍》,《丘长孺》,页208。

⑤ (明)汪道昆撰,《游洞庭山记》,收于崇祯《吴县志》,卷4,《山》,页17b—18a。

计约需四天才可以到达[1]。王世贞的《泛太湖游洞庭两山记》也记载类似的行程，所经地点亦类似[2]。因为行程很长，所以士大夫到此通常都会雇大船，带着一大批随从与仆人，甚至还会带过夜用的寝具与饮食用的器皿[3]。这样为了休闲又带有冒险性质的游览形态，和进香与游山等到郊外的大众游观活动相较，更近似现代的旅游活动。

除此之外，苏州城西南方的石湖，也是一些士大夫常去游览的景点。早在嘉靖时人彭隆池的《冬游石湖记》中，就指出石湖相较虎丘与洞庭更具优势之处：

> 吴中山水之胜，大而远者曰洞庭，小而近者曰虎丘。大者险，小者狭。若夫远而夷，近而旷，兼大小之胜者，曰石湖。故洞庭非好异贪奇者弗之，虎丘则轩冕绮縠之所萃。大夫士清修雅尚者，多为石湖之游。[4]

其意指洞庭山远而险峻，虎丘近而狭小；前者乃喜好异奇之人，后者

---

① (明)吴宽撰，《光福山游记》，《匏翁家藏集》，收于《四部丛刊·初编·集部》(台北：商务印书馆，据上海商务印书馆缩印明正德刊本影印，1967)，卷33，页201。

② (明)王世贞撰，《泛太湖游洞庭两山记》，收于崇祯《吴县志》，卷4，《山》，页18a—b。

③ (明)邹迪光撰，《郁仪楼集》，收于《四库全书存目丛书·集部·别集类》(台南：庄严文化事业据北京大学图书馆藏明万历刻本影印，1997)，册158，卷36，《游吴门诸山记》，页2a—3b；(明)王世贞撰，《泛太湖游洞庭两山记》，收于崇祯《吴县志》，卷4，《山》，页18a—b。

④ (明)李日华著，《味水轩日记》，卷7，万历四十四年八月二十四日，页544—545。

则又皆是公卿富室所聚集。所以论距离和规模，石湖正好适中，士大夫清修雅尚者，多往石湖游览。王世贞则有另外一番说词，他说：

以吾吴之胜，地非不足，而其迩者，迫于市嚣之属耳，而市人子之接迹；其胜而远者，车马怠而供张易竭。能离而又能兼之者，独有兹湖而已。①

从他的说法隐约可以看出士大夫有意要与市井大众游观的景点作一区隔的企图。

太湖风景区在明代因为离城距离较远，风景虽美，路程却也险峻，所以只有少数士大夫曾旅游该地。至于一般大众，似乎并不曾以此为游观目的地。可是到清中叶发生了变化，可能是因为交通的改善，使得太湖风景区跃入大众游观的行程之中。就像上一节提到，二月有元墓看梅的活动，六月消夏湾有看荷花的活动，二处皆位于太湖风景区内。看来士大夫努力开发出来的旅游景点，不但扩大了旅游空间，同时也逐渐被庶民大众所追赶，而成为大众游观的新景点。这时士大夫与文人又得开发新的景点，就像归庄《洞庭山看梅花记》所云：

吴中梅花，玄墓、光福二山为最胜。入春则游人杂沓，舆马相望。洞庭梅花，不减二山，而僻远在太湖之中，游屐罕至，故余

① (明)王世贞撰，《越西庄图记》，收于崇祯《吴县志》，卷23，《园林》，页30a、31b。

年来多舍玄墓、光福而至洞庭。①

归庄眼见玄墓、光福二地赏梅的春季游人杂沓，于是另觅得偏远的洞庭山观梅。

创造与重塑

此外，士大夫还会透过文字来塑造旅游景点。明清士大夫的游记中，反映出对古迹或旅游景点的历史的重视，尤其是清代的文人与士大夫。明人的游记中已可见怀古与好古的风气，在他们的游记中记载了一些古迹，士大夫在旅游时也会把古迹列为游览观光的重点；清代士大夫更进一步地、具体地将访古视为旅游活动中的要务，提高了访古在旅游文化中的地位。所以许多游记中都陈述了作者特别重视的，不是景色的优美与否，而是古迹或古物，形成了一波"考古"风潮。这种风气早在清初就已经初见端倪，到清中叶更成为一种流行的旅游论述形式。至于这种论述之所以兴起，原因颇为复杂，和乾嘉考据学派、桐城文派以及徐霞客的影响都可能有直接或间接的关系。

清中叶士大夫的游记描写古迹的篇幅相当多。他们对古迹不只是欣赏，还会在游记中引经据典，仔细地叙述这些古迹的来龙去脉。有的游记不但会援引各类史籍来验证古迹与史事的关联，有时游记中的作者还会摇身一变成为考古学家，透过旅游所发现的证据，来断定或考证古迹的年代。除了考证古迹与史事之外，我们还可以从清

① (清)归庄著，《归庄集》，卷6，《洞庭山看梅花记》，页375。

人游记中看到另外两类常出现的知识论述形式：考证古物与考证历史地理。清代士大夫在旅游时很重视古物，而且对其所见的古物会发挥考据功夫，仔细检视古物的年代与真伪，尤其是对古人的石刻碑文或题字特别有兴趣。有些士大夫旅游的目的，就是为了搜集这些古碑刻或题字，以做成拓本。清人游记中还经常出现地理尤其是历史地理方面的考证。在一篇游记里常会花相当多的篇幅探讨地理名称的历史流变。还有一些游记的书写方式就是参照地理书，使得一篇游记文体看似已经非常接近地理书志的内容①。

清代士大夫的苏州游记中，就有许多针对古物与古迹的描述。如府城人汪琬（1624～1690）的《游姑苏台记》云："有方石中穿，俗谓吴王用以竿旌者。其旁石壁直下数十尺，矮松寿藤相盘络，类一二百年物。"②而他的好友河南商丘人宋荦（1634～1713）到姑苏台旅游时，还特别引述汪琬前记的描写，可惜到他去游时，"全皆无有"③。苏州吴江人潘耒（1646～1701）《游西洞庭湖记》描写到西山的林屋洞，"宋人尝祷雨于此，石上多题字，惜无拓者"④。浙江秀水人怀应聘（1626～?）的《登洞庭两山记》云："庚寅春仲，之姑苏，黄子静御邀余

---

① 关于此方面的讨论，参见巫仁恕，《清代士大夫的旅游活动与论述——以江南为讨论中心》，《"中研院"近代史研究所集刊》，期50（2005年12月），页271—276。

② （清）汪琬撰，《小方壶斋舆地丛钞》（清光绪三年至十三年上海著易堂排印本），册16，第4帙，《游姑苏台记》，页1057a。

③ （清）宋荦撰，《西陂类稿》，收于《景印岫庐现藏罕传善本丛刊》（台北：商务印书馆，据清刊本影印，1973），卷26，《游姑苏台记》，页14b。

④ （清）潘耒撰，《遂初堂集》（上海：上海古籍出版社据清康熙刻本影印，1995），卷14，《游西洞庭湖记》，页630。

看梅，由胥门渡湖，西行二十五里，至木渎，登灵岩山，此吴王馆娃之地，其胜在望太湖。"[1]

不少清代的文人士大夫对苏州古迹的"发现"、"创造"或"重塑"，可以说贡献良多。他们利用文字，以题字题文之方式，一方面为古迹作见证，一方面又形成另一个旅游观光的焦点，带动游客前来一睹究竟。清代文人士大夫常在景点题咏，如虎丘山上有唐真娘墓，真娘为唐代吴之妓女，而墓碑自唐朝以来已有不少文人士大夫的题诗、题文；该墓碑在明代遭兵燹而沦弃，到清乾隆十年(1745)由海陵陈鑛修复，并于其上置亭，重立"古真娘墓"四字石碣，到清中叶来游而题者更多，已到文献"不及备载"的程度[2]。

又例如太湖风景区内早已有不少古迹，但却乏人问津；而后能由古迹变成景点，其实都是清代名宦与文人的功劳。尤其是清代文人士大夫在此留下大量的题咏，清末民初人唐晏(1857～1920)在《游西洞庭记》一文中，就记载他到太湖附近投宿法华寺，见壁上嵌王守溪诸公诗，室中联句多是"乾嘉闲人笔"[3]。就以观梅最佳处元墓而言，太湖附近的邓尉山东南六里，有观梅最佳处元墓，一称玄墓，因东晋时青州刺史郁泰元之墓在此而得名；山上有圣恩寺，建自唐天宝年间。据《吴郡岁华纪丽》形容当地观梅的盛况：

---

① (清)怀应聘撰，《登洞庭两山记》，收于劳亦安辑，《古今游记丛钞》，册4，卷16，《江苏省》，页29。

② (清)顾禄撰，《桐桥倚棹录》，卷5，《冢墓》，页60。

③ (清)唐晏撰，《游西洞庭记》，收于谭其骧主编，《清人文集地理类汇编》(杭州：浙江人民出版社，1990)，册6，页202。

> 其境僻，初未有名。康熙中，绵津宋公牧仲抚吴来游，镵“香雪海”字于崖壁，名遂著。梅之花以惊蛰为候。花时，红葩绿萼，相间万重，孕馡糁霙，芗气蓊葧，攒枝布跗，玲珑璀璨，合匝缤纷，弥望不绝。二月中旬，郡人舣舟虎山桥，幞被遨游。舆者、骑者、屣而步者、提壶担榼者，相属于路。①

引文中的宋公牧仲，系宋荦，字牧仲，河南商丘人，康熙三十一年(1692)时任江苏巡抚，至四十四年(1705)擢吏部尚书。因为他题字“香雪海”于崖壁上，于是此地名声大噪，使元墓观梅成了著名的游观活动。

清代士大夫在苏州积极地发现与创造古迹，并透过文字，使之成为游览活动的重要景点。重修古迹与景点题咏虽非从清代才开始，但是清代士大夫投身此事的积极性，配合当时的大众游观风潮，产生了新的效果。

第四节　晚清苏州旅游空间的退缩

19世纪中叶太平天国运动，对清代江南盛行的好游风气是一大打击。而名胜古迹也难逃厄运，只有少数景点得以留存。如清末蔡锡龄《王峰游记》载其于光绪七年(1881)游无锡著名的景点马鞍山时：“邑遭赭寇之乱，名园古刹，悉化烽烟；惟此半城山色，依然无恙，

---

① (清)袁景澜撰，《吴郡岁华纪丽》，卷2，《二月·元墓探梅》，页53。

塔亦岿然独存。”[1]苏州所遭受的打击尤大，盖因太平军占领苏州共计三年半。从咸丰十年（1860）六月李秀成（1823～1864）、李世贤（1834～1865）占苏州，改名苏福省，收降数万，到同治二年（1863）十二月太平军内讧，纳王部永宽（？～1863）、康王洪安钧与天将汪有为（？～1863）等刺杀慕王谭绍光（1835～1863），以苏州降于总兵程学启（1829～1864）为止。忠王李秀成在苏州时下令不杀人放火，亦不掳妇女，城中府、县署无恙，唯有三大宪署被烧毁[2]。虽然迭出安民“谆谕”，远近张贴，招徕四民开设店铺，俾各复旧业，又释放男女难民出城。但对苏州市肆与商业的恢复，究竟是否发生正面的作用，还有待厘清。但很肯定的是，这段期间无论是大众游观，或是士大夫的游览活动，都因之中断。在太平军将攻苏州时，许多富家与士大夫，仍不以为意，“画舫数十，博局亦多，几忘世乱”，岂料隔日太平军即抵城下[3]，所以许多士大夫之家都是在城陷时荒乱逃出去的。至于大众游观活动在这时的史料中，也未有任何的记载，显见也是因为战争而停止。

这段时期的旅游空间整体上呈现出退缩的现象。先就城郊而言，过去最繁荣的虎丘山塘地区，遭受空前的浩劫。因为早先在太平军尚未占领苏州时，居苏州的清朝官员就已慌了手脚，总兵马得昭退

---

① （清）蔡锡龄撰，《王峰游记》，收于劳亦安辑，《古今游记丛钞》，册 4，卷 16，《江苏省》，页 42。

② （清）龚又村撰，《自怡日记》，收于《中国近代史资料丛刊续编·太平天国》（桂林：广西师范大学出版社，2004），册 6，卷 19，咸丰十年五月十八日条，页 30。

③ （清）龚又村撰，《自怡日记》，卷 19，咸丰十年四月十二日条，页 26—27。

至苏州时，声称只有坚壁清野才能御敌。于是在苏州最热闹、市场最集中的阊、胥二门外放火焚城外民房，烈焰四起，连烧十里许，三昼夜不停，而溃勇也趁机抢掠[①]。据当时人所目击："自山塘至南濠一带，半成灰烬。"[②]"自胥门北面起首，至阊门以西，延至山塘，无不尽烧。"[③]到了太平军占领苏州后，有史料显示，太平军曾企图恢复南北濠与山塘一带的商业贸易功能。一方面筑城墙[④]，一方面维持苏、常之间道路通畅[⑤]，最重要的是恢复山塘街商业的繁荣。因为虎丘后山各乡有馈献土物，太平军将领亦须采办日用所需，所以在众安桥、通贯桥一带形成朝市[⑥]。不过，这一带在清军控制苏州之后，当时人看到的情景却是恢复有限。据当时的日记显示，在城西枫桥一带，原有夹岸万瓦，"今无一椽存者"，"桥外市井颇复，桥内至城门皆荒土"[⑦]。

此外，在清末有一些苏州本地文人的笔记，追忆苏州这一带繁盛一时的旅游活动，在文末都会感慨太平天国后苏州旅游盛况不复从

---

① (清)戴熙著，《吴门被难记略》，收于《中国近代史资料丛刊续编·太平天国》，册4，页396。

② 相关记录见(清)龚又村撰，《自怡日记》，卷19，咸丰十年四月五日条，页26；(清)赵烈文撰，《能静居日记》，收于《中国近代史资料丛刊续编·太平天国》，册7，卷4，咸丰十年四月七日条，页58。

③ 《庚申(甲)避难日记》，收于《中国近代史资料丛刊续编·太平天国》，册6，《附录二·灾异记》，页287。

④ (清)赵烈文撰，《能静居日记》，卷12，咸丰十一年十一月二十四日条，页125。

⑤ (清)赵烈文撰，《能静居日记》，卷6，咸丰十年十月九日条，页73。

⑥ (清)潘钟瑞撰，《苏台麋鹿记》，收于《中国野史集成》(成都：巴蜀书社，1993)，册45，卷下，页700。

⑦ (清)赵烈文撰，《能静居日记》，卷20，同治四年二月十四日条，页300。

前[1]。例如著名诗人，也是南社创始人之一的陈去病(1874～1933)，其所作的《五石脂》成书于清末。书中虽记有苏州士大夫“冶游之习”，指出：“郡城则山塘尤极其盛，画船灯舫，必于虎丘是萃。”但是这些记载都是他“据父老传说”所得知，可见当时盛况已不再。所以他又感慨地说：“佳辰月夕，画船箫鼓，潜斟低唱，此乐最不能忘。今日工昆腔者罕矣，故游兴亦复阑珊，而颇致慨于往昔。”[2]唯一存留的景点就是留园。

再就城内方面而言，有负面的史料显示，李秀成手下的太平军占领苏州后，在城内依旧肆横，杀人放火，城中店铺遂无人敢应焉[3]。据清军收复苏州后入城的目击者之记载，当进入阊门以后，自中市至皋桥已毁，偶可见一二家起屋开店。越往城内中心，复原的情形越好，“皋桥以东及磨龙街等处，居然复旧”[4]。因为阊、胥、盘三门都成瓦砾，反而不如齐、娄两门繁荣[5]。直到日人冈千仞(1833～1914)在光绪十年(1884)游苏州时，仍指出：“苏州繁华大都，而粤匪乱后，闹热市场，鞠为茂草，坏墙废础，满目萧然。其复旧观，十中三四耳。”[6]

---

① 有关苏州在太平天国战后残破的情景，可以参见张咏维，《太平天国后的苏州：1863—1896》(嘉义：中正大学历史学研究所硕士论文，2007)，第三章的第一、二、三节，特别是第三节述及关于山塘、阊门一带的旅游与青楼文化。

② (清)陈去病撰纂，《五石脂》，页353、355。

③ (清)汤氏辑，《鳅闻日记》，收于《中国近代史资料丛刊续编・太平天国》，册6，卷上，页298。

④ (清)赵烈文撰，《能静居日记》，卷20，同治四年二月十四日条，页300。

⑤ (清)龚又村撰，《自怡日记》，卷23，同治三年五月二十日条，页149。

⑥ 冈千仞著，张明杰整理，《观光纪游・观光续草・观光游草》(北京：中华书局，2009)，页29。

不过，相对于阊门与山塘一带市肆的衰退，另一个重要的市肆中心，也就是位处城中的玄妙观反而因祸得福。庚申(1860)的战火一度延烧到城内，但玄妙观仅有弥罗宝阁一处毁于火。当时太平军以玄妙观作公馆，将城内少女被掳者禁闭观内，择有姿首女子进奉其主[①]。又以观内的弥罗阁为茶室，神像则被毁弃于河内。太平军维持观中买(卖)茶者，而弹唱者依然如故，甚至搭台唱戏，作乐乘凉[②]。玄妙观因为受灾较轻，再者天国王府大多建于城东一隅，城东购买力的增强，使得清末的玄妙观前日趋繁荣而逐渐成为苏州商业中心[③]。太平军乱后的观前街，较以往反而更为兴盛，而玄妙观本身亦安然无恙。原来在阊门一带的商店都转移至此，书肆、古董肆充斥，看起来比原来更繁荣[④]。玄妙观的游观活动也并未受太大的影响，如许奉恩所撰的笔记小说，成书于同治十三年(1874)的《里乘》曾提到："姑苏玄妙观者一郡游观之薮也，士女日集恒万人。"[⑤]日人冈千仞游苏州时，也见到玄妙观一带，茶肆酒亭环列，各式吞剑、攀竿、舞猴杂戏无一不有；士女聚集，极为热闹[⑥]。

城内的景点虽有不少遭破坏，如狮子林的亭榭楼阁遭毁而渐趋

① (清)汤氏辑，《鳅闻日记》，卷上，页298。

② 《庚申(甲)避难日记》，五月二十五日条，页200。

③ 参见朱宏涌，《漫话苏州商市变迁与观前街的发展》，《苏州文史资料》(苏州：政协苏州市委员会文史资料委员会，1988)，辑18，页105—106。

④ 当时人曾云："实则浮面生意，外观虽美，往时一肆至数十万者已绝响矣。"参见(清)赵烈文撰，《能静居日记》，卷20，同治四年二月十九日条，页302。

⑤ (清)许奉恩撰，《里乘》，卷7，《记海鹿门别驾少时事》，页212。

⑥ 冈千仞著，张明杰整理，《观光纪游・观光续草・观光游草》，页32—33。

荒凉，但是保留者较城郊为多。如著名的拙政园，经李秀成改为忠王府。清廷收复苏州后，该园改为巡抚衙署。因为李秀成改忠王府的规制和清朝官府邸宅的形制相同，而不像金陵各地的太平天国官署。再者，忠王府在建筑方面多有建树，不但多建四层高楼，四周还有宫屋，北为客堂，西南为幕府所居。而园在屋之后，依然是郡诸园之冠，并未失色太多[①]。

至于过去苏州城郊诸山与城外的长程旅游景点，如太湖的洞庭两山与灵岩山等地，因为都有乡勇据守和太平军相战，所以附近名胜也被波及。木渎与灵岩山一带，就是因为当太平军初至时，当地人结民团以抗，待太平军破民团后，纵火焚民宅与灵岩梵刹，俱成灰烬[②]。王韬（1828～1897）《漫游随录》中曾记其于咸丰四年（1854）和两位外国传教士相约同游洞庭山时所见：

> 申杪解缆，舟经大东门外，天色将暝，见败壁颓垣，苍凉满目，城堞上人须发毕显。时城为红巾所踞，城外庐舍悉被官军焚毁，从浦中遥瞩，其蔽尽撤，而贼亦得见官军，先为之备。[③]

至于过去苏州大众盛行的长程进香活动，此际所遭受的阻碍更为严

① （清）赵烈文撰，《能静居日记》，卷20，同治四年二月十八日条，页302；（清）龚又村撰，《自怡日记》，卷23，同治三年五月二十二日条，页149。

② （清）赵烈文撰，《能静居日记》，卷6，咸丰十年十月九日条，页73。

③ （清）王韬著，王稼句点校，《漫游随录图记》（济南：山东画报出版社，2004），卷1，《莫厘揽胜》，页26。

重。苏州人向来会去杭州天竺山进香，在太平军尚未攻到江南时，府内如常熟与昭文二县尚为平安，城乡绅官士庶仍有打算赴杭城进香者。先去的人已平安回来，但后动身者到路途中正好遇到太平军攻杭州，不少人被掳或被杀。有逃回来者已惊惶不堪，或失散同伴，遗弃船只，甚至沦为乞食而归。由此可见战争对旅游的影响甚大[①]。

总而言之，晚清因为战争无情的破坏，苏州城遭受严重的摧残，城市人口也伤亡大半。据估计，清季光绪至宣统年间，苏州的城市人口大约只有25万左右，远远不及明清极盛时期的50万人口[②]。而同时也使得乱后苏州原有的旅游空间发生极大的变化，由原本较兴盛的城郊与城外景点，退缩到城内区。直到光绪中叶苏州的游观活动才稍复旧观，据清末民初的报业文人叶楚伧（1887～1946）所撰《金昌三月记》的描写，虎丘、留园与阊门一带的青楼文化与冶游活动已逐渐恢复，所谓："金昌亭，为苏州胜游荟萃之地。……留园之花影，虎丘之游踪，方基之兰浆，靡不团艳为魂，碾香作骨。"[③]

小　结

现代西方旅游业的核心机制，是旅行社的成立与套装旅游

---

① （清）汤氏辑，《鳅闻日记》，卷上，页293。

② 曹树基著，《中国人口史：第五卷清时期》，页800—801。

③ （清）叶楚伧撰，《金昌三月记》，收于《苏州文献丛钞初编》（苏州：古吴轩出版社据新民图书馆民国八年初版《小凤杂著》排印，2005），册下，页803—804、807—808。

(package tour)的发明,其起源于19世纪的英国,这与当时英国的工业化以及现代交通工具的创发息息相关。然而,英国旅游业的形成却是一长期发展的过程,根植于所谓"近代早期"(early modern)的文化、思想与社会经济的历史背景与基础①。反观中国的明清时期,也已经可以看到各式各样的旅游活动,而且兴起了一批以游览著称的城市。如本章所讨论的苏州,不但在城内有许多游玩场所,在郊区也有许多游览胜地。

本章透过探讨苏州城市内外的旅游空间,来呈现明清时期江南地区的移动空间如何扩展,又如何受到外力的影响而退缩。苏州自晚明兴起大众游观的风气,以形态来分类的话,有岁时节日、庙会进香、市肆与园林游观等四类,游客不局限于少数的精英阶层,而是包含社会的上下阶层。晚明大众游观活动的地点,大多局限于城内与城郊。至清代,旅游风气之盛较之明代更是有过之而无不及,大众游观活动更为频繁化、多元化,甚至成了当地人自豪的特色。清代苏州的旅游空间出现新的变化,最明显的是虎丘风景区的突出,成为苏州旅游文化的地标,而石湖与荷花荡二地则趋于衰退。旅游空间又有向城内外扩张延展的趋势。在城内出现许多新兴的市肆,如玄妙观与城隍庙等地,逐渐成为游览胜地。城外的太湖风景区逐渐成为大众旅游的新热点;甚至还出现跨省际的长程进香活动,如往杭州天竺山的进香团。

---

① 参见 Hartmut Berghoff, Barbara Korte, Ralf Schneider and Christopher Harvie eds., *The Making of Modern Tourism: The Cultural History of the British Experience, 1600-2000* (Basingstoke: Palgrave, 2001), 1-7.

至咸丰、同治年间，清军与太平军的战争以及太平军占领苏州，造成苏州旅游风潮的衰退。城外与城郊的旅游景点如七里山塘的市肆、横塘木渎的古迹，也因而遭受浩劫。旅游空间也逐渐内缩，退回到城内，如山塘的市肆转移到玄妙观的观前街。简而言之，战乱重创了苏州的城市经济，使其不复往昔的旧观，城市化与经济地位让给新崛起的上海。所以我们看到的是苏州本地人的大众游观空间逐渐退缩，仅仅局限在城内与城郊。

我们从旅游空间的变迁中，还可以看到另一层次的社会空间(social space)变化。也就是说，明清旅游文化的发展与旅游空间的变迁，呈现出社会阶层化(social stratification)的趋势。明清苏州旅游空间的扩展与景点的开发，部分着实应归诸士大夫的努力。这些传统的士大夫阶层投身此事背后的动机，其实是为了彰显其身份，遂透过旅游空间与旅游景点的开发，创新其旅游文化，并以此区隔大众游观活动。然而却不断地被庶民模仿与追赶，就像晚明士大夫开发的太湖风景区，到了清代也成为大众游观活动的新景点。此外士大夫还会透过文字来塑造旅游景点，尤其是清代的文人士大夫。随着考证之学的盛行，清代的士大夫与文人对古迹格外重视。从他们撰写的游记里，反映出访古与访碑的风气。实际的行动方面，他们不但会重修古迹，还会透过题字来“发现”、“创造”或“重塑”古迹，这种行为本来是为了彰显其身份，以区隔大众游观的行为。然而，此举却吸引更多人的瞩目，带动游客前来一睹究竟。

下篇　性别与消费空间的区分

第五章　明清妇女的休闲消费空间

过去学界讨论明清社会风气的议题时，关于奢侈风气的带动者为何许人，学者们有许多不同的意见。有的学者从明清的文献来看，主张带动奢侈消费的是乡绅仕宦；有的则是归因于商人的奢侈，特别是在江南地区致富的大盐商①；然而妇女在这样的讨论里却被忽略了。如果从性别的角度来作分析，在明清城市里从事休闲与购物活动者，并不只是男性而已，妇女也扮演了重要的角色②。

在休闲活动方面，过去我们对明清妇女的刻板印象，总以为在礼教的制约与缠足的束缚之下，明清的妇女是“大门不出，二门不迈”，认定当时妇女在公共空间上的活动频率是很低的。不过，当我们从节日、庙会、进香与园林游观等方面重新检视当时妇女的空间活动后，过去的这种刻板印象将会有所改观。本章第一节将由此角度出发，探讨妇女的休闲活动以及其所营造出的性别空间。

---

① 自成化、弘治年间东南盐政制的重大改革，使得大批盐商麇集淮、浙，带动了当地的奢侈消费。缙绅仕宦或是富商带动这两种说法其实是一体两面，亦即当时商人与士大夫的奢侈风气是互相影响而形成的。下一章将会有进一步的论述。

② 相关的讨论参见巫仁恕，《妇女与奢侈——一个明清妇女消费研究史的初步检讨》，《中国史学》（日本），第13卷（2003年12月），页69—82。

再就消费方面而言，女性消费购物的特色为何？与下一章要探讨的男性的休闲消费行为有何不同之处？女性最明显的购物消费反映在服饰方面，本章第二节探讨妇女的消费时，就先从妇女的服饰论起。再者妇女是否可以外出购物？是否有其特殊的购物空间？这也是本节要探讨的重点。

明清描述社会风俗的文献里，提及从事奢侈消费的妇女阶层中，存在着即使是“娼优贱婢”都具有相当的消费力之说，所以我们不应小觑“娼优贱婢”这类人在休闲与消费的潮流中所扮演的角色。其中所谓“名妓”具有异乎寻常的影响力，本章末节将特别探析妓女的休闲消费活动，及其对城市空间的影响。

第一节　妇女的休闲活动

明清时期妇女外出从事休闲活动的观念，其实是经历了一段变化的过程。就以出游为例，明初妇女对出游的观念还是很保守。如元末明初人徐一夔撰有《邹母传》，传中描述了邹确之母的事迹：当邹确移居杭州时与其弟共同计划邀其母同游，然而却遭邹母拒绝，而且还教训他们说：“尔为我子，乃独不能以礼事我。吾闻妇人昼不游庭，而可远适湖山，适逸乐耶？”[1]由这个故事可以看到，当时无论是一般人，或是妇女本身，对于旅游都是持着保守的观念。

---

① (明)徐一夔著，《始丰稿》，收于《四库全书珍本》(台北：商务印书馆，1980)，集10，卷9，《邹母传》，页17a。

但明中叶以后出现变化[①]，这可以从几方面看出：首先是上层社会官宦人家的妇女，开始从事旅游。明末清初才女的诗文著作也显示，除了从夫家宦游之外，官宦人家的妇女于持家之余出游取乐业已成为风气。就以明末著名的闺秀才女吴江的沈宜修为例，她在一篇追忆其表妹张倩倩的传记中，为闺秀游览活动提供了生动的说明。如文中提到万历四十六年(1618)其夫叶绍袁(1589～1648)赴南京应秋试，宜修独与倩倩泛舟湖上，对饮畅谈，一夜不归[②]。到了清代，闺秀妇女乘画舫旅游的现象也不是奇闻，又可见画舫的布置较为隐秘，正如《画舫余谭》所形容："闺人间游画舫，则四围障以湘帘，龙媪鸦姬，当马门侧坐，衣香鬓影，絮语微闻。"[③]

此外，也可以看到许多庶民阶层的妇女从事旅游的事例。如商人妇女也是喜好旅游的一群人，清人钱泳的《履园丛话》记载雍正年间的一则故事，描写扬州有个貌美的盐商女游平山堂，遇见酒醉的县令，县令以为此女乃娼妓，于是不分青红皂白地就将她笞打一顿[④]。除了闺秀与商人妇以外，一般的妇女也会从事休闲游观的活动。例如苏州虎丘每逢端午竞渡的时节，妇女乘船出游最盛，船价也因而高涨数倍。据清中叶的记载如下：

---

① Timothy Brook, *The Confusions of Pleasure: Commerce and Culture in Ming China* (Berkeley: University of California Press, 1998), 182 - 185.

② 参见高彦颐，《"空间"与"家"——论明末清初妇女的生活空间》，《近代中国妇女史研究》，期3(1995年8月)，页30—41。

③ (清)捧花生撰，《画舫余谭》，收于(清)王韬编撰，《艳史丛钞》，页325。

④ (清)钱泳撰，《履园丛话》，卷17，《报应·折福》，页466。

小户妇女，多雇小快船，自备肴馔，载以俱往。豪民富室率赁灯船，罗袂藻水，脂香涨川，女从如云，语言嘈杂。①

由上引文可以看到妇女出游不只富贵人家而已，就算是一般的“小户妇女”也有能力。

妇女的游观空间

明清苏州的大众游观活动中，都可以见到妇女的身影。而且不只是苏州，在其他一些地方，也可以见到“士女”聚游的景象。如明代的江西广信府铅山人费元禄，构馆于铅山之河口的鼂采湖，撰有《鼂采馆清课》一书，记其馆中景物及游赏闲适之事。书中就分别记录了各个重要节日时妇女出游的盛况。如元宵节时，“士女盈填，落梅浓李，游灯往来，若十里长虹，蜿蜒环绕”。清明扫墓节时，“士女丽妆，借为踏青之行”。端午节时观龙舟竞渡，“楫橹试舟者以百数，两岸士女云集”。七月望日的盂兰节时，“长者布金，士女施金钱以千计，冀徼福田利益”②。

当然，在江南的城市里这样的现象更加明显。如苏州春天盛行至城郊诸山踏青，归庄作诗描写游支硎山的情景有“士女春游常杂

① （清）顾禄撰，《桐桥倚棹录》，卷12，《舟楫》，页163。

② （明）费元禄纂，《鼂采馆清课》，收于《丛书集成简编》，册222，卷上，页9、17；卷下，页22、34。

沓，只今明净爱秋林”一语①。又苏州的端午竞渡，最盛于山塘，“至端阳前后十余日，观者倾城，万船云集，远郡士女，结伴纷来，鬓影衣香，雾迷七里”②。上一章还提到中秋节时的虎丘“士女杂沓”。而这类活动最盛、最典型的例子，当属杭州了。每当立春之仪式，名曰“演春”，“士女纵观，阗塞街市，高声致语”。到了元宵节前后五夜会张灯，谓之“灯市”，“士女骈集，至有拾翠遗簪者”③。杭俗又特重中元盂兰佛事，“至是士女倾城，夜泛湖中，大小船无不受雇者，迨明乃止”④。扬州的情形，据《扬州画舫录》也提到：“江南中元节，每多妇女买舟作盂兰放焰口，燃灯水面，以赌胜负。”⑤

此外，至明中叶以后还出现许多新兴的庙会节庆，妇女们也积极参与这些民间信仰的庙会活动。如苏州遇迎神赛会，借祈年报赛为名，即搭台演戏，“哄动远近”，有男妇群聚往观，达到举国若狂的程度，甚至有“妇女至赁屋而观”的情形⑥。再如第四章提到的玄妙观东岳神诞、城隍庙会、二郎神庙会、吕祖神仙庙等，都可以看到“士女瞻拜”、“小家妇女”、“男女奔赴”、“士女骈集”等形容。这类庙会活动

---

① （清）归庄著，《归庄集》，卷1，《诗词・支硎山》，页107。

② （清）箇中生编，《吴门画舫续录》，收于（清）王韬编撰，《艳史丛钞》，《纪事》，页140。

③ （明）田汝成辑撰，《西湖游览志余》（上海：上海古籍出版社，1980），卷20，《熙朝乐事》，页355；康熙《杭州府志》（清康熙二十五年刊本），卷6，《月令风俗》，页5a。

④ （明）李日华著，《味水轩日记》，卷7，万历四十三年七月十三日条，页471。

⑤ （清）李斗撰，《扬州画舫录》，卷6，《城北录》，页137。

⑥ （清）钱泳撰，《履园丛话》，卷21，《笑柄・出会》，页576；（清）汤斌撰，《汤潜庵集》，收于《丛书集成简编》（台北：商务印书馆据正谊堂全书本排印，1965），册650，卷下，《禁赛会演戏告谕》，页47。

中有许多神祇庙宇，系未列入国家祀典的“淫祠”，被称为某土地神、某王侯将相等，士大夫与官员认为这类庙会活动是：“僧道借以弄钱，妇女因而游玩。”①

至晚明愈发兴盛的寺院进香活动也有不少妇女参与，明人伍袁萃（万历八年进士）就指出：

> 吴浙之间风俗淫荡，每遇春月，妇女艳妆冶容，什五成群，遨游山水，而浙之天竺、法相，吴之虎丘、观音诸山寺中，履相错也。凫徒少年无赖子聚而观之，又肩相摩也。②

不少方志如常州、湖州与嘉兴府等，都记载各地有妇女入寺院烧香的风俗③。还有跨省的寺观进香活动，清代法国的传教士李明（Louis Le Comte, 1655～1728）对此印象深刻地说：

> 最知名的道观均建于深山中。人们从三百法里外远来朝圣，其人数之多有时在蜿蜒的山道上形成长长的队列。妇人们尤其为数不少；没有什么比女进香人的身份更受他们欢迎了。由于没有其他机会抛头露面，他们对于能以虔诚为名外出见见

---

① （清）钱泳撰，《履园丛话》，卷21，《笑柄·出会》，页575。

② （明）伍袁萃撰，《林居漫录》，收于《四库全书存目丛书·子部·小说家类》（台南：庄严文化事业据南京图书馆藏清抄本影印，1995），多集，册242，卷2，页571。

③ 乾隆《乌程县志》（清乾隆十一年刊本），页2b；乾隆《武进县志》（清乾隆年间刻本），卷12，《艺文记》，页31b—32a；光绪《石门县志》（清光绪五年刊本），卷6，《风俗》，页6b。

世面真是心醉神迷。[①]

例如北方最著名的莫过于泰山进香，“以奔走万方之士女，所入香缗，岁不下六万”[②]。由此可知进香团员之众多，且以士女为主要香客。明人张大复记其经过河北涿州时，目睹往泰山碧霞宫进香的过程：“市上士女骈集，予马儿几不得行。”[③]其中应该有不少香客是来自江南地区，如前一章就提到有苏州妇女到泰山进香的事例。前一章还提到南方的杭州天竺山亦是进香圣地，许多苏州妇女会组团前去。袁宏道至杭州看到天竺山众多的进香客将天竺山周遭“攒簇如城”，而烧香男女“弥谷被野”[④]。

另外，本书第三、四章也述及城市内的园林中也可以看到士女游玩的身影，如苏州的狮子林与拙政园等名园，每当春二、三月桃花齐放、菜花又开时，合城士女即出游，人云宛如张择端《清明上河图》也[⑤]。上海城内的豫园，也是“游人杂沓，妇女如云”[⑥]。

---

① 李明(Louis Le Comte)著，郭强、龙云、李伟译，《中国近事报道(1687—1692)》(郑州：大象出版社，2004)，页140。

② (明)谢肇淛撰，《小草斋集》，收于《四库全书存目丛书·集部·别集类》(台南：庄严文化事业据明刻本配抄本印刷出版，1997)，册176，卷8，《登岱记》，12a。

③ (明)张大复著，《梅花草堂集》，收于《续修四库全书·集部·别集类》(上海：上海古籍出版社据华东师范大学图书馆藏明崇祯刻本影印，1995)，册1380，卷4，《济上看月记》，页26b。

④ (明)袁宏道著，钱伯城笺校，《袁宏道集笺校》，卷10，《解脱集之三——游记·杂著》，《湖上杂叙》，页438。

⑤ (清)钱泳撰，《履园丛话》，卷20，《园林·狮子林》，页523。

⑥ 同上书，卷20，《园林·豫园》，页537。

而且妇女搭乘雇用的交通工具如轿子与画舫的频率也愈来愈高。在明清的小说如《金瓶梅词话》、《型世言》与"三言二拍"等书中都可以看到妇女乘轿子的情形，甚至有士大夫感叹乘轿已至"僭滥之极"，就连优伶也僭用轿子[①]。明季来华的葡籍传教士曾德昭（Alvaro Semedo, 1585～1658）曾记："妇女乘的轿要大些，更轻便，更美观。抬轿的方式也不一样。"[②]晚明已可以看到士女乘轿出游的情形，到清中叶妇女旅游愈加普及，于是出现了专供妇女乘坐的登山载具。据《扬州画舫录》云，富贵家会自备"女舆"出游登山，这种女舆行走若飞时，人称"飞轿"；又步碎而软时，谓之"溜步"；轿夫则称之为"楼儿"，随轿侍儿谓之"跑楼儿"[③]。妇女旅游时乘画舫在江南大城市中也是很普遍的事，《扬州画舫录》就曾形容当地画舫有专载妇女的"堂客船"，其云："妇女上船，四面垂帘，屏后另设小室如巷，香枣厕筹，位置洁净。船顶皆方，可载女舆。"[④]论设施，不可不谓豪华也！

正是因为有大量女性从事旅游活动，女性本身也成了节日、庙会、进香与游园时节的重要景观，这在文人的著作中有许多描述。如形容苏州妇女倾城往游虎丘是："笙歌笑语，填山沸林，终夜不绝。"[⑤]

---

① 巫仁恕，《明代士大夫与轿子文化》，《中央研究院近代史研究所集刊》，期38（2002年12月），页7—13、29。

② 曾德昭（Alvaro Semedo）著，何高济译，李申校，《大中国志》（上海：上海古籍出版社，1996），页5—6。

③ （清）李斗撰，《扬州画舫录》，卷16，《蜀冈录》，页370。

④ 同上书，卷11，《虹桥录下》，页252。

⑤ （明）李流芳著，《檀园集》，卷8，《游虎丘小记》，页6a—b。

又云:“舟中丽人,皆时妆淡服,摩肩簇舄,汗透重纱如雨。”[1]还有形容妇女为群,大胆地将风景区搞成歌舞之场,所谓:“妖童艳姬,声色沓陈,尔我相觑,不避游人。”[2]尤其是对男性而言,非常具有吸引力,就像费元禄所说:“士女花时游西湖,列舰排云,斜风而渡,不避觞客,颇具游胆。”[3]小说《醒梦骈言》也曾描写苏州清明节时的景观:

> 苏州风俗,到了这日,合城妇女一家家都来去踏青,那些少年子弟也成群结队观看。有赞这个头儿梳得好,有羡那个脚儿缠得小,人山人海,最是热闹。[4]

《客窗闲话》记清初苏州社会之盛甲于全省,每当暮春之际,举国若狂,远近来观者千万人。妇女是观者,也是被观者:

> 凡临街之楼,招集妇女皆凭栏俯瞩,粉白黛绿,迷眩一时。故少壮之徒,争睹目力。百十成群,随会来往,评定美人。今年以某处某人为状元,必复之四五日,众议佥同,则探其父母夫家,

① (明)袁宏道著,钱伯城笺校,《袁宏道集笺校》,卷4,《锦帆集之二——游记·杂著》,《荷花荡》,页170。

② (明)王士性著,《五岳游草》,收于夏咸淳编,《明六十家小品文精品》(上海:上海社会科学院出版社,1995),《游武林山六记序》,页187。

③ (明)费元禄纂,《鼂采馆清课》,卷下,页35。

④ (清)菊畦子辑,王秀梅点校,《醒梦骈言》(北京:中华书局,2000),第3回,《呆秀才志诚求偶,俏佳人感激许身》,页35。

皆有垂涎之意。[①]

官府认为这样的活动有伤风化，有违礼教，因为：

凡乡城有盛会，观者如山，妇女焉得不出。妇女既多，则轻薄少年逐队随行，焉得不看。趁游人之如沸，揽芳泽于咫尺，看回头一笑，便错认有情；听娇语数声，则神魂若失。[②]

官僚与士大夫从礼教的角度强调男女之防，当然会认为妇女这样的行为具有相当的危险性。然而，这段叙述的背后，其实表明了妇女所以热衷于这样的行为，原因就是她们享受这样的出游的自由。

妇女的自主性与空间自由度

不过，妇女从事休闲活动是否有其自主性，抑或是得依赖男性的同意才能成行呢？法国传教士李明曾指出丈夫们对其妻子外出活动的观感如下：

由于这样的外出并不常总是能抬高她们的德行，做丈夫的由于担心随之可能发生的续曲，并不太热心于这种善会；因此，

---

① （清）吴炽昌撰，五宏钧、苑育新校注，《客窗闲话·续客窗闲话》，卷 8，《汤文正》，页 216。

② （清）钱泳撰，《履园丛话》，卷 21，《笑柄·恶俗附·出会》，页 576。

在此种活动中几乎只见一般小民参加，有身份的人则几乎总是强迫他们的妻妾把自己的虔诚闭锁在深闺厚墙内。①

李明听到的其实是士大夫的观点，如是说仿佛只有一般小民家的妇女能参与进香这类休闲活动，而闺秀妇女受到男性的制约难以成行。

但是明清民歌与小说里的故事，则可以补充与修正上述观点。冯梦龙所编的《山歌》就有一则《烧香娘娘》的故事，描写苏州城内某个小贩的妻子，为了到城郊穹窿山游览，以还愿烧香为借口，强求她的丈夫出资，又向邻居与亲人借首饰衣服，最终成行。且看她到了木渎镇后告诉轿夫她的行程：

船一摇摇到木渎，轿夫斗夺来抢。姐道众人也弗要啰皂，听我说介个主张。轿钱还你一钱银子，依我处处要行。先到穹窿山还子香愿，后到玄墓山看看假山、经堂。转来要到天池看看石殿，再到一云徐家坟上张张。还要看金山寺里坐关个和尚，天平山看看范文正公个祠堂。②

① 李明(Louis Le Comte)著，郭强、龙云、李伟译，《中国近事报道(1687—1692)》，页140。

② (明)冯梦龙编纂，刘瑞明注解，《冯梦龙民歌集三种注解》(北京：中华书局，2005)，卷9，《杂咏长歌》，页558—567。山歌本来是农村乡民所传唱的民歌，但是明末冯梦龙所编的《山歌》中有许多是描述江南城市的风俗与活动的，尤其以苏州府为中心。明清时期的确也可以看到许多地方文献都有描述该地每当节日时，群众聚集观看唱歌竞赛的活动。诸如苏州府虎丘中秋时节“笙歌彻夜”，常州城外德安桥当观音诞辰竞唱山歌，吴江县盛泽镇俗称曳花者的佣织少年“赌唱山歌”等。参见大木康(转下页)

这则故事一方面似乎带有讽刺的意味，然而另一方面则显示，城居的一般妇女想要从事休闲游览活动是有相当程度的自主能力的。

至于出身有社会地位之家庭中的闺秀妇女，是否真难以摆脱男性的制约外出参加这些休闲活动呢？清初小说《醒世姻缘传》提供了一个例子。该书中的第68、69回描写张、侯两个道婆自己当会首，组织了八十名妇女进香团，骑驴坐轿，行程二百余里，到泰山顶上娘娘庙烧香。且看这两个道婆为怂恿薛素姐，夸张地形容进香团员的社会地位：

> 你看大嫂说的好话呀！要是上不得台盘的，他也敢往俺这会里来么？杨尚书宅里娘儿们够五六位，北街上孟奶奶娘儿们，东街上洪奶奶、汪奶奶、耿奶奶，大街上张奶奶，南街上汪奶奶，后街上刘奶奶娘儿们，都是这些大人家的奶奶。那小主儿也插的上么？

看似团员都是城内的官夫人，薛素姐听信道婆的说法，不顾家人的反对，执意要去进香。可是当女主角薛素姐上了路，认识了团员后，才发现“也没有甚么杨尚书宅里的奶奶，都是杨尚书家的佃户客家；也没有甚么耿奶奶、孟奶奶，或原是孟家满出的奶子，与或是耿家嫁出去的丫头”。即使如此，这个故事说明当时已经有妇女进香团了，而且参与者有的是具有身份地位的闺秀妇女，她们甚至会非常主动地

（接上页）著，《馮夢龍〈山歌〉の研究：中国明代の通俗歌謡》（东京：劲草书房，2003），页170—185。关于此则史料，感谢大木康教授的提示。

要求参加，而非附从于男性亲人的主张。

《山歌》与《醒世姻缘传》中的这二则故事看似小说家言，但在缺乏直接史料的情形下，这些故事一定程度反映了其时的社会现象，也就是妇女的自主性。不过我们也不能过度夸大，毕竟这二则故事中主角的丈夫仍有干预，甚至是阻止她们外出的力量。

明清妇女在休闲活动时的空间自由度，似乎有逐渐加大的趋势，尤其是到了19世纪。这可以从两方面来看，一方面是妇女在户外的休闲空间自由度。上述关于明清江南妇女的休闲活动未提及观戏，虽然在文献里少有记载，然而从明清城市的风俗图里，可以看到蛛丝马迹。如明人绘的《南都繁会图》描绘明代南京城内一景，有用席棚搭成的戏台，演出的剧目似为“天官赐福”，舞台前方旁边另搭一台子，专门给妇女观戏之用。又明代以后临摹宋张择端《清明上河图》的摹本里，也可见戏台旁另有供女眷坐观的台子(图1.1、1.2)。到了清末，江南的地方文献里更是清楚地记录了妇女观社戏的情景。例如松江府每当庙会时的演戏场合，小家妇女可以坐在东、西楼里观剧，即使两旁有男子在品头论足也不在乎。而在乡村又有演唱所谓的“花鼓戏”者，观众里也是“杂以妇女”①。

还有一些公共休闲场所可以看到男女混杂的情景。例如江南的私人园林开放后，妇女也可以进入自由游园，于是渐渐有打破男女之防的现象。如袁景澜记其游苏州诸家园林时，见到妇女游园的情景：“粉舆数百，雁翼鱼贯以进，喧声潮沸，粉黛若妍若媸，目不给辨，延颈

① 光绪《南汇县志》(民国十六年重印清光绪五年刊本)，卷20，《风俗志》，页2a、6a。

鹤望，不见其后。”不仅止于此，又提到男女之间的互动：

> 轻薄之子，随逐少艾，如蜂聚花，曲廊窄径，群阻其行。围而平视，约指断钗，男女定情密赠，遗于牖间，往往有之。①

又前述自晚明以后茶肆愈加兴盛，到19世纪我们可以看到在苏州府的官方告谕中，出现省城内外所有茶馆招集妇女入内饮茶的情形，所谓：“吴中陋习，通衢僻壤，茗肆粉开，杂沓喧阗，士女混坐入门者。”②

另一方面，闺秀妇女在家内的空间自由度也有新的发展。在江南市镇中可以看到园第内有闺秀才女专属的空间，如松江府《法华乡志》记载镇内嘉荫堂东偏有“醉墨舫”，为镇内太常寺博士李钟元继室潘淑吟诗读画之所，因为是特别为才女所建，故风格迥异：“额系邑人乔钟吴为李暗斋书。舫中有六角花墙，两面镂空，人物花卉，栩栩如生。天花板垩，以五彩瓜果之属，无不维妙维肖；纱格等雕琢之精，世所仅见，相传为名匠陆德山所制。”③据载潘淑，字冰蟾，号玉磬山女史，浙江举人、江苏萧县知县潘镕之女，能诗善画，还著有《绿窗吟咏》一书。同书还载有另一位才女吴芝瑛（1868～1934），而其与夫婿廉泉所建之园林第宅中，亦见有中外士女唱和之情景：

---

① （清）袁景澜撰，《吴郡岁华纪丽》，卷3，《三月·清明开园·春日游吴郡诸家园林记》，页107。

② 民国《吴县志》，卷52下，《丰顺丁日昌告谕》，页17b。

③ 民国《法华乡志》（据民国十一年铅印本影印），卷7，《园林·第宅》，页283—284。

> 小万柳堂：金匮举人廉泉与妻吴芝瑛偕隐所，有帆影楼诸名胜。廉、吴以诗、书、画名海内，古帖古画，家多珍藏。中外士女来访者，觞咏品题，殆无虚日。①

晚明的闺秀妇女虽然在家内园林里也参与女眷的集体活动，但少有参与园主的文艺活动。她们在园林内的活动空间较受局限，因其并无园林的拥有权，又受礼教之束缚②。然而从上述二例看到，晚清的闺秀才女不但在园第内有其特殊的空间，而且也有自己的文艺活动。

第二节　妇女的消费与购物

关于妇女的消费方面，在中国历史上最常见的记载是描述或谈论妇女的奢侈行为，尤其指妇女在衣裙的穿着与发髻的妆饰上。虽然宋元时代江南民风一度奢靡，但到了明朝前期，江南百姓的服饰是朴素的，无太多装饰，妇女的服饰亦是如此。据正德《松江府志》记载：

---

① 民国《法华乡志》，卷7，《园林·第宅》，页286。

② Alison Harrie, "Washing the Wiring Tree: Garden Culture as an Expression of Women's Gentility in the Late Ming," in Daria Berg and Chloë Starr, eds., *The Quest for Gentility in China: Negotiations beyond Gender and Class* (London; New York: Routledge, 2007), 48–51, 55.

> 习俗奢靡见于《旧志》，大率指宋元时。入国朝来一变而为俭朴。天顺、景泰以前，男子窄袖短躬，衫裾幅甚狭，虽士人亦然。妇女平髻宽衫，制甚朴古。婚会以大衣（俗谓长袄子），领袖缘以圈金或挑线为上饰，其彩绣织金之类，非仕宦家绝不敢用。[①]

从上述引文可以看到，松江府地区的妇女，除了仕宦家在婚会时会穿着圈金或挑线装饰的大衣以外，大部分都是穿着宽衫，发饰为平髻。在南直隶其他地区的方志中，也有相同的记载。如扬州一地，"国初民朴质，务俭素，室庐佩服，无大文饰"[②]。

直到成化年间以后，随着经济情况的改进，民间风气逐渐走向奢靡，而妇女的服饰也开始有了很大的改变。正德《松江府志》即言："成化以来渐侈靡，近岁益甚然，其殷甚非前日比矣。"[③]南直隶其他地区的方志，提到当地妇女服饰与风气的变化，也大多是始自成化年间。南直隶宁国府的情形，据嘉靖《泾县志》载，该地在明初人尚检朴，"衣不过土布，非达宦不得辄用纻丝"。但是，"至成化、弘治间，生养日久，轻役省费，民弥滋殖，此后渐侈。……男女衣文绣，女子服五彩，衣珠翠，金银满饰，务华靡，喜夸诈"[④]。又如浙江温州府太平县，在明初，"衣不过细布土缣，仕非宦达官员，领不得辄用纻丝；女子勤

① 正德《松江府志》（明正德刊本），卷4，《风俗》，页11b。上述之记载亦见于正德《华亭县志》（明正德十六年刊本），卷3，《风俗》，页10a。

② 万历《江都县志》（明万历刻本），卷7，《提封志·谣俗》，页28a。

③ 正德《松江府志》，卷4，《风俗》，页12a。

④ 嘉靖《泾县志》（明嘉靖刊本），卷2，《风俗》，页16b。

纺绩蚕桑，衣服视丈夫子；士人之妻，非受封，不得长衫束带”[①]。至成化、弘治间，“女子服五彩，衣金珠石山虎魄翠翟，冠嫁娶用长衫束带，赀装缇帷竟道”[②]。

明中叶以后妇女的服饰出现很大的变化，就像明人顾起元在《客座赘语》中形容南京在正德、嘉靖以前，风尚最为醇厚，“妇女以深居不露面、治酒浆、工织纴为常，珠翠绮罗之事少”[③]；但是到万历年间，“俗尚日奢，妇女尤甚。家才担石，已贸绮罗；积未锱铢，先营珠翠”[④]。江南妇女的服饰风尚愈加华丽。如松江府嘉定县辖下地区妇女服饰的变化，崇祯《外冈志》的作者记录了一段自己的亲身经验：

> 予犹记少时多见人以紫花布为衣，今已绝无，即衣之，群相嗤以为鄙。市中浮薄子弟，家无担石，妻孥冻馁不顾，而华其躬，美其服，即□亦以绮谷为之。妇女之妆，向惟禅缅笄〔笔者按：女插头发之簪〕，今则云鬟高髻翠珥珠珰，以相炫耀，即一服饰犹然，其他可知矣。[⑤]

又如扬州一地，据万历《江都县志》记晚明风尚：“妇人无事居，恒修冶

① 嘉靖《太平县志》(明嘉靖十九年刻本)，卷2，《地舆一》，页20a。

② 嘉靖《太平县志》，卷2，《地舆一》，页20b。

③ (明)顾起元撰，《客座赘语》，卷1，《正嘉以前醇厚》，页25—26。

④ 同上书，卷2，《民利》，页67。

⑤ 崇祯《外冈志》(1961年铅印《上海史料丛编》本)，卷1，《风俗》，页10。

容，斗巧妆，镂金玉为首饰，杂以明珠翠羽，被服绮绣，袒衣皆纯采，其侈丽极矣，此皆什九商贾之家，闾右轻薄子弟率起效之。”①不仅仅是妇女的服饰出现变化，妇女头发的样式、头上的装饰、身上的衣与裙的形式及衣的质料，都出现愈加精致与复杂化的趋向，如《敬所笔记》记录了杭州府海宁县袁花镇一地的变化：

> 丙寅年(1566)……女子下体尚霸之服，上衣胸背花，下衣织金，膝裥裙用夹裙、绵裙，新妇亦以此为聘。今则绢纻俱软，而夹裙、绵裙、细简褶，沓然不见矣。女子戴辫梁髻，妇人馒头髻，用四簪向前。今则两簪拖后矣。②

明清易代之际的江南因广受兵灾的影响，经济衰退，繁荣不再，所以服饰也返朴归真。不过，这样的情形并没有维持太久，又重回晚明的老路。如杭州府辖下余姚县的市镇，据《余姚六仓志》记载，当地服饰的变化如下：

> 明季清初，服尚布素，平民不论贫富，皆衣粗布。贵族亦不盛饰，以衣土绌深衣，为华服。……后渐侈多，华冠彩履，色衣绫罗锦绮，下及奴婢。富家取织造名缎为常服，妇女多用貂额银鼠

---

① 万历《江都县志》，卷7，《提封志·谣俗》，页28b—29a。

② (明)许敦俅撰，《敬所笔记》，收于陈学文著，《中国封建晚期的商品经济》(长沙：湖南人民出版社，1989)，《附录》，《纪世变》，页318—319。

套衣，少年之徒皆马褂。[1]

黄印的《锡金识小录》曾述及常州府无锡县的妇女衣饰，在衣料上虽然在清初曾返尚雅淡，不过发髻形式却仍是随时易制：

> 妇女衣饰，近日反尚雅淡。昔衣裙多刺绣盘金，故善绣者每获厚值。今服绫缎绣者绝稀，惟年长者尚老色，少者尚嫩色耳。冬月昔多置貂于首，谓之“罨头”，昔以无为耻，今则以为俗。但以轻纱黑纱衬少绵裹首，垂两角以取。致髻式高下大小，随时屡易。近多尚假髻，以铁丝扎胎做作髻式，缚发鬆〔笔者按：指发少者添加新发〕而为之，便捷是趋，可征于闺阃〔笔者按：指女子所居室内〕矣。[2]

到了乾隆朝，江南经济恢复，而且达到鼎盛的程度，妇女的服饰更趋华丽。就像乾隆《金山县志》直指此现象为“服妖”，其云明时士人服饰制皆古朴，“今则衣帽华丽，妇女亦为宫妆等名色，云片垂后，络以金珠，晃耀人目，识者以为‘服妖’，无怪乎俗日贫，而贵贱无等也”[3]。金陵一带的记述亦云：“江南妇人喜妆饰，领标襟裾诸缘，有

---

① 民国《余姚六仓志》(民国九年刊本)，卷 18，《风俗》，页 7a。

② (清)黄印辑，《锡金识小录》，收于《无锡文献丛刊》(台北：无锡同乡会据清光绪二十三年刊本影印，1972)，辑 1，卷 1，备参上，《风俗变迁》，页 17a—b。

③ 乾隆《金山县志》(乾隆十六年刊本)，卷 17，《风俗》，页 4a。

金线阑干旗带花边之属。斌璘错采，类皆出于织工。”[1]苏州的妇女服饰更是奢华，“即妇人女子，轻装直髻，一变古风，或冶容炫服。有一衣之值。至二三十金者”[2]。而乾隆《濮院琐志》则说得更具体：

畴习，冬衣只绵袍绵挂，表用濮绸。近则各色皮裘咸备，洋呢羽毛，日多一日矣。前辈袜履多家造者，近无论大小人家，都向市铺购买新样，备极工巧。余童时，履价只三四钱，今不啻四五倍矣。妇人装饰，一如苏州。更有穿短臂及马挂者，以为时式。妇人外挂，谓之“披风”，又称“大盖”，有顾绣、有镂彩、有织金、盘金、泥金、缉金；又有纵线、有二色锦、八团花、八团金等制。近则好雅素，雕文刻镂渐非时尚。其衣袖之大小，纯缘之宽窄，亦随时转移，并无定制。[3]

引文里描述当地妇人的外挂谓之“披风”，又称“大盖”，有顾绣、镂彩、织金、盘金、泥金、缉金多种；又有纵线、二色锦、八团花、八团金等制品。其衣袖的大小与缘边的宽窄，也是“随时转移，并无定制”。

妇女的流行时尚

到了晚明，我们看到妇女的服饰形成一种流行时尚，而且变化与

---

① 光绪《金陵琐志》(光绪二十六年刊本)，页 16a。

② 乾隆《元和县志》，卷 10，《风俗》，页 4b—5a。

③ 《濮院琐志》(清乾隆间辑浙江省图书馆藏书传抄本)，卷 6，《习尚》，页 3a—b。

更替显得空前的快速，可以说，当时妇女消费已经呈现出追逐时尚的特色。当时人称妇女的流行服饰与装扮为“时样”或“时世妆”。如南京地区，明人顾起元的《客座赘语》就指出南京妇女衣饰变化的情形：

> 留都妇女衣饰，在三十年前，犹十余年一变。迩年以来，不及二三岁，而首髻之大小高低，衣袂〔笔者按：衣袖〕之宽狭修短，花钿之样式，渲染之颜色，鬓发之饰，履綦〔笔者按：指青黑色未嫁女人之服饰〕之工，无不变易。当其时，众以为妍，及变而向之所妍，未有见之不掩口者。[①]

过去南京妇女的服饰十年才一变；但当作者之时代，则二三年就有新的流行风尚，头髻与衣袖的样式、装饰的花边、服饰的颜色，甚至鞋履，都有流行的式样。又嘉靖《六合县志》亦称：“除士夫法服外，民间衣帽长短高卑，随时异制。……妇女高髻，长衣短裳，珠绮之饰颇侈僭。”[②]不只是南京，浙江绍兴府的妇女服饰，也是“岁变月新，务穷珍异，诚不知其所终也”[③]。

再就妇女的发髻形式而言，晚明江南许多地区都有各自不同风格，且变化快速。如崇祯《嘉兴县志》指称：“巾服器用，士子巾帻，内人笄总，特无定式，初或稍高，高不已而，碍檐已复。”[④]明季的松江府

① (明)顾起元撰，《客座赘语》，卷9，《服饰》，页293。

② 嘉靖《六合县志》，卷2，《风俗》，页4a。

③ 万历《新修余姚县志》(明万历刊本)，卷5，《舆地志五・风俗》，页160。

④ 崇祯《嘉兴县志》(明崇祯十年刻本)，卷15，《里俗》，页18a。

地区妇女流行的冠髻形式，也是变化快速，如崇祯《松江府志》云："女子髻亦时变，近小而矮，如发髻，有云而覆后者，为纯阳髻，有梁者为官髻；有缀以珠或垂络于后，亦有翠饰为龙凤者。"①董含（1624～1697）的《三冈识略》也有关于他自身经验的一番记述："余为诸生时，见妇人梳发，高三寸许，号为'新样'。年来渐高至六七寸，蓬松光润，谓之'牡丹头'，皆用假发衬垫，其重至不可举首。又仕宦家或辫发螺髻，珠宝错落，乌靴秃棍，貂皮抹额，闺阁风流，不堪寓目，而彼自以为逢时之制也。"②

晚明时人沈长卿还提到江南妇女的首饰与巾袖的变化："首饰日异月殊不能出，珠玉金宝外，巾袖千方百计不能出。"③又明末清初时人刘本沛所撰的《后虞书》里，记载了一段关于苏州府常熟县从天启年间到清初顺治年间，当地妇女在整体服饰装扮上的时尚变迁：

> 天启间，妇女出游俱珠翠盈头。崇祯间，只用一簪，或犀，或蜜蜡，前一批云，饰以珠翠，然衫与裙齐，鞋俱平底。今弃批云不用，或梳牡丹头、兰花头、钵盂头，衫去裙尺许，著木高底，即巨足亦然。④

---

① 崇祯《松江府志》，卷7，《风俗・俗变》，页25b。

② （清）董含撰，致之点校，《三冈识略》（沈阳：辽宁教育出版社，2000），卷10，《三吴风俗十六则》，页223。

③ （明）沈长卿撰，《沈氏日旦》，收于《四库禁毁书丛刊・子部》（北京：北京出版社据北京大学图书馆藏明崇祯七年刻本影印，2000），册12，卷4，页49b。

④ （清）刘本沛撰，《后虞书》，收入《明清史料丛书续编》（北京：国家图书馆出版社，2009），册17，页11a。

引文中细数妇女发式、头饰、衣裙长短与鞋子式样的变迁，约二十年间，当地就发生了三次重大的变化。

妇女服饰的流行时尚大致上有几种方式：一种是讲求新奇。如明中叶一度盛行的“马尾裙”，本来是由朝鲜传入，这个舶来品因新奇而广受欢迎，不只是妇女，就连武臣与朝官亦多有爱用者[①]，乃至“营操官马因此被人偷拔鬃尾，落膘”[②]。一种是讲求复古。复古风在妇女服饰上的表现，如明人田艺蘅《留青日札》中就记一种称之为“细简裙”或“画裙”的裙饰，在当时的杭州与北方流行一时。根据该书作者的考证，这种裙饰早自唐朝即有，而在明朝可能是在广西地区保留下来，在一阵复古风潮下，再经流传至全国[③]。另外，我们还常常在明清的史料中看到男女服饰相仿相混的现象，如明人郎瑛的《七修类稿》说：“今妇人之衣如文官，其裙如武职。”[④]明季的松江府有女子衫袖如男子，衣领缘用绣帊，如莲叶之半，覆于肩，称为“围肩”。又缀以金珠，裙用彩绣，人称“挑线”[⑤]这种现象到清代因为男子要剃发留辫，所以不再流行[⑥]。

然而，另一种最常被记载下来大作文章的流行服饰式样，就是模仿当时的朝官命妇的穿着。明清的政府都曾定服制，规定只有特别

① （明）陆容撰，佚之点校，《菽园杂记》，卷10，页123—124。

② （明）陈洪谟撰，《治世余闻》（北京：中华书局，1985），下篇，卷3，页57。

③ （明）田艺蘅撰，《留青日札》，卷20，《细简裙》，页379。

④ （明）郎瑛撰，《七修类稿》（台北：世界书局，1984），卷9，《衣服制》，页147。

⑤ 崇祯《松江府志》，卷7，《风俗·俗变》，页26a。

⑥ 当时江南也流行男人模仿女人穿着，偏偏喜欢穿得如同女装的男人，又往往是士大夫。参见（明）李乐撰，《见闻杂记》，卷2，页60a—b；（清）姚廷遴著，《历年记》，收于上海人民出版社编，《清代日记汇抄》，《记事拾遗》，页162。

身份地位的人，才能享有穿着上的特殊性。如翡翠珠冠、龙凤服饰，明代的规定是只有皇后、王妃始能穿着；而官员的命妇所穿戴的礼冠，凡四品以上者可用金为饰件，五品以下则用镀金或银为配饰。这样的服制在明朝前中期，曾经维持了一段时间，一方面是法令较为严格，同时也因为经济才刚开始恢复，故呈现“地广人稀”、“人尚俭朴”的情形，人们只能努力耕稼、纺织以输徭役，并没有太大的消费能力。所以我们可以看到明初普遍地遵行官定的服饰制度，几无逾制僭越的情形。这也说明了明初的社会呈现较稳定的状态，整个社会秩序并未有太大的变动，所以平民服饰方面也未有太大的变革①。

可是到明中叶以后出现变化，庶民妇女的服饰与配件开始模仿后妃与命妇，如“女子饰金珠”，当时的士大夫见状指称这是一种僭越的行为，逾越了国家的禁制令②。在万历年间沈德符（1578～1642）曾将当时“天下服饰僭拟无等者”归纳为三种人：勋爵、内官与妇人。可见妇女在服饰方面的僭越行为已引起普遍的关注③。晚明各地的方志也都记载了这类现象，如苏州府吴江县，“习俗奢靡，愈趋愈下。庶民之家，僭用命妇服饰，加以钑花银带，恬不知愧”④。虽然明清易代之际江南妇女服饰曾一度复返朴素，但到清中叶，奢侈风气再度盛

---

① 参见巫仁恕著，《品味奢华：晚明的消费社会与士大夫》，页127—128。

② （明）张瀚撰，《松窗梦语》，卷7，《风俗纪》，页140。

③ （明）沈德符撰，《万历野获编》，（北京：中华书局，1998），卷5，《勋戚·服色之僭》，页147—148。

④ 弘治《吴江志》，收于《中国史学丛书三编》（台北：台湾学生书局据明弘治元年刊本影印，1986），卷6，《风俗》，页239；嘉靖《吴江县志》（明嘉靖四十年刊本），卷41，《物产》，页31b。

行，僭越的现象又再度出现。如苏州府妇女的穿着与发髻一变古风，喜好冶容炫服，甚至有模仿"帝服后饰"的情形①。其实这种行为可以说是一种"社会仿效"(social emulation)，反映了明清下层妇女透过模仿上层阶级的消费模式来提高她们的身份地位②。

晚明以来妇女流行服饰的时尚中心，就集中在江南地区的几个大城市，包括苏州、南京、杭州等。据沈长卿的观察，苏州是时尚的始作俑者，而南京与杭州则是时尚传播的中继站。其云：

> 妇女妆饰，逐岁一新，而作俑自苏始。杭州效之，以达于东南，而闽、粤、川、贵等风靡。南都效之，以达于西北，而鲁、燕、秦、晋等风靡。此岂有檄文期会、媪妁传宣哉？有不知其然而然者。大率五年乃克周遍，所始之地厌弃已久，所效之地墓仿〔笔者按：应为摹仿〕方新，大可笑也。①

引文显示，当时妇女妆饰的流行时尚，其传播路径是以苏州为中心，

---

① 乾隆《元和县志》，卷10，《风俗》，页4b—5b。

② 晚明下层妇女仿效士大夫家妇女的穿着愈益普遍，为了与之区分，闺秀妇女们有两种选择：一是穿着更加华丽，一是利用简朴作为服饰正统的象征。后者在男性的文本里被描述为更恰当的作为，甚至影响部分名妓的穿着。参见 Sarah Chauncey, "Sartorial Modesty and Genteel Ideals in the Late Ming," in Daria Berg and Chloë Starr, eds., *The Quest for Gentility in China: Negotiations beyond Gender and Class*, 134 - 154. 作者又特别指出当时士人对寡妇守贞愈加重视的同时，也愈强调丧服之礼，于是服丧时的简朴服饰受到士人的尊敬。然而丧服是否影响日常的服饰文化，恐怕仍待商榷。

① (明)沈长卿撰，《沈氏日旦》，卷6，页13b—14a。

影响到南京与杭州；再从杭州传播到东南与华南各省，由南京传播到华北与西北各省。毫无疑问地，苏州已是当时流行时尚的中心了。

直到清代，依然有所谓“妇女妆饰，皆效法苏州”之说①。清人梁绍壬（1792～?）亦云：“杭俗仕女，向梳高髻，近则低辫，盖苏式也，时谓之‘背苏州’，颇雅而谑。”②看来杭州妇女的服饰仍是受苏州影响。其他各省妇女的流行服饰亦是追随苏州或江南的时尚。如清人李宗定《京山竹枝词》就说京山当地的妇人，“逢人遍说学苏州，短衫宽袖长罗带”③。广东的潮州“妇女妆束，以航海往来苏、松间，相仿者多”④。甚至远在西北的陕西泾阳，人云“陕地繁华，以三原、泾阳为第一。其人多服贾吴中，故奢丽相慕效”，“妇女结束若三吴”⑤。这反映了苏州在清代依然是妇女流行服饰的时尚中心。

清代苏州妇女的流行服饰式样非常多样化，吴江人袁栋（1697～1761）在其所撰的《书隐丛说》一书中，曾经细致地描述妇女流行的发髻形式、发上装饰、衣裙式样、衣服装饰等方面：

> 女子，康熙初发中有假发一条，垫于发，为高顶，谓之“鬼头”，今则无有矣。髻则或高而竖，或偃而横，包于额者，谓之

① （清）欧阳兆雄、金安清著，《水窗春呓》，卷下，《苏州头》，页78—79。

② （清）梁绍壬著，《两般秋雨庵随笔》，收于《近代中国史料丛刊》（台北：文海出版社，1975），卷3，《背苏州》，页6a。

③ （明）姚旅撰，《露书》，卷9，页201。

④ 乾隆《潮州府志》（清光绪十九年重刊清乾隆二十七年刊本），卷12，页6b。

⑤ （清）屈大均撰，《翁山文外》，收于《续修四库全书·集部·别集类》（上海：上海古籍出版社据上海图书馆藏清康熙刻本影印，1995），册1412，卷1，《记·宗周游记》，页12a。

“包头”。或阔或狭，约髻之笼铁丝，为之名曰“盘圈”。或高或矮，或大或小，随时随俗，不能画一也。发上装饰，富贵家以珠翠满装，不见发者为尚。即贫困者，遇有宴会，亦必竭蹶以将数事，以掩耳目，古之所谓“荆钗裙布”者〔笔者按：以荆枝为发钗，以粗布制裙，意指妇女朴素的服饰〕，无有矣。衣袖宽者不过二尺，窄者尺而已。裙有裥者，谓之“裥裙”。无裥者谓之“禅裙”。衣服之饰，如盘金、刺金、泥金二色，金捌纱洒线、弹画纵线，及四围挂金、镶锦角云之类，不一而足。其价视素衣常数倍也。①

此外，他又说时人见男性的蒲鞋盛行海内，而以为妇人以缠足，故绝无此流行者；实则“今日妇女之小凉鞋，与男子竞胜”②。上海人胡式钰（1783～?）的《窦存》还提到妇女服饰“华靡莫过于吴中”；以衣服边饰为例，衣服较阔者有各种式样的镶边，如所谓的鬼子、栏杆、芙蓉边、牡丹边等名目，尤其阔至二寸许者，谓之“旗边”；“缕金织彩，争新斗丽，不计其工费也”③。清代苏州一地妇女发髻的流行式样，人称

① （清）袁栋撰，《书隐丛说》，收于《四库全书存目丛书·子部·杂家类》，册116，卷11，《服制》，页6a—b。

② （清）袁栋撰，《书隐丛说》，卷11，《服制》，页5b—6a。

③ （清）胡式钰撰，《窦存》，收于《笔记小说大观》，编44册10，卷3，《事窦》，页28a—b。道光朝任职江苏巡抚的裕谦（1793～1841）的《训俗条约》里，亦曾批评江南妇女流行的衣裙式样，尤其是镶滚之费甚巨，有所谓：白旗边、金银鬼子边、阑干牡丹、带盘金间绣等名色，“一衫一裙，本身细价有定，镶滚之费不啻加倍”，“翻新斗丽，无所底止”。见民国《吴县志》，卷52下，页14a。

为“时世妆”，有俗称元宝头者，乃仿古之芙蓉髻；又有仿古之四起髻、灵蛇髻等[①]。清人宣鼎(1832～1880?)《夜语秋灯录》书中记载一则咸丰年间的故事，主角是位努力持家的贫妇宋氏。她虽天生美丽，但是因为不施脂粉，不缠足，不作“时世妆”，故人人皆呼为“半截美人”[②]。看来这种流行时尚影响广泛，少有能不受其诱者。

清代的扬州也是女性流行服饰的时尚中心之一，如《邗江三百吟·新奇服饰》里，记载当地妇女夏日梳洗时，流行穿着褂短小而袖仅一半，俗称“蜢蚱褂”的服饰[③]。女性缠足者在睡眠时则是流行穿着灌香的睡鞋：“用浓香灌入鞋帮、鞋底，使床笫枕簟之间，袭袭可耐，市肆香铺制此，以为一新。”[④]妇女流行的袖子式样是“五台袖”，虽然美观但不实用：

> 妇女袖口尚宽，昔惟一尺内外，近时至有一尺六寸者。逐层镶绣，分至五重，名曰“五台”。堆花顾绣，极求华丽，然方硬如翅，不能下垂，反挢两臂以就之，若推车然，加以硬勒，若甲胄然。[⑤]

---

① (清)箇中生编，《吴门画舫续录》，《纪事》，页141—142。

② (清)宣鼎著，香一点校，《夜语秋灯录》(济南：齐鲁书社，2004)，卷3，《大脚仙杀贼三快》，页131。

③ (清)林苏门撰，《邗江三百吟》，收于《中国风土志丛刊》，卷6，《新奇服饰·蜢蚱褂》，页232。

④ 同上书，卷6，《新奇服饰·灌香女睡鞋》，页236。

⑤ 同上书，卷6，《新奇服饰·五台袖》，页238。

还有流行的披肩形式，称为“油肩”：“领下以绫罗绣花，或如莲瓣，或如云头，加覆于肩，即云肩也，俗呼油肩，以护发之油污耳。”[①]妇女流行的发饰更多样而华丽，如包金铜簪：“金价贵矣，妇女务外饰，用铜簪为胎，外以金皮裹之，如全金然。”[②]还有假发的“鬏架”：“妇女以假发为架，上以真发挽之成鬏，十年前未曾见此。”[③]当地还流行女用的耳环“玉圈套”，甚至流行到北方：

少年妇女耳圈向止一副，金银为之。近日多用白玉圈套，金圈为连环式，此由江南而行于江北者。[④]

妇女的购物消费

俗语说：“女为悦己者容。”妇女最喜好购买的消费品当属服饰与化妆品之类的商品。在一些大城市中我们也可以发现，有不少专门供应、贩卖化妆品与女性用品的商人。如明代小说《二刻拍案惊奇》中有一则故事，主角是一位浙江客商，姓蒋，专门在湖广、江西地方做

---

① （清）林苏门撰，《邗江三百吟》，收于《中国风土志丛刊》，卷 6，《新奇服饰·油肩》，页 247—248。

② 同上书，卷 6，《新奇服饰·包金铜簪》，页 240。

③ 同上书，卷 6，《新奇服饰·鬏架》，页 246。

④ （清）林苏门撰，《邗江三百吟》，收于《中国风土志丛刊》，卷 6，《新奇服饰·玉圈套》，页 246。

生意，他卖的都是丝绸绫绢等与妇女生活紧密相关的精品[①]。还有明清时人常提到的所谓“三姑六婆”，其中的牙婆与卖婆就是在城市中往来于贵宅豪第与市井街巷之间，以贩卖胭脂、花粉等妇人用品维生的职业。她们和前者不同之处在于，前者是中盘商，她们则是小盘商；而且前者是男性，所以并不能直接和女性消费者接触，而后者因为女性的身份，使得她们可以“登堂入室”，直接和购买者接触。

在卫道人士与地方官员的眼中，像卖婆、牙婆这类的“职业妇女”是引诱闺秀妇女的危险分子。明代著名的清官海瑞(1514～1587)在其家乡广东琼山时，因有贺知县禁妇女出街市行走买卖，而海瑞也与乡士夫亲友诸先生约同倡率遵守约束，禁止妇女在街上行买卖，“以济官法”。他的理由如下：

> 诗人之称妇德曰：幽闲贞一，行走买卖妇女，亦各闺中使用人也。此等人往来闺中，耳闻目见，风声气习，可以言幽闲贞一乎！此等事我辈自为严肃闺门计也。[②]

---

① (明)凌濛初编著，《二刻拍案惊奇》(台北：三民书局，1993)，卷29，《赠芝麻识破假形，撷草药巧谐真偶》，页501—502。在乡村也有贩售这类商品的巡回小贩，如清代广东东莞人欧苏(1750—?)所撰的《霭楼逸志》，记有其同乡彭某，虽然赋资颖悟，但未竟修业，遂改业蝇头，“负贩绒线，芒鞋竹笠，跋涉乡村，入巷闾时，手摇小鼓，深闺绣女，闻播鼗声，群趱出阁呼之曰：‘买杂货。’已乃卸下肩箱，方将碎缎零绸，红绒绿线，任其选择，低昂论价。如是奔走，约有数年”。参见(清)欧苏撰，《霭楼逸志》，收于李龙潜等点校，《明清广东稀见笔记七种》(广州：广东人民出版社，2010)，卷2，《卖杂货》，页175。

② (明)海瑞撰，《备忘集》，收入《景印文渊阁四库全书》，册1286，卷5，《书・禁妇女买卖行走约》，页38b。

清人所撰之《燕京杂记》也有一段评论：

> 京师有妇人抱物登门卖者，俗名之曰"卖婆"。珠翠满箱，遨游贵宅，常得其妇女欢。如欲奇难宝物，皆可立至，盖市上商贾利其易售，无不乐与。彼亦从中获利，多有致富者。然弊窦丛开，常有意外之事，古人谓"六婆不入门"，其意深哉。①

这也是为何在明清言情小说中，男主角看上了某位闺秀后，总是得央求卖婆为他们制造机会，甚至有乔装成卖婆而入闺房之事。上引文所称的"弊窦丛开"盖指此事也②。

明清当时流行的食品还有瓜果糖食糕点等，而妇女可能就是最重要的消费者。糖对一般平民而言原本是奢侈品，到了明清时期则渐渐变成民生用品，像《遵生八笺》中就有"甜食类"③；我们从明清小说如《金瓶梅词话》与《红楼梦》二书中就可以清楚地看到，这类甜食的爱好者大多是妇女，其次才是小孩。例如《金瓶梅词话》中提到果馅饼儿、松花饼、白糖万寿糕、玫瑰搽穰卷儿、雪花糕、裹馅凉糕等甜点的时候，都是妇人食用的场合，或是送给其他女人的礼物；另外，蜜饯也是当作馈赠的礼物，或是供老妇人享用的点心。

---

① 《燕京杂记》，收于《笔记小说大观》，编 14 册 10，页 9b。

② 明清小说中涉及此类故事者，如《醒梦骈言》，第 3 回，《呆秀才志诚求偶，俏佳人感激许身》；《贪欢报》，第 4 回，《香菜根乔妆奸命妇》；《醒世恒言》，卷 16，《陆五汉硬留合色鞋》；《喻世明言》，卷 1，《蒋兴哥重会珍珠衫》。

③ 伊永文著，《明清饮食研究》（台北：洪叶文化，1997），页 189—192、495—496。

此外，江南城市里盛行的花市，购买花卉者，除了作为装饰使用外，还有为妇女装扮所用之花。在杭州就称之为"助妆花"，早在南宋就已出现，一直延续到清代，方志形容："花贩持盘，春月贮兰瑞香，夏初玫瑰，盛下蕙茉莉醒发草，秋黄赤桂花，冬蜡梅，皆高唱其声，以助闺襜之晨妆者。"①所以购花者大多是妇女。小说《醒世恒言》里也有一则故事，描述明朝弘治年间杭州有个陆婆，到富家公子张荩家卖花，"张荩合家那些妇女，把他这些花都抢一个干净，也有现，也有赊，混了一回"②。

因为妇女消费力量惊人，在江南的某些大城市中形成了一些专门贩卖化妆品与女性用品的专门精品店。如第二章中提到清中叶江宁城内有许多苏州人开设的名品店"星货铺"，以卖女性用品为主，包括手绢、鼻烟、风兜、雨伞、纱绉衣领、皮绒衣领、棠木屐、重台履、香裹肚、洋印花巾袖、顾绣花巾袖、云肩油衣、结子荷包、刻丝荷包、珊瑚荷包、珍珠荷包、结子扇套、刻丝扇套、珊瑚扇套、珍珠扇套、妆花边、绣花边、金彩鬼子阑干，又有貂勒、缎勒、义髻、闹妆、步摇、流苏、袅躲之类，所谓"闺中之物，十居其九"③。《南都繁会图》里也绘有商店招牌写着"画脂杭粉名香宫皂"，显然就是女性化妆品店专卖店。此外，清代金陵的妇女流行包头用黑色的绉，城内的绸缎廊（巷）与奇望街有两家店铺专以制此著名。据《白下琐言》云：

① 乾隆《杭州府志》（清乾隆四十九年刻本），卷 54，《物产》，页 32a—b。

② （明）冯梦龙编撰，《醒世恒言》，卷 16，《陆五汉硬留合色鞋》，页 288。

③ （清）捧花生撰，《画舫余谭》，页 332。

旧俗，妇人以黑绉包头。绸缎廊谈所见、奇望街汪天然两家皆以是著名。汪天然自明迄今，世守其业，门前招牌“汪天然家清水包头”八大字，为升州徐表书。庭中有大石盆贮水，相传昔时来买者，必令以盆水浸之，示其无欺。①

扬州也有专卖妇女首饰鞋裙的店铺，且集中在翠花街。据《扬州画舫录》云：

翠花街，一名新盛街，在南柳巷口大儒坊东巷内。肆市韶秀，货分隧别，皆珠翠首饰铺也。扬州鬏勒，异于他地，有蝴蝶、望月、花蓝、折项、罗汉鬏、懒梳头、双飞燕、到枕松、八面观音诸义髻，及貂覆额、渔婆勒子诸式。女鞋以香樟木为高底，在外为外高底，有杏叶、莲子、荷花诸式。在里者为里高底，谓之“道士冠”。平底谓之“底儿香”。女衫以二尺八寸为长，袖广尺二，外护袖以锦绣镶之。冬则用貂狐之类。裙式以缎裁剪作条，每条绣花两畔，镶以金线，碎逗成裙，谓之“凤尾”。近则以整缎折以细缝，谓之“百折”。其二十四折者为玉裙，恒服也。硝消皮袄者，谓之“毛毛匠”，亦聚居是街。②

一般的印象以为明清时期的闺秀妇女难得公开出家门，虽然可以乘轿出游，但是可否逛街购物呢？既然在城市内已出现专卖女性

---

① (清)甘熙撰，《白下琐言》，卷2，页36。

② (清)李斗撰，《扬州画舫录》，卷9，《小秦淮录》，页195。

用品的商店,消费购物者势必有许多女性才是。虽然在史料上直接描述妇女逛街购物的例子并不多见,但是一些旁证显示妇女到商店购物的情形并不稀奇。清中叶商业手册书《贸易须知辑要》里,记载一段招待女顾客的警语:

> 有女子堂客进店来买东西,切勿笑言相戏,趣话留连。外人看见,就要说彼。若喊叫起来,你的脸面何存?总要正厉色部,明多寡,该卖则卖,不则卖,则今别买。勿自得经自贱,慎之。到底男女别,要授受不可亲也。①

如此内容会成为商业手册中提醒人在开店经商时所要注意的原则,显见妇女至店铺购物应该是经常会发生的事情。此外,妇女参加进香与庙会游观活动时,寺院常会设立香市,妇女在游观的同时,也会利用此机会,从容地逛街市。如《两般秋雨庵随笔》形容杭州西湖的香市:

> 西湖昭庆寺山门前,两廊设市,卖木鱼、花篮、要货、梳具等物,皆寺僧作以售利者也。每逢香市,妇女填集如云,孙渊如观察诗云:"丝带束腰绵衬额,游郎叉手走东西。"描写下路妇人,形景如绘。②

---

① 该书作者为江宁府句容县人王秉元,与成书于乾隆年间的《生意世事初阶》为同一部书。

② (清)梁绍任著,《两般秋雨庵随笔》,卷4,《香市》,页7a。

从第四章也可以看到，明清苏州城内的玄妙观与城隍庙内，都设有不少摊贩，出售糖食点心与玩具杂货；每当岁时节日，妇女入内烧香的同时，也都可以趁此购物。

第三节　妓女的角色与作用

能够从事奢侈消费的妇女，首先想到的当属富人之家。在江南许多大城市中聚集了一批经商致富的大商人，例如在明代后期四方商贾俱陈的扬州，许多富有的商人动辄修饰宫室，广蓄姬媵，盛装仆从，就连饮食都可与王公贵族媲美。他们的家人妇女闲来无事，"恒修冶容，斗巧妆，镂金玉为首饰，杂以明珠翠羽，被服绮绣，袒衣〔笔者按：指内衣〕皆纯采，其侈丽极矣"[①]。除了商人妇以外，大家闺秀的消费力也很强。明清的闺秀妇女在服饰方面非常讲究，尤其是在大城市中的富户闺秀。如万历《扬州府志》宣称该地："闺阁斗巧，妆镂金玉为首饰，杂以明珠翠羽，被服绮绣，袒衣纯采，在郡城仪真尤甚。"[②]闺秀妇女对旅游的兴趣也很浓厚，如《履园丛话》记曾为江苏抚标中军参将的张丽坡将军，其有一女名襄号云裳者，"年十余龄即能诗，不三四年著书盈尺矣"。她的诗集中就收录了许多游山玩水之后的旅游诗作[③]。闺秀妇女花在旅游上的消费也很惊人，就像上一

① 万历《江都县志》，卷 7，《提封志 · 谣俗》，页 28b—29a。

② 万历《扬州府志》(明万历刻本)，卷 20，《风俗 · 冠服》，页 1a—b。

③ (清)钱泳撰，《履园丛话》，卷 24，《杂记下 · 闺秀诗》，页 656—657。

节提到闺秀妇女旅游时乘坐的画舫也和一般人不同，“则四围障以湘帘，龙媪鸦姬，当马门侧坐，衣香鬓影，絮语微闻”[①]。

能够从事休闲活动与奢侈消费的妇女还不限于上述这些人，明清的许多地方志就提到，即使是一般平民妇女，甚至被人视为身份卑贱的娼优、婢女，或视为贱役的隶卒之妇女，都有可能消费得起某些奢侈品。万历年间的苏州府城内，西城妇女奢侈消费的风气特别盛，“娼优僭后妃之缘，闾巷拟侯王之制”。而东城则是以机房妇女，最好为艳妆[②]。清代的苏州妇女仍是以奢侈著名，“即妇人女子，轻装直髻，一变古风，或冶容炫服。有一衣之值，至二三十金者”，“倡优下贱，帝服后饰”[③]。

乡村的妇女在消费方面是比较保守的，明清有一些方志在记载当地的风俗时，明显地描述了城乡妇女在消费上所呈现出的奢俭对立的情形[④]。不过，同时也有记载指出，乡村妇女受到城市妇女奢侈风气的影响而争相效仿。甚至如远在北直隶边境的宣化府，嘉靖年间的方志就形容道：“近来生齿日繁，逐末者多；士民竞以华服相夸耀，乡间妇女亦好为华饰。”[⑤]到了晚清，仍可以看到这样的现象。如上海地区在光绪中叶以后风俗日奢，“乡女沾染城镇习气，类好修饰”[⑥]。

---

① (清)捧花生撰，《画舫余谭》，页 325。

② 万历《长洲县志》(明万历二十六年刊本崇祯八年印本)，卷 1，《地理志・风俗》，页 8a。

③ 乾隆《元和县志》，卷 10，《风俗》，页 4b—5b。

④ 万历《秀水县志》(民国十四年铅字重刊本)，卷 1，《舆地志・风俗》，页 39b。

⑤ 嘉靖《隆庆志》(明嘉靖二十八年刻本)，卷 7，《人物・风俗附》，页 14b。

⑥ 民国《青浦县续志》(民国二十三年刊本)，卷 2，《疆域下・风俗》，页 24b。

在此要特别提出来的是带动明清以来流行“风尚”的重要推手——妓女。晚明时期有不少以青楼闻名的大城市，如苏州、杭州、南京等皆是，尤其是在明季，青楼名妓更在士大夫文化中占有重要的角色。清初虽曾一时萧条衰微，随后就渐渐复苏，乾嘉时期的妓院甚至比明代更趋兴盛①。不过，有学者认为到了清代，因为各种原因，青楼文化已不像明季曾在士大夫文化中占有主流的地位②。即使如此，她们在消费方面的影响力仍不容小觑。明清的妓女可以说是一批高消费者，所以明清时人在讨论奢侈风气时常会指责“娼优”僭滥的消费③。确实在许多奢侈消费方面都可以看到，妓女作为主要的客户，她们不但是高消费者，也是流行时尚的领导者。尤其是在高级妓院中卖艺不卖身的名妓，不但追求自由恋爱的故事为人津津乐道，而且她们还周旋于文人士大夫的社交场合之间，带动了奢侈消费的

① 明季有关名妓的花名册子陆续出现，如《金陵百媚》、《吴姬百媚》与《板桥杂记》；到了清代乾嘉时期，出现更多这类书籍，还有许多是续编的书籍，如《续板桥杂记》、《吴门画舫录》、《吴门画舫续录》、《画舫余谭》、《扬州画舫录》与《十洲春语》等。这类书籍记载了名妓的特征与生平，甚至还将之划分等第或品级。这类书籍的形式源自所谓的“花案”或“花榜”，参见合山究著，《明清時代の女性と文学》（东京：汲古书院，2006），第三章，《花案、花榜考》，页68—109。

② 美国学者曼素恩(Susan Mann)认为名妓与闺秀两者之间的竞争，到了盛清时期出现了变化，一则是清政府在政策上提倡贞节观念以及注重家庭价值，而抑制娼妓文化的发展；二则是朴学的兴起重新发现古史中的女学者，并将闺秀才媛等同于德妇，而与盛清提倡的家庭道德价值观结合；再加上社会经济因素的配合，盛清时期的闺秀排挤了青楼的文化地位，而以才德兼具的形象取青楼名妓而代之。参见 Susan Mann, *Precious Records: Women in China's Long Eighteenth Century* (Stanford: Stanford University Press, 1997), 121 - 142.

③ 万历《长洲县志》，卷1，《地理志·风俗》，页8a。

流行风尚。

带动流行时尚

明清妓女带动流行时尚最显著的例子，表现在妇女的流行穿着上。一般的叙述强调妓女服饰的华丽，与庶民的穿着大不相同。明清方志里的记载，就时常指责娼优在服饰穿着上太过奢华。例如形容娼优穿着贵重的“罗裤云履”或是“黄金横带”，甚至是“无不戴貂衣绣，炫丽矜奇”[①]。又如李斗在《扬州画舫录》中描写了扬州小秦淮妓馆中的妓女穿着，与一般妇女不同之处：“大抵梳头多双飞燕、到枕松之属，衣服不著长衫，夏多子儿纱，春秋多短衣，如翡翠织绒之属，冬多貂覆额苏州勒子之属。”[②]清人珠泉居士《续板桥杂记》中记载金陵妓女的服饰，有更详细的描述：

> 院中衣裳妆束，以苏为式；而彩裾广袖，兼效维扬。惟睡鞋用之者少。余见河房诸姬，咸以素帛制为小袜，似膝裤而有底，上以锦带系之，能使双缠不露，且竟夕不松脱也。其履地用方头鞋，如童子履而无后跟，即古靸鞋遗制。灯影下曳之以行，亦彳亍有致。至于抹胸，俗称肚兜，夏纱冬绉，贮以麝屑，缘以锦缣，

① 雍正《陕西通志》(清雍正十三年刻本)，卷45，《风俗·习尚》，页9b；正德《建昌府志》(明正德十二年刻本)，卷3，《风俗》，页5b—6a；同治《苏州府志》，卷3，《风俗》，页30b。

② (清)李斗撰，《扬州画舫录》，卷11，《虹桥录下》，页261。

乍解罗襟,便闻香泽。雪肤绛袜,交映有情,此尤服之妖者。①

虽然作者以“服之妖”来指责妓女的服饰装扮,但是细观妓女的服饰,所谓“亦彳亍有致”、“雪肤绛袜,交映有情”之形容,其实是能充分地展现女性的体态,所以才会吸引男性。其服饰的质料皆属高级的“夏纱冬绉”,且有细致手工做成的装饰,还有保存香味的设计,如此服饰的价格一定不菲。

在服饰方面最先接受并穿着新奇式样者,往往就是妓女。例如早在明朝成化至弘治年间(1465～1505),从朝鲜传来的舶来品——“马尾裙”,据记载在北京最初穿着的人就是“惟富商、贵公子、歌妓而已”,之后因为国内也有制造生产者,于是盛行一时②。明朝中叶以后,妇女流行服饰的“时样”或“时妆”变化得非常快速,而时尚的中心仍是在江南的大城市,带动流行而让一般人追逐模仿的也是妓女。如谈迁(1594～1657)在《枣林杂俎》中指出:“弘治、正德初,良家耻类娼妓。”但是到明季,他叹道:“余观今世妇女妆饰,几视娼妓为转移。”③余怀《板桥杂记》说:“南曲衣裳妆束,四方取以为式。大约以淡雅朴素为主。”吴应箕(1594～1645)《留都见闻录》也云:

① (清)珠泉居士撰,《续板桥杂记》,卷上,《雅游》,页55。

② (明)陆容撰,《菽园杂记》,卷10,页123—124。

③ (清)谈迁撰,《枣林杂俎》,收于《四库全书存目丛书·子部·杂家类》(台南:庄严文化事业据上海图书馆藏清抄本影印,1995),册113,《和集·丛赘·女饰》,页37b。

万历末，南京伎女服洒线，民间无服之者。戊午则伎女服大红绉纱夹衣，未逾年，而民间皆洒线，皆大红矣。男人则见有豪华公子衣红者。其后，虽贩夫佣妇，下至人奴门役，亦内衣红袄，而城中南方一带为甚。然前辈大老亦有服者，不可解。①

尤其是名妓之流更是风尚的创造与推动者，如晚明名妓董小宛(1624～1651)的衣着服饰，是当时妇女仿效的对象②。冒襄(1611～1693)在《影梅庵忆语》中曾记某日为董小宛送行，舟泊江边，当时正好冒襄的友人耶稣会士毕方济(Francesco Sambiasi，1582～1649)赠送他西洋布，所以他特以之为小宛制作新衣，“薄如蝉纱，洁比雪艳，以退红为里。为小宛制轻衫，不减张丽华桂宫霓裳也”。据其描述，当他二人同登金山时，山中有游人数千，尾随他二人，并惊呼其为神仙。当他们绕山而行时，凡是所停留的地方，都有龙舟画舫争相停靠，或是回环数圈不去。由此可知董小宛个人服饰成了众人目光焦点③。

到了清代仍旧如此，如《后海书堂杂录》指称：“男女衣冠妆饰，近来大抵数年而一变。……女子服饰之变，则自娼妓辈贱流倡之，良家

① (明)吴应箕撰，《留都见闻录》，卷下，《服色》，页34。

② 有关服饰之流行风尚传播与引导的媒介，还可参看陈大康著，《明代商贾与世风》(上海：上海文艺出版社，1996)，页172—174；王鸿泰，《流动与互动——由明清间城市生活的特性探测公众场域的开展》(台北：台湾大学历史学研究所博士论文，1998)，页470—474。

③ (清)冒襄著，《影梅庵忆语》(台北：世界书局，1976)，页7。

相率效尤，吁可怪也。”[1]清中叶金安清所撰的《水窗春呓》也有相同的感慨：

妇女妆饰，皆效法苏州，苏州则又以青楼中开风气之先。仕宦者反从而效之，其故不可解。

可见，即使是时尚中心的苏州，当地妇女的流行妆饰也都是由青楼女子所带动，到后来连达官贵人家的妇女也效法之。如前面提到妇女发髻的流行式样，就是由妓女带动风潮。据《吴门画舫续录》云：

时世妆大约十年一变。余弱冠时〔笔者按：《吴门画舫续录》作于嘉庆十八年〕见船娘新兴绥鬓高髻，鬓如张两翼，髻则叠发高冠，翘前后股，簪插中间，俗称元宝头，意仿古之芙蓉髻。后改为平二股，直叠三股，盘于髻心之上，簪压下股，上关金银针，意仿古之四起髻。今又改为平三套，平盘三股于髻心之外，意仿古之灵蛇髻也。鬓则素尚松缓，若轻云笼月然。[2]

这里说的主要是苏州妇女在发髻上的变化，所谓的“船娘”指的是乘坐画舫陪伴出游的船妓们，她们在发髻上所营造的是一股“仿古”的时尚，进而成了带领流行的“时世妆”。若要说她们是时尚的创造者，

---

① (清)王孝咏撰，《后海书堂杂录》，收于《四库全书存目丛书・子部・杂家类》，册116，页4b。

② (清)箇中生编，《吴门画舫续录》，《纪事》，页141—142。

可真一点也不为过。

在明清的饮食消费时尚中，妓院的影响力亦不小。青楼妓院的酒菜佳肴所费不赀，据说在清乾隆时金陵秦淮河诸名妓家广筵长席，“日午至丙夜，座客常满，樽酒不空，大约一日之间，千金糜费，真风流之薮泽，烟月之作坊也”[①]。不但是饮宴奢华，更重要的是味美绝伦，就像《吴门画舫录》就说：

> 吴门食单之美，船中居胜，而姬家则尤擅诸船之胜。鳖裙凫跖，熊掌豹胎，燀以秋橙，酤以春梅，拟于郇公厨李太尉焉。[②]

青楼妓院内的酒菜之所以特别精致美味，一则因为绝大部分高级妓女都可以说是美食鉴赏家，其中许多人进而掌握了精到的烹调技艺，如董小宛就精于饮食，又如明代名妓“手帕姊妹”所组织的“盒子会”，就是专门聚在一块钻研烹饪技术。

再者，青楼妓院中往往有许多著名的厨娘助阵，平常在妓院厨房中已备有水陆珍奇，若有客人仓促而来，厨娘马上就可以做出精美可口的菜肴，《续板桥杂记》形容：“水陆珍奇，充盈庖室，仓促客来，咄嗟立办，燕饮之便，莫过于斯。”[③]这些厨娘不但手艺精进，而且所选用的食材与瓜果，也都是上等货色。《吴门画舫续录》中提到苏州瓜果无所不有，洞庭光福天池诸山所产，唯有白杨梅只可贻赠，不肯售

① (清)珠泉居士撰，《续板桥杂记》，卷下，《轶事》，页187。

② (清)西溪山人编，《吴门画舫录》，收于(清)王韬编撰，《艳史丛钞》，页77—78。

③ (清)珠泉居士撰，《续板桥杂记》，卷上，《雅游》，页168。

买；而水蜜桃产自上海木渎镇，茄桃出荡口镇；双凤西瓜出镇洋，以果实内黄白者为最，皮脆薄，甘美异常。妓院的厨娘都会预先购好沉置于井中，待到酒兴初阑，再盛以晶盘，出诸瑶席，座中有不攘腕争食①。

有些妓院并无厨娘，院内的餐饮则是由其附近的食肆酒楼提供，像清代金陵城内著名的茶寮酒肆，东则桃叶渡口，西至武定桥头，张幕挑帘，食物俱备，皆可供妓院青楼②。还有专门的茶食店，其中又以利涉桥的阳春斋、淮青桥之四美斋为上，诸姬凡是款客馋人，亦必需此。据云两斋皆是嘉兴人所开设，内部的制造与装潢较之本地店铺倍加豪华③。清代的宁波有所谓"院中肴席，多资于肆楼"。还有所谓的"包桌"、"点菜"之名，而著名的菜名，即所谓"食品之俊"者有骑马蛤、桃花螺、丁香螺片、鸳鸯冰鲜羹等，"小食"则以蚕纱饼、椒卷、玉兰酥、芙蓉饺、水饺、苏叶饼、凫茨糕诸种为最佳。妓院附近酒楼也因此而闻名，诸如东门街状元楼大观楼、鼓楼前聚景楼春和楼、灵桥门街义聚楼临江楼、郡门前聚贤楼、县署前聚胜楼、三法卿天乐楼、江东如松楼三江楼与东门外叙金楼等④。总之，青楼妓院刺激了饮食服务业与饮食风尚向精致化发展⑤。

---

① (清)箇中生编，《吴门画舫续录》，《纪事》，页142—143。

② (清)珠泉居士撰，《续板桥杂记》，卷上，《雅游》，页168。

③ (清)捧花生撰，《画舫余谭》，页351。

④ (清)二石生撰，《十洲春语》，收于(清)王韬编撰，《艳史丛钞》，页471—472。

⑤ 赵荣光，《青楼与中国古代饮食文化》，收于氏著，《赵荣光食文化论文集》，(哈尔滨：黑龙江人民出版社，1995)，页614—627。

妓女的其他消费

至于明清高级妓院的生活水准，已非寻常人家所能及，许多奢侈品对青楼而言已成了日常用品。明代苏州著名的惠泉水烹茶、四糙冬春米饭、孙春阳橡烛等高档消费品，以及到了清代苏州的宋公祠法制半夏陈皮、仰苏楼各种花露、西洋印花衫裙巾袖、五色鬼子阑干等奢侈品，"青楼中皆视为寻常日用所不可无"；甚至是动值金钱二三十万的云南翡翠等，在青楼中都"视珠玉直瓦砾矣"[①]！前述部分大城市中出现了专供妇女消费的高级精品店，光顾这些店的主要客户之一就是妓女。如前面提到明季的南京妓院区内开设了不少精品店，贩卖的商品包括香囊云舄、名酒佳茶、饧糖小菜、萧管瑟琴等，据说都是上品之属；凡是外间人来买者，都不惜贵价，而女郎也都在此购物以为赠遗，亦无俗物也[②]。清代金陵城内有许多苏州人开设的星货铺，所谓："炫心夺目，闺中之物，十居其九。故诸姬妆饰，悉资于此，固由花样不同，亦特视为奇货矣。"[③]又如苏州的花市所售的高级名花，即使是大户富家都尚未及见，而妓院中诸丽人却不惜重赀预给花匠购致，以助新妆[④]。

妓女在休闲活动上的花费亦高，每当重要的节日，在许多重要的旅游景点，像苏州的虎丘山塘、杭州的西湖、扬州天宁门外之平山堂，

① (清)箇中生编，《吴门画舫续录》，《纪事》，页144。

② (清)余怀著，《板桥杂记》，卷上，《雅游》，页11。

③ (清)捧花生撰，《画舫余谭》，页332。

④ 同上书，页355。

以及江宁的秦淮河上，都可以看到她们的身影①。就拿苏州虎丘为例，苏州著名的妓院大多在阊门内外，离虎丘不算太远。晚明时《吴姬百媚》的作者宛瑜子曾到苏州参加乡试之后，与常州友人至虎丘小集，“泛艇中忽见丽姬，妖资艳质，令人目眩魂摇”，一问之下才知是该地名妓张二。同书又载苏州名妓马宁，常出现的地点就是虎丘，“试看虎丘山上有满头珠翠环佩叮当者是也”。又形容名妓金二：“自言静处已久，不登山，不上游船，真奇人也。”②看来苏州名妓大多会在重要节日时乘游船登虎丘游览，不如此者反被视为奇人（图5.1）。又

图 5.1 《吴姬百媚》所绘之名妓春游与泛舟图

① (清)钱泳撰，《履园丛话》，卷 7，《臆论・醉乡》，页 193。

② (明)宛瑜子著，《吴姬百媚》(北京：北京图书馆出版社据国家图书馆藏明万历贮花斋刻本影印，2002)，卷上，页 41b；卷下，页 37a；卷下，页 53b。

以杭州著名的西湖为例，每当春夏晚秋之时，大批游船如湖船、游敖、画舰或舴艋纷纷出游，而且好游的妇女中，多为“青楼冶妆”，所谓“绮缯与花柳相艳也”[①]。又如明人费元禄描写铅山的鼂采湖端午龙舟竞渡的情景，不但有楫櫓试舟者数以百计，两岸也是士女云集，还有所谓“歌人丽妓，幔不停声”[②]。

此际妓女出游莫不精心打扮，游船装饰也异于常人。例如清代扬州的小秦淮妓馆“常买棹湖上”，妆掠与一般载妇女的堂客船大异，甚至在湖上市会日时，妓舟齐出，场面甚是壮观[③]。清代金陵名妓在平日旅游时乘画舫，龙舟竞渡时乘楼船，所谓“名姬三五，载酒嬉游，帘影衣香，随风摇曳”[④]；又据《续板桥杂记》的记载，清代金陵妓院每当节日时的休闲活动如下：

> 端午龙舟，倾城游赏，极一时之盛矣。中元节为盂兰集福会，诸名姬家皆礼忏设斋，虔修佛事。好事者则于河流施放水灯，随波荧荧，颇堪寓目。至中秋节前夕，垒几为台，陈设香果，喧阗鼓吹，宴乐连宵，或踏月游嬉，逢桥打瓦，亦欢场韵事也。[⑤]

这一方面是炫耀性消费，一方面其实也是她们吸引客人的广告。

---

① (明)王叔承著，《武林富春游记》，收于劳亦安辑，《古今游记丛钞》，册4，卷18，《浙江省》，页63。

② (明)费元禄纂，《鼂采馆清课》，卷下，页24。

③ (清)李斗撰，《扬州画舫录》，卷11，《虹桥录下》，页261。

④ (清)珠泉居士撰，《续板桥杂记》，卷下，《轶事》，页64。

⑤ (清)珠泉居士撰，《续板桥杂记》，卷下，《轶事》，页64—65。

此外，明中叶以后名妓所居的高级妓院，可以说是各地城市内奢华的建筑形式之代表[①]。在本书第一章里已提到诸多例子，显示妓院的内部布置呈现了“迥非尘境”之园林意趣的特质，绝非一般人家的居住条件可比，由此可见其消费力[②]。即使空间不如园林之广，内部的陈设仍是不凡。在此再举另一例，系清代苏州的名妓李响云，居濠上的楼房，“室有层楼，设卧榻焉。房中陈列精雅，湘帘棐几，猊鼎羊灯，罕持插菊数十种，掩映多姿，居然画意”[③]。名妓购筑园林第宅、精心布置陈设，如同是一种社会与文化资本的投资，为的是与文人文化联系，以利其接近缙绅士大夫[④]。

妓女当其成名后，如果不住在妓院，也会自购豪宅。又从《吴门画舫续录》与《秦淮画舫录》二书中可见清代名妓购买楼房与园林自居的例子。如苏州的名妓待有余资后，即会购楼台于近水处，内部布置得几案整洁，笔墨精良。当春秋佳日，妆罢登舟，极烟波容与之趣。或是薄暮维船，登楼重宴，添酒回镫，宛如闺阁。若遇风雨则不出门，或至酷暑严寒，亦是千呼不出[⑤]。又如金陵名妓冯乙官谢客后，颇丰于赀，遂弃武定桥故居，而新购油坊巷豪舍，养女宝琴继承其衣钵，后果成为个中翘楚。另有一位原依附于冯乙官的妓女顾爱子，不久成

① （明）顾起元撰，《客座赘语》，卷5，《建业风俗记》，页169。

② 有关明代南京妓院内部的陈设与空间，参见大木康著，辛如意译，《风月秦淮：中国游里空间》（台北：联经出版公司，2007）一书之第四章。

③ （清）西溪山人编，《吴门画舫录》，页73。

④ Alison Harrie, “Washing the Wiring Tree: Garden Culture as an Expression of Women’s Gentility in the Late Ming,” 52 – 55.

⑤ （清）箇中生编，《吴门画舫续录》，《纪事》，页143。

名后也购屋于手帕巷，自立门户[①]。这些名妓所购之住宅，绝非一般人所能买得起的。比如清代扬州名妓苏高三，本名苏殷，号凤卿，小字双凤。她所住的豪宅据《扬州画舫录》的形容如下：

> 门内正楼三间，左右皆为厢楼，中有空地十弓，临河庋版，中开水门。楼上七间，两厢楼各二间，别为子舍。一间作客座，一间作卧室，皆通中楼。楼下三间，两间待客，一间以绿玻璃屏风隔之，为高三宴息之所。[②]

这样的格局应该是二层楼的三合院或是四合院，而且院子还有小河流经过。这种住宅大多出现在华南地区，而且是大地主或富家豪门才能住得起的[③]。

还有官员与士大夫为了心仪的妓女，特地购豪宅以"金屋藏娇"。如苏州名妓杨大，声名甚著，向为盐政董某所昵，潜居于别馆者历年数载[④]。金陵名妓刘二姊，也有某知府为其所惑，约购屋贮之[⑤]。这些金屋藏娇的结局，有的为报知遇之恩而死守空闺，有的则琵琶别抱。富人花在妓女身上的金钱也毫不吝惜，如明末常熟富裕市民陈

---

① （清）捧花生撰，《秦淮画舫录》，收于（清）王韬编撰，《艳史丛钞》，页263、268。

② （清）李斗撰，《扬州画舫录》，卷9，《小秦淮录》，页199。

③ 参见刘敦桢著，《中国住宅概说》（天津：百花文艺出版社，2004），页117—124、156—169。

④ （清）珠泉居士著，《雪鸿小记》，收于（清）王韬编撰，《艳史丛钞》，《补遗》，页213。

⑤ （清）捧花生撰，《秦淮画舫录》，页243—244。

某“狎一妓，为制金银首饰，妓哂其吝，悉抛水中，重令易制”[①]。再举一个名妓的例子，清代西溪山人《吴门画舫录》载：

> 余凤箫，字香雪，行二，居上塘。……居无何，有某公子者，千金买笑，匝月〔笔者按：满月〕勾留，所欲力致之，起居服饰，焕焉改观，耳食者遂争艳之，户外屦常满。[②]

从这则故事可知，名妓一旦为富室官宦所看中，身份地位及生活品质顿时提高许多，连她周遭的人也是百般讨好她，希望也能“鸡犬升天”。妓院以及许多官宦与富商购新居以“金屋藏娇”，间接地促进了住宅豪奢的风气。

城市空间中的青楼区

因为妓女的休闲活动与妓院的华丽，使得青楼妓院所集中的花街柳巷，成了江南大城市内的旅游景点。明人王士性（1436～1494）就指出南京秦淮河一带之所以吸引游客而成为著名景点的原因：

> （秦淮河）水上两岸人家，悬桩拓梁为河房、水阁，雕栏画槛，南北掩映。夏水初阔，苏、常游山船百十只，至中流，箫鼓士女阗骈，阁上舟中者彼此更相觑为景。盖酒家烟月之趣，商女花树之

① （明）陆容撰，《菽园杂记》，卷14，页169—170。
② （清）西溪山人编，《吴门画舫录》，页65—66。

词，良不减昔时所咏。①

秦淮河两岸雕梁画栋的建筑，以及满载艳妆妇女的游山舟，形成“阁上舟中”相互辉映的景观。也就是说，秦淮河一带如果没有两岸林立的青楼，没有云集的画舫，没有艳妆冶游的妓女，就一点也吸引不了人潮。

从城市空间的角度来鸟瞰青楼妓院集中区，它们的重要性也可以得到验证。南京的青楼区从明初以来，在空间上发生多次转移，最后落脚的花街区及其附近，都成了南京重要的商业区。明初洪武年间，太祖在南京设有十六楼“与民偕乐”，其中只有南市楼、北市楼二处在城内，其他十四楼皆在城外。又于乾道桥设富乐院，后因一场大火太祖震怒，遂命其改迁秦淮河的武定桥附近。到了成祖时因为首都北迁，南京繁荣景象遭受冲击，富乐院与十六楼等处门可罗雀，逐渐衰败。明末《板桥杂记》记载当时仅存者有三：一是南市，“卑屑妓所居”；一是珠市，“间有殊色”；最重要的是所谓的“旧院”，意指过去的富乐院一带，“则南曲名姬、上厅行首皆在焉”。旧院前门建在武定桥，与贡院隔秦淮河相对，后门建在钞库街，直往中山王的东花园（现在的白鹭洲公园）。到明清易代之际，南京秦淮河的花街每况愈下，直到乾隆朝才再度复兴。根据《续板桥杂记》所载，此时期的青楼妓院集中区，仍是以秦淮河畔的利涉桥至武定桥之间为核心，又扩大到

① （明）王士性撰，吕景琳点校，《广志绎》（北京：中华书局，1981），卷2，《两都》，页24。

东至钓鱼巷、西到新桥的沿秦淮河两岸[1]。再对照本书第二章第一节的讨论与图2.4、2.5，我们发现明清以来南京的花街附近，都是重要的商业区。明初的内桥市，晚明的钞库街，清代的星货铺、考市与书坊，及绸缎庄集中的状元境，都在这一带附近。

这样的现象不只限于明清的南京，苏州的情况也很类似。明人所撰之《吴姬百媚》一书记载苏州名妓所居之所，大多位于苏州城西北阊门外的小郝巷、北撞子门、坛口门与张公弄，以及北濠一带，只有极少数在城内的城隍庙前、海河坊巷与桃花坞。到清人所写之《吴门画舫录》与《吴门画舫续录》二书，所记载的名妓主要集中在阊门附近，以及阊门外的上塘（丁家巷与算盘巷最多）、下塘（水潭头最多）、南北濠与山塘街，少部分在城内（参见附录1）。显然至清中叶，苏州花街的范围有扩大的趋势，尤其著名的是城外的冶坊浜（野芳浜），“为粉黛迷津之所，率呼为野坊”。山塘竹枝词有“销魂只在冶坊浜”一语[2]。这一带与城外的山塘街至虎丘山连成一气，是苏州重要的风景区与商业区（参见第三章第二节与第四章第二节，参见图5.2）。苏州妓女由此出游登山，成了苏州一景。明人黄省曾（1496～1546）的《吴风录》就说：“至今吴中士夫画船游泛，携妓登山。而虎丘则以太守胡缵宗创造台阁数重，增益胜眺，自是四时游客无寥寂之日，寺如喧市，妓女如云。”[3]《吴门画舫录》的作者亦云：“吴门为东南一大都会，俗尚豪华，宾游络绎。宴客者多买棹虎丘，画舫笙

① 大木康著，辛如意译，《风月秦淮：中国游里空间》，页43—67。

② （清）个中生编，《吴门画舫续录》，《纪事》，页137—138。

③ （明）黄省曾著，《吴风录》，收于《苏州文献丛钞初编》，册上，页317。

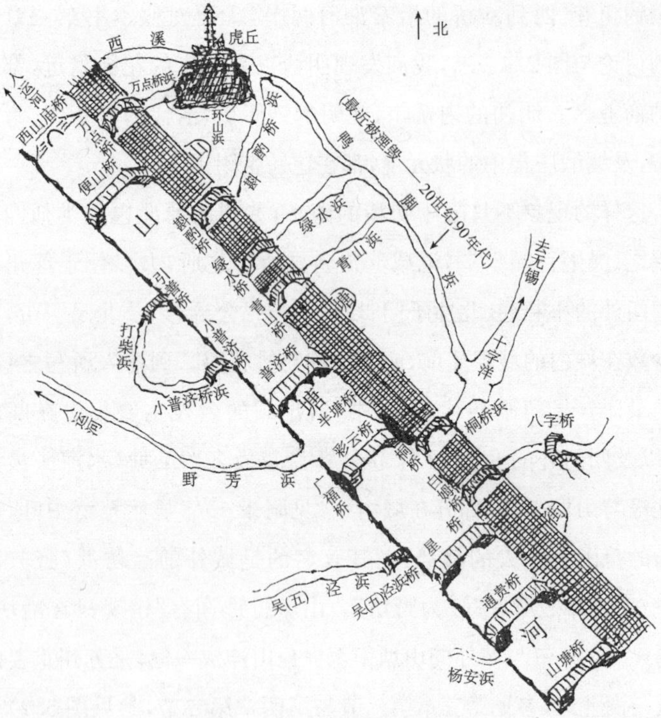

图 5.2　山塘河水系示意图

资料来源：牛示力编著，《明清苏州山塘街河》(上海：上海古籍出版社，2003)，页 25。

歌，四时不绝。垂杨曲巷，绮阁深藏，银烛留髡，金觞劝客，遂得经过赵李，省识春风。”①这些表明虎丘美景必定要有艳妓相衬。

由此可见，青楼妓院所在地不但吸引人潮，而且还带动了消费风气，使得周遭的商店街生意兴隆，进一步推动了青楼区附近的商业发

① (清)西溪山人编，《吴门画舫录》，页 61。

展。换成现代的话语,也就是红灯区成了城市的观光景点,同时因为邻接商业区,带动了城市商业区的繁荣。正是因为青楼妓院的存在,对城市经济的繁荣具有相当重要的影响力,甚至持续到民国以后。迈入20世纪以后,因为苏州城外阊门与胥门之间扩建了新式的大马路,为了繁荣当地的经济,地方官员与企业主都主张将原来在阊门内的妓院迁移至此,于是苏州的妓院被迫迁移以带动该地的商业[①]。

小　结

过去我们对明清妇女活动空间与自由度的印象,是她们在"吃人的礼教"束缚之下不能参加政治活动,无法自由就业,婚姻不能自主,只能困于家中。其实这种刻板印象是受到五四以来批判传统的影响。五四时期的新文化运动从一开始就批判传统,但是在他们批判传统的过程中,却相当程度地简化了传统妇女的形象[②]。无独有偶,西方学界对近代早期妇女自由度的看法,也曾一度局限在认为当时妇女的活动空间是受到限制,然而新的研究成果已经推翻此成见[③]。

---

① 参见柯必德(Peter J. Carroll),《20世纪初期苏州的花柳区》,收于巫仁恕、康豹、林美莉主编,《从城市看中国的现代性》(台北:"中研院"近代史研究所,2010),页151—169。

② 当时比较有代表性的妇女史著作,就是陈东原的《中国妇女生活史》。

③ 如英国18世纪末到19世纪初的乔治王朝时代(Georgian era, 1714～1830),商人的女人、律师的妻子与绅士的姐妹等受教育的妇女,曾被视为丧失其女性的活动自由而退居其家庭内。但是Amanda Vickery透过对当时这类妇女所留下的(转下页)

从本章的讨论可以看到，明清时期江南的妇女在许多方面的休闲活动，如节日、庙会、进香与游园等，都有相当的自主性。她们能够参与的休闲活动，比之前朝代的妇女，在种类上可能更加多样化。她们的活动空间也超越前代，如跨省际、长距离的妇女进香活动，更是之前朝代绝少见者。虽然她们自身的行动能力受到局限，但是当时已发展出女性专属的交通工具，如女舆和堂客船，有助于她们的行动。以上这些发现在在说明了过去对明清妇女的刻板印象是需要重新考量的。

西方历史学者的研究发现，18 世纪英国一旦工资收入提高之后，在消费上男女会有很大的差别；男性会花费在运动与休闲方面，女性则是以服饰及家庭用品的消费为主①。明清时期男女消费形态的确也有差异。本章指出，明清江南妇女在服饰消费方面特别突出，从明中叶以后江南妇女的服饰从朴素走向华丽，甚至形成追逐时髦的流行时尚，还有模仿后妃或命妇装扮的社会仿效行为（social emulation）。至于购物方面，江南妇女较常购买的有成衣、珠宝首饰、化妆品、鲜花与甜食等。一些间接史料显示，当时妇女出门至店家购

(接上页)书信、日记与阅读物所作的分析，已经说明当时这类妇女拥抱着超越其教区的更宽阔的世界，而且正在享受着逐渐形成的新的公共空间，包括会议室、系列的音乐会、巡回的图书馆、季节性的剧场演出、城市漫步与休闲园林等。参见 Amanda Vickery，*The Gentleman's Daughter*：*Women's Lives in Georgian England* 一书。

① Neil McKendrick，"Home Demand and Economic Growth：A New View of the Role of Women and Children in the Industrial Revolution，" in Neil McKendrick，ed.，*Historical Perspectives*：*Studies in English Thought and Society*，*in Honour of J. H. Plumb*，199 - 200.

物并不稀奇，同时还有上门贩卖商品的巡回商人与卖婆、牙婆等，而且在游观活动的时机，妇女也可以公然出门逛街。为满足妇女的消费需求，除了游观地点有临时的市场外，在城市内还形成专卖妇女用品的商店街。

本章还要强调的则是妓女的重要性。近年来明清妇女史的研究中青楼文化的研究成果相当丰硕，然而这一点却是过去较被忽略的一面。妓女，尤其是名妓，不但本身是高消费族群，而且还带动流行时尚的消费风潮，不少火山孝子为讨其欢心，竭力在购物消费方面下功夫。这就如同著名的经济学家桑巴特（Werner Sombart，1863～1941）在《奢侈与资本主义》一书中对西方 17 世纪奢侈现象的分析，他特别强调宫廷情妇、宠姬，尤其是高级妓女对上流社会的影响。她们给宫廷以及整个社会带来对财富的渴求、诱惑力、巨大的消费、盛大的娱乐生活等，从而使整个社会弥漫了一种挥霍无度和追求奢侈的风气。尤其是高级妓女，她们成为有产者的妻子在时尚方面追随的对象，于是桑巴特称之为“妓女的时代”①。再从城市空间的角度来看，无论是苏州或是南京，著名的青楼区几乎都位于城市内重要的商业区，因而成为城市空间中重要的景观，同时对繁荣城市经济有很大的影响力。

① 维尔纳·桑巴特著，王燕平等译，《奢侈与资本主义》（上海：上海人民出版社，2000），页 66—75、85—103、117—119。

第六章　士商的休闲消费与男性特质

研究现代消费行为的社会学家已经指出，消费行为的差异，可以反映出性别上的区分。不仅如此，消费行为与消费取向是建构社群认同的重要途径或象征。上一章已经探讨了明清妇女的休闲与消费活动，我们需要反思的是：代表当时男性特质的消费行为又是什么呢？其实当我们愈加了解明清妇女的消费文化，才能更深入理解男性消费文化的特质。本章尝试分析男性在从事休闲消费的行为时，所呈现出有别于女性的男性特质（masculinity）[①]。关于男性特质的探讨是近十年来新兴的课题，而明清时期的研究成果并不多，通常是以文学作品为素材来探讨传统男性的形象，尚未见从消费的角度来看男性特质的研究[②]。

---

① “masculinity”一般译为“男子气概”或“男性气概”，各个学科对其定义与解释不一，若要简明定义的话，masculinity 系指性别关系中男性的位置，又是通过行动的实践以确立其位置。又 masculinity 具有多样性，且是透过社会建构的过程而形成的观念与行为，对于身体、个性、文化皆产生影响。参见 R. W. Connell 著，柳莉等译，《男性气质》（北京：社会科学出版社，2003），页 97。笔者译为“男性特质”，乃欲摆脱“男子气概”字面意义所呈现的阳刚印象。

② 这类研究才刚起步，探讨的焦点包括传统男性中“文”与“武”的特质，或是由小说来看忠臣、英雄、好汉、才子等形象的塑造，或通过青楼妓女与贞节烈女　（转下页）

这种特殊的男性消费文化的特质，其实是透过某些男性阶层或社群所建构而成的。虽然明清时期关于男性消费者的记录要比女性丰富，不过大多数仍集中在少数的高官权贵与富商大贾。高官权贵与富商大贾因为财力雄厚，有能力购买大量的奢侈品，是不足为奇的。如明代严嵩与张居正、清代的和珅等人，他们被抄家的财产清单里，充斥着大量华丽的奢侈品与文化商品。严嵩被抄家后的物品清单被人以“天水冰山录”为名辑成书，流行一时，富贵之家以之作为购买奢侈品的依据②。而和珅的抄家清单比之严嵩，更是有过之而无

(接上页)的文本来探讨男性意识的界定，其中尤以男同性恋的议题最受瞩目。相关的研究有 Kam Louie, *Theorising Chinese Masculinity: Society and Gender in China* (Cambridge: Cambridge University Press, 2002); Song Geng, *The Fragile Scholar: Power and Masculinity in Chinese Culture* (Hong Kong: Hong Kong University Press, 2004); Martin W. Huang, *Negotiating Masculinities in Late Imperial China* (Honolulu: University of Hawai'i Press, 2006); Paola Zamperini, *Lost Bodies: Prostitution and Masculinity in Chinese Fiction* (Leiden; Boston: Brill, 2010); Giovanni Vitiello, *The Libertine's Friend: Homosexuality and Masculinity in Late Imperial China* (Chicago: University of Chicago Press, 2011). 较特别的研究是 Janet Theiss, "Explaining the Shrew: Narratives of Spousal Violence and the Critique of Masculinity in Eighteenth-Century Criminal Cases," in Robert E. Hegel and Katherine Carlitz eds., *Writing and Law in Late Imperial China: Crime, Conflict, and Judgment* (Seattle and London: University of Washington Press, 2007), 44 - 63. 该文探讨明清小说中常出现的“悍妇”，但在真实的杀妻案件中，审判官的观念认为不孝媳妇的行为，应该是其丈夫教育无方所要负的责任；所以不见得同情杀妻的丈夫，反而相当程度同情被杀的妻子。由此反映出清代法律观念中男性权威的特点。

② Crag Clunas, *Superfluous Things: Material Culture and Social Status in Early Modern China* (Urbana, Ill.: University of Illinois Press, 1991), 46 - 49.

不及[①]。至于明清的大商人，尤其是新安与山西这两大商帮资本雄厚，消费力自然惊人[②]。例如清代扬州盐商购物的奢华程度早已为学者所揭示[③]。然而，促使晚明以来消费社会的形成，以及建构男性消费文化的并不只是这些人，而是要有更广泛的社会阶层能够参与休闲消费。

本章探讨的对象是明清时期有能力从事休闲消费的重要群体，也就是当时所谓的"士商"阶层[④]。第一节是从当时士大夫对妇女的休闲活动与奢侈消费所作的批评来分析男性对女性休闲消费的偏见，而这些偏见相当程度地反映了部分男性的焦虑感。第二节则是探讨明清士大夫所建构的男性休旅文化。第三节中，笔者尝试透过对日记的分析，来呈现当时江南士大夫的购物行为，并分析其中所隐含的男性特质。末节则是说明当时所建构的男性特质的消费文化，其实是士商阶层所共享的消费文化。至于城市空间，则是建构上述男性特质的消费文化时所不可或缺的要件。

---

① （清）陈其元撰，《庸闲斋笔记》，卷9，《和珅查抄单》，页233。

② 明代大商人资本还是五十万两级，最高至百万两级，到清代则数百万两已属常见，更有千万两级。如史料形容两淮盐商在明代有"数十万以汰百万两者"，到清乾隆年间已是"以千万计"了。参见吴承明著，《中国资本主义与国内市场》（北京：中国社会科学出版社，1985），页250；汪崇筼著，《明清徽商经营淮盐考略》（成都：巴蜀书社，2008），页229。

③ 何炳棣著，巫仁恕译，《扬州盐商：十八世纪中国商业资本的研究》，《中国社会经济史研究》，1999年第2期，页59—76。

④ 明中叶以后"士商相杂"的现象业已明显，士与商之间确已不易清楚地划界线了。参见余英时著，《中国近世宗教伦理与商人精神》（台北：联经出版公司，1987）之下篇。

第一节 士大夫对妇女休闲消费的偏见

明代中叶以后一直到清代，许多士大夫都对妇女的休闲与消费行为提出批评。这些出自男性的批评，相当程度上与当时整个社会对奢侈风气的批评是一致的，并不全然是站在性别的角度，但是其中某些论述明显地带有性别的偏见。甚至以男性主导的政治里还会有更严厉的措施，也就是以法令来规范或禁止妇女的休闲消费活动。这些批评与举动的背后，其实反映了部分男性的焦虑感。

对妇女休闲活动的偏见

针对妇女的休闲旅游活动，明清士大夫有一套强调礼制教化的论述。就以江南为例，乾隆朝任职江苏巡抚的陈宏谋（1696～1771）发布过《风俗条约》，主张应禁止妇女进香旅游：

> 妇女礼处深闺，坐则垂帘，出必拥面，所以别嫌疑、杜窥伺也。何乃习于游荡，少妇艳妆，抛头露面，绝无顾忌；或兜轿游山，或镫夕走月，甚至寺庙游观，烧香做会，跪听讲经，僧房道院谈笑自如。①

① 同治《苏州府志》，卷3，《风俗》，页33b—34a。

他认为妇女就该“礼处深闺”，不应抛头露面，更何况是去旅游进香。所以他规定：“现在出示庵观，有听从少年妇女入寺庙者，地方官即将僧道枷示庙门，仍拘夫男惩处。”他的继任者们对前任官员的观点颇有同感，清中后期的江苏巡抚，如裕谦（1793～1841）有《训俗条约》，丁日昌（1823～1882）有“告谕”，都强调了妇女的行为规范问题。

巡抚以下的地方官员，也有许多类似的告诫。如清初戴舒庵在浙江天台县任上，先后发布了《严禁妇女入庙烧香以正人心以端风俗事》及《再行严禁妇女入庙烧香以养廉耻以挽颓风事》的告示，批评当时妇女红裙翠服、俏装倩服、携榼提壶、玩水游山、朝神礼佛等现象，认为这些“真正可鄙、可贱、可悲、可痛！若不严加禁止，将来败俗安穷”[①]！地方的士人也有不少赞同官府的禁令，如清代苏州府吴县人钱辰（1808～1863）在其日记中，对妇女烧香活动也颇有意见：“妇女入庙烧香，臬司出示严禁，奈何许多妇女犹公然朝山进香耶！”[②]

从强调礼教风化的角度来批评妇女这类活动的论述中，核心观念是“男女之防”。如康熙年间江苏巡抚汤斌（1627～1687）《抚吴告谕》中主张禁止妇女朝圣游山的原因，便是：“男女混杂，伤风败俗，闻者掩耳。”[③]第一章提到的清代士人钱泳，虽然主张江南的休闲设施提供了不少就业机会，但是却又认同妇女参与节日赛会活动是为时弊，盖因会“混男女”也！其曰：

---

① 康熙《天台治略》（清康熙六十年刊本），卷4，《告示》，页471—473、475—477。

② （清）钱辰撰，《篛翁日记》（上海图书馆藏手稿本），道光十五年七月十二日条。

③ 民国《吴县志》，卷52下，《风俗二》，页9b。

凡乡城有盛会，观者如山，妇女焉得不出？妇女既多，则轻薄少年逐队随行，焉得不看？趁游人之如沸，揽芳泽于咫尺，看回头一笑，便错认有情；听娇语数声，则神魂若失。甚至同船唤渡，舟覆人亡，挨跻翻舆，鬓蓬钗堕，伤风败俗，莫此为甚。[①]

也就是“男女之防”会因此而打破。同治年间，江苏巡抚丁日昌严禁妇女入茶馆饮茶，理由也是认为“贞淫为风化之首，男女宜授受不亲”，所以妇女入茶馆饮茶的“士女混坐”情况，“即使瓜李无嫌，而履舄交错，亦复成何事体？伤风败俗，莫此为甚”[②]。

严格“男女之防”就是要将妇女的活动空间与男性区隔开来，这样的做法是对妇女活动空间的一种制约，不顾妇女的需求，也不承认现实[③]。然而，这样的偏见其实反映了一个有趣的矛盾心理，也就是士大夫感觉到妇女的休闲活动威胁到或是干预了男性的休闲空间。我们从第四章明清苏州的例子，可以看到士大夫对妇女出现在休闲旅游空间的偏见。如李流芳说：“虎丘中秋游者尤胜。仕女倾城而往，笙歌笑语，填山沸林，终夜不绝。遂使丘壑化为酒场，秽杂可

---

① （清）钱泳撰，《履园丛话》，卷21，《笑柄·出会》，页576—577。

② 《江苏省例》（同治八年江苏书局刊本），册4，《严禁妇女入馆饮茶》，页13a—b。

③ 晚清上海的《申报》曾有一篇社论，一针见血地说出传统男性的偏见：“中国则殊有不然者，男则可以恣意游观，及时行乐，独至妇女断不听其出外，拘拘于阃内之禁，闺房深锁，即以为女道克贞，不至冶容诲淫，以贻帷簿之耻。”《论中国妇女之苦》，《申报》，1880年2月27日。

恨。”[①]又如归庄《支硎山》诗也说：“士女春游常杂沓，只今明净爱秋林。”[②]显然，这类男性文士把休闲旅游空间被妇女视为庸俗化的起点。

对妇女奢侈消费的偏见

传统中国政府的经济观念是强调“崇俭黜奢”，在此观念影响之下，奢侈消费成了一种浪费。明人顾起元在《客座赘语》中形容南京的情形：“俗尚日奢，妇女尤甚。家才担石，已贸绮罗；积未锱铢，先营珠翠。”[③]明代内阁首辅申时行(1535～1614)的《吴山行》一文，一方面描写苏州旅游季节时士女群聚的狂热景象，另一方面也说：“若狂举国空豪奢，比岁仓箱多匮乏；县官赋敛转增加，闾阎凋瘵〔笔者按：乃肺痨病也〕谁能恤，杼轴空虚更可嗟。”[④]他批评这种旅游活动太过奢侈浪费，使得官、民蓄积不多，一旦地方政府增加税赋，必会导致人们无力负担，国家基础也因而动摇。

这种看法很普遍，持续到清代，如陈宏谋发布的《风俗条约》，对于妇女穿着的华丽奢侈不以为然：

---

① (明)李流芳著，《檀园集》，收于《景印文渊阁四库全书》，册1295，卷8，《游虎丘小记》，页6a—b。

② (清)归庄著，《归庄集》，卷1，《诗词・支硎山》，页107。

③ (明)顾起元撰，《客座赘语》，卷2，《民利》，页67。

④ 崇祯《吴县志》，卷10，《风俗》，页4b—5a。

妇女宜端庄洁净，不在艳妆华服。素衣淡妆，荆钗布裙，更见女德。身著绮罗紬缎，头戴金银首饰，已云华美，何乃裙必绣锦织，金钗环必珍珠宝石，以贵为美，以多为胜；虽贩竖肩挑之辈，逐日营趁，生计艰难，而妻女亦皆紬缎金珠，不肖一著布素，物力日难，奢靡日甚，焉得不贫？贫则无赖何所不为，此地方官所宜劝诫者。①

他认为妇女喜好奢侈消费，将导致家庭“生计艰难”而走向贫困。针对这样的情形，他下令：“嗣后地方官见有此等，均宜量责以示惩戒，妇女则惩其夫男也。”②明清江南地方志里的《风俗志》关于奢侈风气的记载，当论及妇女奢华时也带有批判的意味。

上述观念不仅是官员的看法，明清时期的家训、俗语与治家格言等文本中，都有类似的言论。这显示妇女在消费购物方面的主动性与能力，已激起士大夫心中潜藏的焦虑。所以明清时人有俗语云：“破家之道，半在妇人。”又如《农桑易知录》就提到：

若妇人之不贤者，骄傲成性，忘夫男之经营，唯知一日之粉饰，穿的花绣绮罗，插的金朱玉翠；假入庵拜佛，以显其华丽；托三姑六婆，以引其游玩。此不特视钱财如粪土，直把廉耻为

① 同治《苏州府志》，卷3，《风俗》，页34a—b。
② 同上书，卷3，《风俗》，页34b。

虚无。[1]

显见作者在强调持家治生的同时，已经注意到操纵家内消费的主角其实是妇女。同时也反映出男性担心家中妇女的消费行为，认为她们的休闲与购物活动是败家的主因。

第二节　士大夫的休闲旅游与男性特质

明清士大夫的休闲活动中，呼朋引伴的旅游活动很具有代表性。从明中叶的阳明学者，到晚明的泰州与东林学者，都非常强调朋友之伦。对许多学者而言，“友天下之士”并不只是理想，而是付诸实践的生活方式。例如罗洪先（1504～1564）的文集中就有许多游记，呈现出融合交友、旅游、赏景、论学诸活动于一的生活方式[2]。从大量的游记中，都可以看到晚明士人常呼朋引伴、相约出游的情形。张岱的《游山小启》可谓一份典型的邀请函，郑材的文集中也有一篇《九日请

---

① （清）郑之侨辑，《农桑易知录》，收于李龙潜等点校，《明清广东稀见笔记七种》，卷3，《农桑善后事宜》，页125。

② 近人徐儒宗所编校整理的《罗洪先集》（南京：凤凰出版社，2007）的卷3，收录有《冬游记》、《夏游记》、《甲寅夏游记》、《衡游纪略》与《匡卢纪略》等。有关明代学者重友伦的研究，可参见吕妙芬著，《阳明学士人社群——历史、思想与实践》（台北：“中研院”近代史研究所，2003）之第七章。

客启》，内容是重阳节时邀请登高旅游的"同袍之会"[1]。以书信的形式邀约出游，或是谈论出游感受的例子更是常见。有深交又是同好的朋友作伴，往往是士大夫提高旅游兴致的重要元素。

士大夫们最常参与的旅游活动并不是探险性质的"壮游"，而是休闲性质的"浅游"。此外这类活动还具有另一种重要的功能，也就是社交。许多士大夫在回忆自己的旅游经验时，谈到从游之人，都是诗文会的朋友。如李日华的日记记载有礼部官员岳之律，以湖榜招客游马场湖，并要求来客能携带奇醰精茗，没带者则须以诗相赠，俨然诗文会也[2]。由此可见，旅游本身或是高官名流的聚会，或为诗文会而聚集。据明人焦竑（1541～1620）在《玉堂丛语》一书中的记载，这种登览游宴又兼诗文吟咏的文会，最早是明宪宗时曾任翰林学士的柯潜所提倡的"瀛洲胜会"，后来任南京尚书的刘龙将此风带到南京的官场中，形成南京官员中重要的社交文会[3]。有士大夫将此类活动直接与古代的文人集会作对比，强调明人旅游兼文会的优越性。如费元禄（1567～1644）就曾说，唐朝时有朝士文人赏会的传统，虽至明代已无之，但是明代士大夫的旅游聚会只要是在"春风和煦，天朗气调"的时节都可以进行，不必等到特别的节日。言下之意，明代士人的聚会融合旅游与社交，比之前代的文人赏会更频繁、更方便[4]。

---

① （明）郑材撰，《悦偃斋文集》（明刊本），卷33，《九日请客启》，页4b。又类似邀请旅游的书启格式在日用类书中也很常见。

② （明）李日华著，《味水轩日记》，卷6，万历四十二年八月十四日，页405。

③ （明）焦竑撰，《玉堂丛语》（北京：中华书局，1982），《游览》，页250—252。

④ （明）费元禄纂，《鼂采馆清课》，收于《丛书集成简编》，册222，卷上，页11。

晚明常见士大夫结社的例行活动之一，就是旅游。据祁彪佳日记中记载，他参与的放生社活动，常是诸友咸集，茶罢后游山①。有些士人结社的“社约”中，就明白地说到其活动之一，就是择湖山之胜景而聚会旅游。如嘉靖四十一年（1562）由闽人祝时泰于杭州创立的“西湖八社”，其社序云：“古之为社者，必合道艺之士，择山水之胜，感景光之迈，寄琴尊之乐，爰寓诸篇章而诗作焉。”②

清初部分士大夫仍延续着晚明士大夫结社旅游的风气，但是他们所作的游记，对于景物的描写多带有几许悲凉的感慨，如苏州长洲人尤侗（1618～1704）的《游虞山记》中，描述他与友人有临社之盟，期于拂水岩聚会；在乘舟前往的过程中，“窗外雨声，湛湛不休，胸中作恶”；“因蹴三子足，与谈古今史书天下大事，及齐鲁饥荒、晋楚盗贼之变，相对慷慨，鼓三下，始睡去”③。明清鼎革之后，有不少故事描写当士人结社时，因遭人讽刺而作罢。在《柳南续笔》一书中记载了一则清初士人旅游集会的故事，主角是松江府华亭县人金是瀛（1612～1675），字天石，自少便以诗文闻名，清初以隐逸征而不起，时论高之。当时松江府人文鼎盛，奉该郡某礼部尚书为盟主，而尚书亦屡至该地。某日尚书舟次旅游胜地白龙潭，诸名士方群趋附和，但金是瀛却

① （明）祁彪佳撰，《山居拙录》，收于《祁忠敏公日记》（绍兴：绍兴县修志委员会，1937），册 8，崇祯十年八月八日条，页 26b。

② （明）祝时泰撰，《西湖八社诗帖》，收于《武林掌故丛编》（清光绪七年钱塘丁氏嘉惠堂刊本），编 34，《序》，页 1a。有关明代士大夫集会结社的旅游活动，参见张嘉昕著，《明人的旅游生活》（宜兰：明史研究小组，2004），页 156—162。

③ （清）尤侗撰，《游虞山记》，收于劳亦安辑，《古今游记丛钞》，册 4，卷 16，《江苏省》，页 37—38。

写了一首感慨明亡又带有讽刺意味的旅游诗，以赠尚书；尚书得诗之后默然不语，当日即刻离去①。这次诗社旅游活动，被金是瀛的一首诗闹得不欢而散②。

随着清初士人结社风气的衰微，以及清朝禁止结社的政令发布，这种结社旅游的活动逐渐烟消云散。虽然明代士人结社的旅游活动到了清代逐渐沉寂，但是结伴而游的情形仍很普遍。尤其是官员之间约定日期同游的例子俯拾即是，在许多游记中常载有同游的官员职衔与名称③。此外，还可以看到与兄长、亲家同游者，或与同年共游的例子④。

明清的士大夫通常会带着自己的儿子或侄子辈同游，趁机让孩子见见世面，对儿子的未来不无帮助。明代的例子，如李日华旅游时通常会带着儿子一起去，几乎每次行程他都会携一子为伴，即使是去

---

① （清）王应奎撰，《柳南随笔·续笔》（北京：中华书局，1983），卷4，《金天石》，页201—202。

② 清代的笔记常见类似的故事，如鲍倚云《退余丛话》卷1记清初某日诸名士大会于嘉兴烟雨楼，客未集时，有一老人于壁上大书数句，语带讽刺，指名贤应自省；诸名贤至，一见大惊，遂为之罢会。又陈康祺《燕下乡脞录》一书也记一则故事，云清朝初定时，江浙士大夫犹沿明季遗习，即使方州大县都有士人立社自豪。当时三吴诸士推吴伟业为祭酒，将大会于嘉兴，但在泊舟处有人大书一联于野庙门外，讽刺当日乃明思宗殉国之日也，见者气沮而散。

③ （清）姚鼐著，《惜抱轩全集》（台北：世界书局，1984），卷14，《登泰山记》，页169；《金焦同游图记》，页174。

④ （清）梁章钜著，刘叶秋、苑育新校注，《浪迹丛谈》（福州：福建人民出版社，1983），卷2，《下河舟中杂诗》，页23—24；（清）赵怀玉著，《亦有生斋集文卷》，收于《续修四库全书·集部·别集类》（上海：上海古籍出版社据辽宁省图书馆藏清道光元年刻本影印，1995），册1480，卷6，《游西山记》，页8a。

附近的景点亦如是①。又如苏州府长洲县人汪琬(1624～1690)《游马驾山记》,也记其同游者除了友人、门人之外,还有其长子汪筠②。这类旅游兼教育与社交的功能,部分类似18世纪英国的"大旅游"(Grand Tour)。18世纪英格兰的上流子弟,在教育方面有一个重要的阶段,即所谓的"大旅游"。他们一般会到欧洲大陆游学三五年,学习欧洲的语言,见习优雅的礼仪,培养艺术品味与结交上流社会的人物等。明清士大夫旅游时常带着子弟也具有类似的功能,但并未如英格兰形成一种绅士教育的传统。

如此具有社交性质的文人士大夫的休闲旅游,从明中叶以后持续发展到清代,他们聚会旅游的地点其实都是集中在几个大城市。《桃花扇》的作者孔尚任(1648～1718)就说:

> 天下有五大都会,为士大夫必游地:曰燕台,曰金陵,曰维扬,曰吴门,曰武林。其地之名山大川,人物遗迹,各甲于天下,而士大夫之过其地者,登临凭吊,交其人士,莫不有抒写赠答之言。凡其言为其地之所传诵者,即为天下之所传诵。故士大夫游其地,非但侈情观览,盖如缙绅之通籍焉。③

---

① (明)李日华著,《味水轩日记》,卷7,万历四十三年七月十三日条,页471。

② (清)汪琬撰,《游马驾山记》,收于(清)王锡祺辑,《小方壶斋舆地丛钞》(清光绪三年至十三年上海著易堂排印本),册30,页126a。

③ (清)孔尚任著,汪蔚林编,《孔尚任诗文集》(北京:中华书局,1962),册3,卷6,《郭匡山广陵赠言序》,页459。

根据孔尚任的描绘，这样以游览城市胜景为中心而形成的交游文化，在明末清初已相当仪式化，尤其以主要都会区为主，蕴涵有明确的内在规范①。又其所云的五大都会里，有四个是在广义的江南地区，即南京、扬州、苏州与杭州。嘉兴平湖县进士孙植（1510～1601以前），在写给其子孙成泰（将赴南京国子监入学）的信中，也提到游览南京的重要性：

> 旧京为我圣祖兴王之地，天造经纶之业在焉，吾儿此行，不但取友于四方英贤，乃又观光南国。且古人称文章多得于山水之助，金陵自古称嘉胜，其于名胜所揽撷，当有出于《吴都赋》者矣。②

由此可见，江南大城市在士大夫休旅文化中的重要地位。

上述士大夫所建构的男性休旅活动中，女性家眷包括闺秀妇女在内，往往是被排除在外的。其实，士大夫的旅游活动中也有女性参与，在文人游记中常见带妓女或戏子随伴。晚明出身福建莆田、中年流寓金陵的书画家宋珏（1576～1632），在一封写给友人的信里如是云：

> 初九夜，携妙（笔者按：应为“妓”）入舟中，过兄。爱溪不得

---

① 费丝言，《明清的城市空间与城市化研究》，收入邱仲麟主编，《中国史新论·生活与文化分册》（台北：“中研院”；联经出版公司，2013），页317—341。

② 石守谦、杨儒宾主编，《明代名贤尺牍集》（台北：财团法人何创时书法艺术文教基金会，2013），册3，页51。

晤，空感月明坠也。诸朝雅集，以妓多为贵，不必名妓者。勿使桃叶笑人不会妆点耳。①

宋珏公开指出文人雅集之游，应该要多妓女为伴，他自己也身体力行，携妓舟游。另一著名的例子莫过于谭元春(1586～1673)《再游乌龙潭记》一文对“姬”的描述②，其云：

系筏垂柳下，雨霏霏湿幔，犹无上岸之意。已而雨注下，客七人，姬六人，各持盖立幔中，湿透衣表。风雨一时至，潭不能主。姬惶恐求上，罗袜无所惜。客乃移席新轩，坐未定，雨飞自林端，盘旋不去，声落水上，不尽入潭，而如与潭击。雷忽震，姬人皆掩耳，欲匿至深处。……忽一姬昏黑来赴，始知苍茫历乱，已尽为潭所有，亦或即为潭所生，而问之女郎来路，曰：“不尽然。”不亦异乎？③

乌龙潭，在南京城西清凉山侧，传说晋时潭中曾出现乌龙而得名，是南京近郊的一处风景清幽的景点。但是此篇记中却花了相当多的篇

---

① 石守谦、杨儒宾主编，《明代名贤尺牍集》，册3，页158。

② 据明人钱希言所撰之《戏瑕》记载，明代江南地区称妇女为“姬”；但是在游记中陪客人旅游的“姬”恐非一般民家女妇，而应该是妓女或优人。(明)钱希言撰，《戏瑕》，收于《四库全书存目丛书·子部·杂家类》，册97，卷1，《称姬》，页12a—13b。

③ (明)谭元春撰，《谭友夏合集》，收于《四库全书存目丛书·集部·别集类》(台南：庄严文化事业据上海图书馆藏明崇祯六年张泽刻本影印，1995)，册191，卷11，《再游乌龙潭记》，页16a—b。

幅叙述随行的妓女遇雨时的窘态，对作者而言似乎是旅游中的另一大乐事。本书第一章已提及，携妓这种行为在当时的士大夫文人圈中成了一种风流韵事。李日华的日记中，也有多次提及他受邀旅游时，还会带有歌妓与“姬”作表演娱乐游客[①]。

至清代，士大夫挟姬冶游的风尚依然不减[②]，《履园丛话》中就记载当盛清之时的江南士大夫们，“俱尚豪华，尤喜狭邪之游”[③]。清初苏州的方志指称：“吴人好游，以有游地、有游具、有游伴也。”而其所重视的“游伴”，即所谓清客也；其角色在于：“选伎声歌，尽态极妍。富室朱门相引而入，花晨月夕，竞为胜会，见者移情。”[④]可见清代的士大夫和明代一样，在旅游时也会携带妓女或戏子。关于清代士大夫“挟姬”旅游，在笔记史料中有较完整与清楚的记载，如《秦淮画舫录》中所提到的名妓杨枝的故事，据作者捧花生的回忆，当时有某位翰林官深为激赏，还邀作者雇画舫，“挟姬为水嬉”[⑤]。看来，明清的文人士大夫所建构的休旅文化中，虽然排挤闺秀妇女，但是却又要美“姬”为游伴，才能烘托出男性气质。

---

① (明)李日华著，《味水轩日记》，卷 4，页 247。其他例子，见同书，卷 7，万历四十三年五月二十九日条，页 464。

② 江南城市的青楼文化，在明清易代之际因为战争的关系一度萧条衰败，至清中叶后，和旅游风气一样逐渐地恢复往日的盛况。

③ (清)钱泳撰，《履园丛话》，卷 7，《臆论 · 醉乡》，页 193。

④ (清)乾隆《吴县志》，卷 24，《风俗》，页 10a。

⑤ (清)捧花生撰，《秦淮画舫录》，收于(清)王韬编撰，《艳史丛钞》，页 281。

第三节　士大夫的购物行为与男性特质

史籍中关于一般庶民购物的记录不多，留下较详细资料者皆是掌握文字书写权威的士大夫阶层。而要想了解明清士大夫日常生活中从事休闲购物的活动，最好的文献仍旧是他们的日记。以下讨论主要是以李日华①、祁彪佳②、吴骞（1733～1813）③与茂苑居士④的日

① 晚明士大夫李日华，字君实，号九疑，别号竹懒，嘉兴人。万历二十年（1592）进士，官至太仆少卿。个性恬淡和易，与物无忤。在晚明文人画界，堪称与董其昌并驾齐驱。《味水轩日记》即是关于其日常生活的记述，自万历三十七年（1609）至万历四十四年（1616），依年份分为八卷。

② 祁彪佳，字虎子，一字幼文，浙江绍兴府山阴县人，系藏书家祁承之子。明天启二年（1622）进士，次年任福建兴化推官，崇祯四年（1631）升任福建道御史。其所撰之《祁忠敏公日记》即是从该年记起。直到顺治二年（1645）清兵破南京，祁彪佳于梅墅寓园别业梅花阁前自沉殉节，《日记》止于该年的闰六月。

③ 吴骞，浙江海宁人，但其先世乃徽州休宁人，至曾祖时才迁于海宁，居新仓里小桐溪。字槎客，又字葵里，晚号兔床山人，乾隆年间贡生，以藏书知名。《吴兔床日记》为作者在乾隆末年所记，起于乾隆四十五年（1780），四十六、四十七两年独缺，从四十八年（1783）至五十六年（1791）均有记述。

④ 关于茂苑居士，则是生卒年不详，事迹亦缺考。《茂苑日记》记载时间启自丁巳年嘉庆二年闰六月十二日，至同年十月二十日止。从日记中提到紫阳书院、竹汀师可以推断，此人当与钱大昕（1728～1804）同时。作者长于书画，平日以作画读书为乐，应属姑苏的文人雅士。日记的内容主要是记其由苏州城内旧宅迁移至城郊山塘新宅的过程。其间日记主人常出访会晤友人，或与友人出游，或到市场店铺购物，所以常雇舟经过苏州西北的阊、胥二门。

记为主，再辅以其他明清文人日记[①]，来厘清明清士大夫休闲购物的诸多面向。从日记的记录可以发现，明清士大夫的购物行为模式有高度的相似性，因此我们可以推论，明清两代的士大夫或文人在购物文化方面有相当高的延续性。

购物的类别

明清时期哪些是男性主要的休闲与消费活动呢？就以缙绅士大夫之家为例，钱谦益（1582～1664）曾云：

> 士大夫闲居无事，相与轻衣缓带，留连文酒；而其子之佳者，往往荫借高华，寄托旷达。居处则园林池馆，泉石花药。鉴赏则法书名画，钟鼎彝器。[②]

---

① 另外二例为冯梦祯与钱辰。冯梦祯（1546～1605），字开之，其先世乃高邮人，在明初徙嘉兴府之秀水县。万历五年（1577）举会试第一，选翰林院庶吉士，累官翰林院编修。万历十五年（1587）京察，以浮躁谪官，直到万历二十一年（1593）才又复官。后来升至南京国子监祭酒，又因得罪某六部高官而遭弹劾去官，终不复出。冯梦祯筑庵于杭州西湖边的孤山，名其堂曰快雪，故其文集名为《快雪堂集》，而其中卷47之后系《快雪堂日记》，记载其生活起居。钱辰（1808～1863），字秋谭，号籥翁，苏州府吴县人，居苏州城厢附近的南濠。先世居金匮，自幼好学，潜心经术，尤精于《易》及五言古诗，曾选刻故友诗为《共赏集》，另著有《籥翁诗钞》与《听鱼轩诗钞》等书。较著名的事迹是于咸丰十年（1860）曾组织乡勇团练以抗太平军。上海图书馆藏有其清代手稿本之《籥翁日记》，起自道光九年（1829）22岁至十六年（1836）29岁为止。

② （明）钱谦益著，《牧斋初学集》（上海：上海古籍出版社，1985），卷78，《瞿少潜哀辞》，页1690。

引文显示，缙绅士大夫之家的嗜好除了休闲方面的闲饮、园林，在物质上则有花、石以及书画古董这类文化消费。这样的嗜好也当然会影响他们购物的倾向与购物的行为。

购书是士大夫们最常见的购物行为。如冯梦祯的日记载其于万历十七年（1589）三月十五日，“午后同子晋游书肆，觅书得抄本《医垒元戎》、《伤寒宝鉴》、《唐韵》、《绘事指蒙》、《考古图》共五种”[①]。李日华所购买的书籍包含前代与当代人的作品，有史书、文集、诗集、经书、官箴书与名人诗翰等。祁彪佳所购买的书籍种类也与李日华类似，较不同的是，祁彪佳还喜好戏曲与政书类的书籍，如《会典》、《陆宣公奏议》、《洪武正韵》与《雍熙乐府》等。吴骞在日记中描述他购物最多、最频繁的也是书籍，在类别上和前几人相差不大，不过他显然更在乎的是版本，他所买的书中有很多是稀见的宋版书[②]。

再从所谓的“法书名画”来看，李日华所购者书法类亦多，所见有草书与行书，形式上有书帖、碑帖、名札与名公手迹等。至于绘画方面，李日华所购者有前代与当代画家的作品，形式上有长卷、画册、单画与长幅等。吴骞也买画，日记里记载他购得的画，种类有山水画卷、人物像、园林图等。

“钟鼎彝器”这类的古董或古玩，是明清江南士大夫最盛行的收

---

① （明）冯梦祯撰，《快雪堂集》，收于《四库全书存目丛书·集部·别集类》（台北：庄严文化事业据北京大学图书馆藏明万历四十四年黄汝亨、朱之蕃等刻本影印，1997），册165，卷49，页9b。

② 如他到虎丘钱氏书肆，记其对所观之书的评论，特别注明是何朝代的刻本、校本，还有“与世行本绝异”之语。参见（清）吴骞撰，《吴兔床日记》，收于《历代日记丛钞》（北京：学苑出版社，2006），册31，乾隆五十四年十月十日条，页378—379。

藏品。据《万历野获编》，此风气源自嘉靖末年，因海内宴安，“士大夫富厚者，以治园亭，教歌舞之隙，间及古玩”。尤其在江南士大夫之间，甚至有“互购相轧”、“遂成战垒”之形容①。直到清代，此风不衰，乾隆《吴县志》就说：“富贵之家多收藏古玩，名曰骨董。”②即使是清官也难免俗③。

古玩在李日华的购物中较少见，但是其日记里仍有记其购得古玉卮、犀小斝二物，“古玉卮一、犀小斝一，大如当三钱，又如新生荷叶，背刻梅花一朵，精甚”④。祁彪佳在北京任官时，也曾在庙市买汉匜一具、象板一副、断纹盘一面⑤。吴骞购买的古董颇多，在他的日记里见有汉铜官印、汉代古钱币、六朝时的古镜、周代的虎錞、宋代朱印⑥。另外日记中有一则他到城里的古董店骑尉衙斋，记录他所看到的古器书画精品⑦。茂苑居士的日记并没有记载太多他所购的古

---

① (明)沈德符撰，《万历野获编》，卷 26，《玩具·好事家》，页 654。

② (清)乾隆《吴县志》，卷 24，《风俗》，页 12a。

③ 如康熙初年任扬州通判的王廷宾，“为人刚毅正直，士庶无不推重。近闲住无事，见时俗皆尚古玩，亦欲留心于此，然尚未究也。”后来忽然玩心大起，欲大收古玩，遂要求徽商吴其贞(1607～1678?)为其搜购。见(清)吴其贞撰，《书画记》，收于《四库禁毁书丛刊补编》(北京：北京出版社据故宫博物院图书馆藏清乾隆抄《四库全书》撤出本影印，2005)，册 34，卷 5，页 62b—63a。

④ (明)李日华著，《味水轩日记》，卷 1，万历三十七年十一月二十二日条，页 63。

⑤ (明)祁彪佳撰，《栖北冗言》，收于《祁忠敏公日记》，册 2，崇祯五年三月十五日条，页 11a。

⑥ 他的朋友许臧弓还在咸阳亲见出土的秦代古瓦当，特别买回来送给他当八十祝寿礼物。见(清)吴骞撰，《吴兔床日记》，册 32，嘉庆十七年九月重九日条，页 418。

⑦ (清)吴骞撰，《吴兔床日记》，册 32，嘉庆七年四月二十日条，页 92。

玩，仅见有古金扇与古瓶。

再就“泉石花药”之类而言，李日华购买花卉很频繁，花的种类繁多，如蕙、兰、茉莉、梅、桃、枸杞、牡丹与杜鹃等。祁彪佳回乡后生建构寓园之癖，其日记里记载他常至近村访梅，以善价得之，归而种于竟志堂前。又买茶树种在寓园，还有购玉蝶水仙与菊花[①]。李日华购买的石类有两个醒目的例子，即同友人至试院前的市场所购之大灵璧石与英石尖峰[②]。由这两个石峰的体积来看，李日华买它的作用，可能是为了陈设展示之用，而不是作为古董把玩用。祁彪佳居绍兴时拜访友人，也曾到石屋寺购买奇石数十枚[③]。茂苑居士在日记里记其曾在画馆买得昆石一块与浮水石一块[④]。可能因为茂苑居士搬迁新居的原因，所以在他的日记里最常购买的物品之一是花卉，包括兰花、杜鹃、菊花、凤仙与杨梅（鹤顶）等。

李日华的日记里还记有更多元化的物品，如文具类的砚台。家具类的有龙潭石黑髹榻、用以养万年松的五彩均州水盂，以及能容斗米的白定酒盎。也有首饰类，如碧玉巾圈，“碾云里天鹅，颇细妙”；又

---

① (明)祁彪佳撰，《自鉴录》，收于《祁忠敏公日记》，册8，崇祯十一年十一月十四日条，页33a；崇祯十一年十一月十五日条，页33a；崇祯十一年十二月十五日条，页36a。(明)祁彪佳撰，《感慕录》，收于《祁忠敏公日记》，册10，崇祯十三年九月十五日条，页31b。

② 其记：“大灵璧石一，形如伏虎，色黝黑光润，背面元章镌记，又横镵‘列翠’二大字。又英石尖峰一，高二尺有五，阔二尺多，蹙浪文可爱。”见(明)李日华著，《味水轩日记》，卷4，万历四十三年三月十九日条，页227。

③ (明)祁彪佳撰，《感慕录》，收于《祁忠敏公日记》，册10，崇祯十三年九月十四日条，页31a。

④ (清)茂苑居士撰，《茂苑日记》，收于《历代日记丛钞》，册33，页484。

有玛瑙方圈，“就黄黑斑碾卧树石云月，亦妙”。还有一次他到苏州阊门，一口气就买了精瓷四五十件[①]。李日华买的茶见于日记者有两种，一是龙井初芽，一是天目山茶，都是精品。这些物件皆非民生必需品，其实在李日华与祁彪佳的日记里，几乎看不到他们购买日常生活必需品的记录。

吴骞常买的文具有砚、墨、印材与扇。但前述四者皆非普通的文具，如其于市中购得之歙石蟾蜍砚，腹有篆铭，末署“正德庚辰沈平庵铭”；又如前引文中有唐蜇血砚，乃宋坑砚，上有篆书铭不全。他买得一鸲鹳砚，乃产于端溪旧坑，他还特别为之作铭。他还曾购得明代制墨名家方林宗寥天之一墨，旁署“太监陈熷监制”。显然这些都可以算是古玩。他偶得羊求休印材，即大松石，出产自宁波府大松所。其质类玉，真者甚少，市面上大多是伪造者。他买扇也是非常挑剔的，如在贡院西买得王昭平先生所书之扇，扇金面上小书《鵁鶄赋》最精[②]。吴骞在日记里记下的唯一勉强可以算是日常民生用品的，是记市肆中卖有一黑骨猪，他认为价格颇值得。

相对前述三位人物，茂苑居士的日记较多一般性商品购物的记录。茂苑居士的日记里记有不少买家具的记录，如到上塘街买横窗、窗扇、木荫檐等，应该是为其装饰新居所用[③]。还有到贩卖旧衣的店铺买“估衣”，包括珊瑚结帽顶；还有买药品（字衣丸、八珍丸）、食物

---

① （明）李日华著，《味水轩日记》，卷2，万历三十八年四月十四日条，页101。

② （清）吴骞撰，《吴兔床日记》，册31，乾隆五十一年元月二十三日条，页328；册32，嘉庆九年十月四日条，页161；册31，乾隆五十九年八月中秋日条，页509。

③ （清）茂苑居士撰，《茂苑日记》，页513、517、544。

（螃蟹）与香货等，并在张泰兴店内观赏玻璃器制造[①]。茂苑居士身家背景的资料不足，不过从日记的内容来推测，他应该是未任过官的士人，所以地位远远不如晚明的李日华与祁彪佳。再就财力而言，他亦不及吴骞，所以他的日记里关于购物的记载更趋近于一般日用品的消费，而非全是奢侈品的消费。清代苏州士人钱辰的购物行为，也类似茂苑居士。在其日记里，也曾记其到苏州城内购物，包括买帽子之类，如道光十六年（1836）三月一日“入城之吴氏，入城买帽”[②]。

购物的途径与城市

关于士大夫们的购物途径，据日记显示可以分为两种：一是商人或友人到其家贩卖。如李日华日记里可以看到有市侩、夏贾、歙人、书贾、湖贾（应指湖州的商人）、市儿、客人。有姓名记载者有歙友吴东篱、余生与俞生。祁彪佳的日记曾载其从友人王云岫购买花石，置于寓山之园[③]。吴骞的日记载明其所购之物来自到其家贩卖的商人，如记其所购之宋刻本《说苑》，就是“书估”吴良甫自苏州来求售的；又记其从山东人周敬修（字东野）购得一宋代朱记[④]。茂苑居士的日记里

① （清）茂苑居士撰，《茂苑日记》，页517—518、541—543、565—566、570。

② （清）钱辰撰，《篇翁日记》，道光十六年三月一日条。

③ 《自鉴录》云：“崇祯十一年五月初七日，从王云岫货花石，至陈长耀，先出寓山。奴子从当湖归，得李石云、陆登之、吴二如书。”参见（明）祁彪佳撰，《自鉴录》，收于《祁忠敏公日记》，册8，崇祯十一年五月七日条，页15a。

④ （清）吴骞撰，《吴兔床日记》，册31，乾隆四十八年十一月十日条，页228；册32，嘉庆十六年五月端阳日条，页368。

也记载，有人持古金扇一幅来质，檀香骨上嵌有螺甸云龙白玉，他从上面的题诗发现系其家坟内物品，不知何时落入他人之手[①]。

士大夫们更是经常出门，自行到市场或商店购物。如冯梦祯的日记显示，他无论是里居时期或罢官之后，都时常到杭州城内的书肆与古董店闲逛，如万历三十年(1603)十二月，“二十八日，同超宗问琴唐卿散步至朝天门，过邵氏取古玩数事，回约其到舍议价。二十九晴，同柴敬泉及骥儿、沈超宗，散步自官巷以东古董店，看诸物”[②]。

李日华常去嘉兴本地购物的地点，包括试院前、昭庆寺廊肆、六桥的项老儿肆、苏贾与叶贾所开之店铺等。关于昭庆寺廊肆还有一段记载：

> 万历四十年七月二十九日，前是督理织造内臣孙隆于昭庆寺两廊置店肆百余，容僧作市，鬻僧帽、鞋履、蒲团、琉璃数珠之属。而四方异贾亦集，以珍奇玩物悬列待价，谓之摆摊。余每饭罢，东西游行，厌而后舍去。[③]

张岱《西湖梦寻》与《陶庵梦忆》都曾记载昭庆寺的盛况，其廊肆奇货可居，无日不市，“三代八朝之古董、蛮夷闽貊之珍异”，皆集中于此[④]。此

---

① (清)茂苑居士撰，《茂苑日记》，页498。

② (明)冯梦桢撰，《快雪堂集》，卷59，页38b。

③ (明)李日华著，《味水轩日记》，卷4，万历四十年七月二十九日条，页251。

④ 明季崇祯年间遇火灾，至清初重建后渐复旧观。参见张长虹著，《品鉴与经营：明末清初徽商艺术赞助研究》(北京：北京大学出版社，2010)，页171—172。

外李日华到外地购物常去的地方，有苏州的阊门、虎丘（主要是买花卉）与濠市（应指南北濠一带），以及杭州的法相寺（主要是买茶）。

至于祁彪佳在北京时，最常去逛街购物的地点有二，一是每月十五日开市的庙市，一是每年正月开市的灯市[①]。祁彪佳在居乡时常去购物的地点，一是去绍兴府城内的大帝庙附近购书；又常到山阴县的县城，尤其是城内自北海桥步至新司后，是他看古玩的去处[②]。

清人吴骞平日购物的地点，较近者就是海宁县城。如前述到骑尉衙斋古董店，就位于海宁城内。日记里还有记他入海宁县城，偶得明人王锡爵的书法[③]。此外，他也常到外地购物，尤其常到苏州，因为在此可以买到更多样化的书画与古董。除了上述他在虎丘钱氏书肆购书的例子外，又例如在乾隆四十八年（1783）十二月下旬记其到苏州阊门书肆见到许多好书，包括王后海评《容斋五笔》，又买了宋版精雕的《周益公书稿》与刻有"琅槐丞印"的汉代铜官印；尤其对未立即购买元人敖继公著《仪礼集说》一书而被他人买走一事，耿耿于怀。

---

① 《帝京景物略·灯市》称："市之日，省直之商旅，夷蛮闽貊之珍异，三代八朝之骨董，五等四民之服用物，皆集。""城隍庙市"条亦称："城隍庙市，月朔望……图籍之曰古今，彝鼎之曰商周，匜镜之曰秦汉，书画之曰唐宋，珠宝、象、玉、珍错、绫锦之曰滇、粤、闽、楚、吴、越者集。"可见灯市与庙市时各地货物齐集，利于游人购买。（明）刘侗、于奕正著，孙小力校注，《帝京景物略》（上海：上海古籍出版社，2001），卷 2，页 88；卷 4，页 238。

② （明）祁彪佳撰，《自鉴录》，收于《祁忠敏公日记》，册 8，崇祯十一年十二月十五日条，页 36a；（明）祁彪佳撰，《感慕录》，收于《祁忠敏公日记》，册 10，崇祯十三年二月二十一日条，页 9a。

③ （清）吴骞撰，《吴兔床日记》，册 31，乾隆五十七年二月望日条，页 465—466。

还有一次记他到苏州虎丘，遇到“书估舟”卖《徐霞客游记》写本①。吴骞的日记还记载其友人游徽州书市时，见到有书画家郑旼(1632～1683)所绘《拜经图》求售者，就买下赠给吴骞，因为吴骞的藏书楼名为“拜经楼”也②。

茂苑居士的日记虽然没有记太多其所购的古玩与书画，但是却常记其往古玩店铺与书画铺的经历。如到护龙街的陆氏古玩店，店主为其展示明人诗卷查梅壑尺牍③。其他购物地点也不少。如到珠明寺附近买估衣④，至上塘街买家具，于其新宅所在的山塘买花；玄妙观附近是他最常去的购物地点，包括买杂货以及到郁卿亲画铺、陆氏笔墨铺等。

上述例子毫无疑问地说明了只有在城市才有符合士大夫休闲购物需求的市集与商店。而且江南的大城市如苏、杭与南京，是士大夫的首选。但是附近次一级的府城，如嘉兴、绍兴与徽州府城也都有这类市场与商店，即使是像海宁或山阴县这样的县城，多少也有可以满足士大夫休闲购物最起码需求的店铺与市集。

---

① (清)吴骞撰，《吴兔床日记》，册31，乾隆四十八年腊月十三日条，页235；册31，乾隆四十八年腊月十五日条，页236；册31，乾隆四十八年腊月二十二日条，页238；册31，乾隆五十年四月三日条，页306。

② 同上书，册31，乾隆五十二年四月七日条，页344—345。

③ (清)茂苑居士撰，《茂苑日记》，页504。

④ 据同治《苏州府志》载珠明寺原名朱明寺，在城隍庙西，东晋时有朱明舍宅建寺，后毁，清初巡抚署暂迁该地时见灵异而重修。参见同治《苏州府志》，卷39，页14a—b。

购物的经验与社群网络

购物的过程不只是买卖有无而已，其实是很重要的社交经验，士大夫的日记里就描述了他们的购物经验。首先就商品价格方面的经验而言，有少数商品在李日华的日记里有价格的记录，如买得阁帖古本一部，无断裂痕，价格高达二百五十两。还有一位客人持有双猫睛一颗来访，该石乃淡黄石一块，如拇指大，李日华认为不过是平凡的石头，该客人却索价二千。从这两则记录看来，李日华在从事休闲购物上的花费相当高[①]。吴骞的日记里也有一些有关购物价格的资料，虽然不一定是他自己购买的经验。他曾为友人代购名家的书画，花了二十四金购之。又记文衡山《拙政园图册》凡三十一幅，被胡陈村胡氏以二百金得之[②]。从一般人的角度来看，他们所购买的物件都可以算是奢侈品了，这也反映出士大夫对物价的敏感度。

此外，士大夫到外地购物，其实是他们休闲旅游的行程之一，所以购物也像是旅游。这样的旅游过程，有访友，有购物，所以形成社交活动重要的一环。士大夫出游购物的经历，其实呈现了交换知识的社群网络，士大夫从其社群网络中可以得到不少市场的讯息。如李日华的日记曾载有一日夏贾从金陵来，告诉他近日书画的通路中断，过去的卖者不愿卖，买者也不想买，"盖由作伪者多，受绐者不少，

---

① (明)李日华著，《味水轩日记》，卷 5，万历四十一年八月五日条，页 332。

② (清)吴骞撰，《吴兔床日记》，册 31，乾隆五十五年六月朔日条，页 412—414；册 32，嘉庆十年十二月十五日条，页 199。

相戒吹齑，不复敢入头此中耳”[①]。祁彪佳的购物讯息，也是来自其友人。如他居绍兴时曾与友人董天孙等同游府城，董天孙告知府城大帝庙的书肆有《徐文长手书诗稿》贩卖，祁彪佳遂急于购之[②]。吴骞的日记里也曾记其从外甥处得知的消息，听闻梅会里某氏欲以估价约三千金将所藏书画售予武原彭正亭，然而彭临死谓其子曰：“依吾估之直，三折可买之。”又闻嘉禾叶万春收罗古玩多作伪，以愚俗人[③]。茂苑居士的日记常记其与友人会晤于画馆或古玩店，讨论古玩书画的好坏与真伪。如记其过陶家祠会晤友人，友人出示书斋画册中华庆冠[④]所作的小像画，又论诗品画，良久而别。又记造访友人徐淡安，徐氏出示宋元明及近来诸名人画，“皆赝本也”[⑤]。

同时，士大夫在日记里不断地透露出，对他们喜好购买收藏的文物艺术品（如古玩之类）被商品化的不满与焦虑。就像李日华曾说：

> 自古士大夫搜古以供嗜好，纨绔子弟翕然成风，不吝金帛悬购，而猾贾市丁任意穿凿，驾空凌虚，几于说梦。昔人所谓李斯

① （明）李日华著，《味水轩日记》，卷4，万历四十年闰十一月十八日条，页283。

② （明）祁彪佳撰，《感慕录》，收于《祁忠敏公日记》，册10，崇祯十三年二月二十一日条，页9a。

③ （清）吴骞撰，《吴兔床日记》，册31，乾隆四十八年十九日条，页214。

④ 华冠，主要活跃在清乾隆至嘉庆（18世纪）时期，江苏无锡人，初名点，时署庆冠，字庆吉，号吉崖，曾官任广西同知。工于写照，以白描擅长；兼擅山水、木石、花卉，尤其致力于对倪瓒的临仿。乾隆南巡，恭写御容，赏赉优渥，旋被征入都。参见俞剑华编，《中国美术家人名辞典》（上海：上海人民美术出版社，1981），页1110。

⑤ （清）茂苑居士撰，《茂苑日记》，页559—560、563。

狗枷，相如犊鼻，真可笑也。[1]

从他们购物时讨价还价的过程，还可以看到士大夫颇鄙视某些出售这类商品的商人，认为他们的知识不足。如李日华的日记载徽州的古董商项老儿，本名承恩，杭州府学生员，因屡试不第，遂隐于杭州西湖岳祠近侧，“开小肆，杂置书籍、画卷，并盆花竹石，索价颇贵”[2]。李日华曾入项老儿店，项老儿蓬首垢面，从尘埃中取出杂画相示。其中虽有不少真品，但李日华欲寻原所藏之杜琼《秋林醉归图》，老儿则称该画已同别人交易，换得倪瓒（1306～1374）的画一轴。李日华即索倪画视之，则是赝笔也，遂叹：“此老穷彻骨，不能得余四五金，而东原妙迹遂不知入何人手，可叹也。”[3]可见李日华原来出价四五两购画，项老儿以为太便宜，遂不允，却与别人换得假画。李日华因此鄙视项老儿，认为他毫无眼光。

整体看来，明清士大夫在购物的类别上，主要以书籍、花石、古玩等艺术文物品为目标，的确和妇女有所区别。男性又因为活动的自由度高，所以购物的频率与空间远非女性所能企及。而且士大夫的购物过程与社交活动中，妇女也是被排除的，这也明清的闺秀才女中之所以鲜有以鉴赏者著称的原因。

---

① （明）李日华著，《味水轩日记》，卷5，万历四十一年一月十六日条，页298。

② （明）李日华著，《恬致堂诗话》，收于《四库全书存目丛书·集部·诗文评类》（台南：庄严文化事业据涵芬楼影印清道光十一年六安晁氏木活字学海类编本影印，1997），册417，卷2，页10a—b。

③ （明）李日华著，《味水轩日记》，卷4，万历四十年二月二十三日条，页222。

第四节　士商共享的男性消费文化

从上一节看到明清的文人士大夫所建构的男性消费文化，是经由许多人的参与以及累积经验而成。尤其值得注意的是，其中的参与者不乏中小阶层的商人。实则上述由明清士大夫所建构的男性消费文化，并非只局限在缙绅士大夫身上，在商人阶层里也拥有同样的消费模式。

明清时期文人士大夫的休闲旅游活动里，常见到商人的身影，尤其可见士大夫应邀与商人游饮的例子。如李日华的日记曾记载其友人介绍一位“徽客程姓者”，以酒舫迎李日华及其子亨儿至鸳鸯湖中游饮[①]。也有士大夫特别为儒商所撰的旅游图册作序或记，如黄训就曾为新安商人仇希元所撰之《胜游图》作记，显示士大夫对商人旅游经验的肯定[②]。日记里关于明清士大夫购物行为的记载，确实反映了他们的社会网络中，商人是不可或缺的。如李日华日记记其于万历四十三年(1615)至苏州阊门附近，访书画商人吴吴山，遂同游苏州，并品鉴古画的真伪：

> 辰刻抵阊门，过吴吴山楼居。吴山以书画估游公卿间，不见八年余矣。至是游道益振，出观卷轴许道宁《溪山行旅》，磅礴有

① (明)李日华著，《味水轩日记》，卷4，万历四十年七月十八日条，页247。

② 黄训，明歙县人，字学古。成化进士，任嘉兴知县，官至副都御史。

气势。五日，至虎丘。吴吴山携酒榼追随，就竹亭团饮。主僧卧云水月者，摘秋茶号秋露白，手煎供客。鬻古者竞持卷轴来，鱼目燕石，不胜呕哕。就中有一二真者。①

上述引文显示，李日华其实与不少商人交往，反映出商人也参与了文人士大夫所建构的男性消费文化。暂且不言商人是模仿士大夫或只是附庸风雅，本节将从两个面向来观察商人的购物行为：一是购物知识在士商阶层之间的普及与共享，另一是在购物收藏方面士商所具有的共通性。

购物知识的普及与共享

晚明以来，士商相杂的现象愈加明显，士商二者在活动与知识方面有许多重叠之处，于是坊间针对二者之需而编辑出版的书籍应运而生，包括日用类书、路程书与商业书等，其设定的读者层即包括士与商，故而常用“士商”一词作为书名或内容章节的标题。上述书籍所记载的知识对士与商都有用处，所以这些书籍可以说是士商共享之出版文化下的产物②。

---

① （明）李日华著，《味水轩日记》，卷7，万历四十三年闰八月四、五日条，页480。

② 例如这类书籍里关于旅行的相关知识，结合官道驿站的地理知识与商业的市场网络，同时还载有许多提醒旅行者注意的知识与道德规训，对士与商都有用处。参见 Kai-wing Chow, “The Merging of Shi and Shang in Travel: The Production of Knowledge for Travel in Late Ming Book,” *Frontiers of History in China* 6.2(2011): 163 - 182.

举凡日用类书、路程书与商业书中，都有许多关于各地商品与土产的知识，看似是针对大宗采购的知识，却也可以转化为购物消费的知识[①]。明清以来出版了不少日用类书与商业书，不但记载了各地物产的知识，而且提醒经商者可以就地购买这类土产作为商品，或者记录某地为百货聚集的重要市场，适宜在该地从事商品交易。不同时期的版本，在内容上都会有新的补充。

明代的日用类书以《三台万用正宗》最具代表性。明人余象斗（1596 年前后在世）所编之《三台万用正宗》，由福建建阳象林双峰堂印行，大约刊行于万历三十五年到三十七年间（1607～1609）。该书于卷 21 有《商旅门》，有“棉夏布”、“纱罗缎匹”、“竹木板枋”、“鞋履”、“酒曲”、“茶盐果品”等几类介绍各地所产，而且还比较各地所产的品质。如棉夏布以松江为第一，而其他地方所产的布比较起来如下：“嘉兴各行细者，不及松江；野路粗者，软似江阴。常州各行阔者，莫如溧水；厚实小者，硬似无锡各行。江阴锁巷，阔而匹实，次则蒋家桥，长泾、周庄则在其次，再次华家市。”[②]又如纱罗缎匹方面的比较记载更为详细，包括镇江、苏州、杭州、漳州、四川、嘉兴、松江等地之产品：

---

① 虽然明清各地的方志都有《物产志》，记载该地所出产的土产品，但是对于经商或采购而言，这些知识却仍是偏于零碎的记载。而且地方志册数多、价格昂贵，并非士商阶层所都能收藏与阅览的。唯有一种将这类知识整理后记录下来，而且价格不贵，又便于收藏与携带的书籍，能够达到普及商品知识的效果，那就是日用类书与商业书。

② （明）余象斗撰，《三台万用正宗》，收于小川阳一等编，《中国日用类书集成》（东京：汲古书院据东京大学东洋文化研究所藏仁井田文库本影印，2000），册 3—5，卷 21，《商旅门·棉夏布》，页 326。

南境纱缎虽多，高低不等，只有黑绿出名。镇江缎绢虽少，身份却高，最有大红出色。苏州纱缎有名，或硗〔笔者按：指坚硬〕或粉，帽料独高。杭州缎绢重浆，少于清水，轻罗可也。苏州织手却高，别处织手不及。绒锦贵而丝锦低，潮绢硗而衢绢脆。漳州绢可。四川锦高。嘉兴绢也有高低……松江绫最高，更有抹绒云布。杭州绫在次。湖州绝好䌷绵。①

虽然这些物产与商品的知识只集中在几大类，但内容却很深入。

接着介绍晚明以来出版的路程书籍。成书于明隆庆四年（1570）由休宁人黄汴所撰的《一统路程图记》，书中只约略提及购买商品的知识，在卷7有云："苏州聚货缎匹外，难以尽述，凡人一身，诸行日用物件，从其所欲皆有"；"阊门市上货杂，不识休买，剪绺〔笔者按：指小偷〕宜防"；"（南翔）地产香芋、黄鸡，并佳"②。编纂于万历年间的《新刻京本华夷风物商程一览》一书，作者系江西新喻县丞陶承庆，由福建建阳刘大易刻版刊行。该书在路程中会顺带介绍土产，如仓溪县"产黄丝"，樟树镇"药材聚此"，肇庆府崧台驿"产端溪砚"，景德镇"出磁器，两京十三省人聚此"，球里"出棉纸"，泾县"出绵纸"，水西驿"水银朱砂产于施溪黄道二司"。但是该书的特别之处，在于书中上层栏目刊刻有"两京十三省府州县名及土产"与"四夷土产"，这对经

① （明）余象斗撰，《三台万用正宗》，卷21，《商旅门·纱罗缎匹》，页327—328。

② （明）黄汴撰，《一统路程图记》，收于杨正泰著，《明代驿站考》（上海：上海古籍出版社，1994），页203、206。

商者要到各地采购货品来说，是非常实用的知识①。

天启年间出版了两本重要的商业书籍。一是天启六年（1626）由文林阁唐锦池刻印的《士商类要》，作者系新安商人程春宇。书中有更多关于各地商品物产的知识，如卷2载河南府瀔水一地“出手巾”；虎渡“出豆”，渊市“出棉花”，百里洲“出红花”，朱家埠“出棉花”，泸州“出红铜、黑铅、大棉花”②。也有几处记载商品的市场与集散地，如江陵县荆南驿，“上下客货俱聚于沙市发卖”；临清州，“货物皆聚于锅市发卖”；荆州府，“买卖客货俱聚于沙市”③。卷2《客商规略》有“杂粮统论”，更进一步介绍如何挑选杂粮，以及各地所产杂粮之优劣。如购买芝麻须询问油价，南河蓝芝麻、海北黄芝麻为最，其他有滕县的红芝麻以及峄县的白芝麻。又云：“卖豆莫胜于瓜州，稻谷芜湖上路位，芝麻、菜子又让高邮，米麦杂粮枫桥去广。”④

同样是天启年间刊行的《新刻士商要览天下水路陆行程图》，作者为西陵憺漪子，书首还有天启六年金声（1589～1645）的序，故刊刻时间不会早于天启六年。该书内容一卷为《天下水陆行程图》，虽有部分和前二书雷同，但仍有不同的物产记载。如记芜湖由宁国府至河沥溪路上的港口“出姜、柴”；芜湖由江西樟树至广东路上的高楼“出青靛”；蓟州城北二十里盘山，“北方眼科称盘山眼药为最”。也记

① 有关此书的介绍，参见陈学文著，《明清时期商业书及商人书之研究》（台北：洪叶文化，1997），页149—165。

② （明）程春宇辑，《士商类要》，收于杨正泰著，《明代驿站考》，页284、287、291。

③ 同上书，页257、258、279。

④ 同上书，页293、294。

载了几个重要的市场，如樟树镇是药材贸易市场，各地药材商至此贩卖、收购药材，是全国最著名的药材市场①。

清代最具代表性的商业书，是吴中孚（生卒年不详）所撰的《商贾便览》，全名为“重订商贾便览”，成书于乾隆五十七年（1792），但一直到道光二年（1822）才刊行，从完稿到刻成相距三十年。相较于之前的日用类书与商业书，该书的内容最为完整，最能全面反映出全国物产与商品的分布情况。卷三《各省疆域风俗土产》就专门介绍了各地的物产风俗。虽然汇纂了当时各地方志的资料，但也有新补充。就在该卷末，作者根据清中叶的情况列出“新增各省土产”，如松江府除了原已列出的棉布类产品三棱布之外，还补上了紫花布。过去志书里鲜有记录或记载不详的一些物产，在该书也有进一步的补充。如记载武昌府，“出楚石桃花石，可刻图章”。金华府兰溪县，产“火腿及枣可买”。如苏州，“由胥门入城内，可买金、白扇、书籍、绌缎杂物各货”。又如山东的青驼寺、垛庄、蒙阴县、嶅阳、崔家庄等地，都“出茧绌”②。

上述这三类书籍价格便宜，而且内容包罗了一般经商与生活的常识，所以在商人与士人之间应该颇为普及。士商阶层在日常生活中常会阅读与使用，所以书里所传达的物产、商品与市场的知识，其

① （清）憺漪子辑，杨正泰校注，《天下路程图引》（太原：山西人民出版社，1992），页408、410—411、484。杨正泰校注出版时仅取水陆行程部分，题名为“天下路程图引”。该书二卷为《天时杂占》，三卷为《士商规略》、《士商十要》、《买卖机关》。参见陈学文著，《明清时期商业书及商人书之研究》，页182。

② 参见陈学文著，《明清时期商业书及商人书之研究》，页214—215。

实也提供了阅读者购物消费的资讯，进而影响了人们购物消费的观念与倾向。如成书于乾隆年间的《后海书堂杂录》中，有一则记载当时各地著名的土产，外地人多购以赠友，却可能买到赝品：

> 通州产澄泥，质犄而色微黄，斫〔笔者按：音拙，砍〕为砚材，颇能下墨。岁月挖取，久已罄尽。吴县沃村山石，与澄泥相类，亦有带青色者。通州人每年携银来山，贩石以归，制砚货卖；而苏人之在通者，亦必市以送人，曰“此通州土宜”，而不知其即沃材石也。金华一带人家所畜之猪，多饲米菽，色洁而味甘，他处莫及。土人取其四足腌切，货于各省客商，名曰“南腿”，人皆诧为珍羞。然一方所出，不能供天下之食。江西赣州南安诸府，山深水激，米粮不能转运，亦以喂猪，其色味与金华等。金华人每到南赣收买猪肉，归家市卖。而南赣人自北回者，过兰溪县，必市以归，曰“此金华火腿”，而不知即从南赣贩往者也。山东茧绌，衣被天下，贵贱男女皆服之。东省山海交错，树桑之地有限，春日饲蚕，桑叶不敷，往往挟赀赴浙江湖州一带，购买丝斤，与土产之丝间杂，织成绸匹。湖州人经过山东，亦携以归，曰“北山东茧绸”，不知其中有湖州之丝也。是皆狃于其名，而不核其实者也。①

此条史料从经济史的角度来说，充分说明了长程贸易的兴盛，甚至外

① (清)王孝咏撰，《后海书堂杂录》，收于《四库全书存目丛书・子部・杂家类》，册116，《名实相溷》，页32a—b。

来品可冒充原产地制品。另一方面，也显示了通州石砚、金华火腿与山东茧绸这些土产的知识以及客商购物消费的倾向，显然是受到上述这类日用类书与商业书的土产记录的影响。

上两节提到的士大夫在购物方面所显示的特点之一，也就是购物集中在特定的类别，在商业书与日用类书中也有记载。如文具类的砚台与纸、家具类的瓷器、成衣类的鞋履，甚至像《商贾便览》就直言苏州由胥门入城内，可买金、白扇、书籍、细缎杂物各货。由此说明，这类书除了载有采购商品的知识以外，也有士大夫喜爱购买的奢侈品与文化商品的知识，成为传递男性消费文化知识的重要媒介。

透过大量日用类书与商业书的印刷出版，书中的物产、市场与购物的知识传播更为广泛，并且建构了城市消费网络的知识，尤其是大都市的重要性及其地位，因为在大都市可以购买到各种类型的货品。吴中孚的《商贾便览》就记载了全国最繁荣的四大码头：苏州“聚贾交易甚人，极繁华之地”。北京“买卖颇大”。汉口“天下货物聚贾第一大码头”，“极大市镇，各省货物赶聚，川陕毡毯、药材、白蜡为顶此”。佛山“极大镇（码）头，天下洋货俱聚此发兑”。稍次要者有南京“交易颇人”。亳州“大马颐，凡山陕客货在此起早雇车辆牲口往南，在此雇船下水”。樟树镇“大市镇，聚卖药材”，“大马头，百药材上水”等①。

① 陈学文著，《明清时期商业书及商人书之研究》，页215—216。

中小商人的文物收藏

对明清大商人的消费与购物，过去学界的研究已经让我们有一定的了解，尤其是两淮盐商奢侈消费的行为，让人印象尤为深刻。相对地，中小商人也是消费购物的主要客层，却因为史料的局限而少有相关的研究成果。拜近年来徽州文书的发现所赐，我们可以利用这批文书史料，一窥当时徽州的中小商人的消费情况[①]。在现今所见之明代徽州文书之中，有一类是父亲将家产分给子辈的分家单，另一类是家内协议均分家产的"阄书"史料，这两类史料所记载的内容很类似西欧近代的遗产清册(inventory)。通常都有篇序言记载该家族分家的过程，其次记分家的财产内容，除了田土、住宅与店面等不动产以及现金货币之外，还记有许多像是金银器皿与家具之类的动产。关于分家时的器物与不动产，有些载明要求"众存"，有的则是要求均分。

笔者所搜集的18件徽州分家文书中，从其《序》大致上可以判断该文书主人的家庭背景(参见附录2)。附录中明代的例子仅有7个，我们约略可以辨认出他们的职业大多是商人，至于经济地位方面，若依《五杂俎》所言："新安大贾，鱼盐为业，藏镪有至百万者，其他二三

① 其实这类文书并不是徽州地区所独有的传统，明代山西也有士大夫家族留下分家文书，即韩重(1442～1510)的分家书，收于(明)韩霖编，《二老清风》(台北：文海出版社据台湾图书馆藏明崇祯刊本影印，1970)，可惜仅见一份。相关的研究，参见寺田隆信著，《明代郷紳の研究》(京都：京都大学学术出版会，2009)，页352—365。

十万则中贾耳。”[①]7 例中只有 3 例可以估计出他们的资本，A2 例是数万两资本的盐商，A4 例是数千两资本的小型徽商，A6 例则是数十万两资本的典当业商人，属于“中贾”。这 3 个例子其实距离所谓的“新安大贾”都仍有一段距离，其他人则只是小商人。至于清代徽州所遗留的分家单或阄书，虽然在数量上较明代为多，但内容较明代简略。而且分家者的身份除了有小商人外，更多的是务农的中、小地主，不像上述明代徽州分家书与阄书主人的家庭职业多以商业为主[②]。这可能是因为留存史料时的偶然结果，并非反映明代徽州从商家庭较清代为多。

虽然上述资料有限，我们仍然可以透过这些分家文书观察出明清徽州的中小商人在物品消费与收藏方面的特色。首先从这些文书中对分家物品所作的分类顺序，约略可以看出这些物品的价值高低。如 A2 分为“金银器皿”以及“古画、炉瓶、铜锡漆器、香棹、屏风、厨椅、凳、轿、盘、合、椀楪”两大类；A3 分为“金银酒器”、“铜锡器”、“画手卷”与“漆器”四大类；A5 分为“金银器皿”与“器用杂物”两大类。

在分家单中还记载了部分物品的实际价格，这提供了许多物价方面的史料。例如 A2 中记有许多物品的价格，其中金的器皿数量最少，但是单价颇高，动辄数十两，甚至近百两。而银器的价格约从数

---

① （明）谢肇淛著，《五杂俎》，卷 4，《地部二》，页 96。

② 推究其原因，也许这样的现象正好呈现阄书与分家单这类形式的文书，从明代到清代的普及过程。明代只有财力足够，家内又有具有识字能力者，或是能聘请书写者的少数家庭，才会有这样的分家文书遗留下来作为分配众多财产与物品的证据。到了清代，阄书与分家单应用的范围更广及一般小康之家，因为遗产不多，故而内容简单。

两至 20 两，很少超过 20 两。金银器一向是价格昂贵的收藏品，如在严嵩被抄家后的财产清单《天水冰山录》中，排在最前面的物品类别，就属金银器了。金银器皿在当时是非常稀有的，原因就如同《匋雅》所云：

> 今则铜器且不得一见，所谓金银器、锡器更属无从寓目，大抵金银各器，典守颇严，不至遗失，其流落人间者，又必镕化兑用，销归乌有，此金银不如瓷铜之一证也。①

此外，A2 中还记有其他器物的价格记录，如表 6.1。表中的古铜大炉瓶，属于古董器物，价格最高，达到 21 两。其次是字画的价格，约 3 两到 10 两之间不等；再次是精致的果盒这类家具，包含铜锡器，单价大多在 1 两以内。由此，我们大概可以知道明代这些精致物品的价格与等级了。

表 6.1 《吴尚贤分家簿》中物品的价格＊

品名	价格	品名	价格
古铜大炉瓶一副	21	小山水四幅	3
大山水一幅	10	朱红菊花果盒一个	1
东海字四幅	10	铜投壶一只	0.8
锡斋竹四幅	10	锡花瓶一只	0.7

① （清）寂园叟撰，杜斌校注，《匋雅》（济南：山东画报出版社，2010），卷中，页131。

续表

品名	价格	品名	价格
翎毛四幅	8	雕黑劝盘一个	0.5
雕红果盒一个,并套	5.6	螺钿果盒一个	0.4
东山字四幅	3	小铜炉瓶六件,平均每件	0.33

* 换算成银两计价,按价格高低排列。

另外,A5 的例子中也有一些物品价格的记载,如附表 6.2。其中价格最高的是米元章①的古画与古铜器的花瓶烛台,价格高达 3 两。这两类物品都可以算是古董,所以价格特别高。其他大型木质家具、铜锡器皿与一般字画的价格差距不太大,都在 1 两以下。由 A2 与 A5 二例可见,金银器皿应是最为贵重、价值最高的物品,其次是古董类的古铜炉器具;而好的书画手卷,也可能与古董价值相当。价值最低的,大概就是铜锡器与木质家具之类的物品。

表 6.2 《张应辉等立阄书》中物品的价格

品名	价格	品名	价格
古铜香□炉花瓶烛台半副	3.0	大厨壹桌	0.6
米元章古画壹幅	3.0	锡坐壶壹把	0.56
太师椅肆把	2.0	大竹丝食箱壹个	0.4
大坐厨贰桌	1.2	铜□锅□乙副	0.3
太师椅贰把	1.0	玉兔秋□画壹幅	0.24
太师椅贰把	1.0	鹤洲画壹幅	0.2

① 也就是北宋重要的书画家米芾(1051～1107)。

续表

品名	价格	品名	价格
屏山画贰幅	1.0	寿山□海画壹幅	0.2
锡水火壶壹把	0.9	锡狮□壶壹把	0.16
铜钉装竹系食箱壹个	0.8	旧板食箱壹个	0.16
铜钉装竹系食箱壹个	0.8	□□人肆个	0.1
葵花漆碗拾肆只	0.7	羊皮屏风壹个	0.08
八仙桌壹张	0.6		

透过徽州中小商人的分家物品清单可以看出一些特别的购物倾向，即书画古董这类文化商品成了醒目的物件。实则古董或古玩在晚明时走向商品化，除了因为江南缙绅的消费需求外，又与徽商的推波助澜密切相关。《万历野获编》就曾提到喜好古玩之风，“始于一二雅人，赏识摩挲，滥觞于江南好事缙绅，波靡于新安耳食。诸大估曰千曰百，动辄倾橐相酬，真赝不可复辨”[①]。又说在古玩市场中，“市贾又交构其间”，以至于有“比来则徽人为政，以临邛程卓之赀，高谈宣和博古，图书画谱”[②]。这股喜好古玩之风也包括对前代与当代绘画的收藏，就像王世贞所云：“画当重宋，而三十年来忽重元人，乃至倪元镇，以逮明沈周，价骤增十倍。”这种现象之所以然，不外是“吴人滥觞，而徽人导之”[③]。

晚明的古董与艺术品市场除了在江南大城市如苏州、杭州、扬州

① （明）沈德符撰，《万历野获编》，卷 26，《玩具·时玩》，页 653。

② 同上书，卷 26，《玩具·好事家》，页 654。

③ （明）王世贞撰，《觚不觚录》，收于《笔记小说大观》，编 5 册 4，页 9a。

与嘉兴等地以外，徽州各地亦逐渐形成固定的艺术品交易集散地①。如吴其贞在《书画记》中记其曾于苏州的专诸巷市肆中、扬州市上、杭城匠人手中购得书画古物之外②，又在徽州的"邑中市上"得梅道人《竹梢图》等作品，且提到其乡每年秋八、九月间，"四方古玩者皆集售于龙宫寺中"，显示徽州当地的文物艺术品市场非常兴盛③。吴其贞又指出晚明徽州当地的风气：

> 忆昔我徽之盛，莫如休、歙二县，而雅俗之分，在于古玩之有无，故不惜重值，争而收入。时四方货玩者闻风奔至，行商于外者搜寻而归，因此所得甚多。④

由此可见，徽州休、歙二县人以拥有古玩作为雅俗的身份区分，这样的需求遂造就当地的古玩市场，不少商人可以到各地搜罗古玩，再以高价售出得利。而此风之开启，据其云始于汪道昆（1526～1593）兄弟以及各地之大族，也就是所谓的"新安大估"。

徽州文书也可以反映上述的现象，在明代 7 个案例中，有 4 例收藏列有古董器物。如 A1 拥有古铜花瓶一对；A2 的分家簿里载有古铜大炉瓶二副，每副 21 两；A3 的阄书中也载有古铜香炉花瓶一副，

---

① 关于明代艺术市场与徽商的关系，参见张长虹著，《品鉴与经营：明末清初徽商艺术赞助研究》，页 54—63、160—182。

② （清）吴其贞撰，《书画记》，卷 2，页 37a—b；卷 5，页 12b、64a；卷 6，页 8a。

③ 同上书，卷 2，页 10a、33b。

④ 同上书，卷 2，页 29b。

但未有价格；A5 的例子有古铜香□炉花瓶烛台一副，均分为二，一副价 6 两；A6 的分家单里载有大铜古炉瓶一副。由此可见，收藏与购买古玩，不只是“新安大估”的爱好，即使是中小商人或基层商人，也都会想购置收藏，因为就像吴其贞所云：“雅俗之分，在于古玩之有无。”这类古铜器的价格约是数两至 20 或 30 两之间。现存明代徽州商人方用彬（1542～1608）的亲友书信中，收录了一份记录徽州另一位儒商吴守淮（1538～1568）所欠的古董艺术品的账单，其中也记有大致的价格①：

万历五年月十九日去玩器五件，该价银一十两五钱。万历五年十二月廿二日又去画、玩等物三十一件，该价银二十七两五钱。又万历六年十一月初二日又去白瓷觚一个。古玩共该价银三十八两，银、玩总共十六两。②

① 方用彬，字元素，号黟江，歙县严镇人；祖辈于扬州经商致富，后捐赀入国子监，仍屡试不第，遂放情诗酒交友，走向商人之路。从事的主要是书画、古籍、古董、文具等文化商品的买卖。曾参加由汪道昆所组织的丰干社，为该社所谓的“七君子”之一。吴守淮，字守臣，号怀隐，歙县溪南人。其父为商人，贾于淮，故名之守淮。守淮屡试不第，遂挟资游方，交游甚广，亦为“丰干社七君子”成员，富收藏，但晚年穷困而死。参见（明）汪道昆撰，《太函集》（合肥：黄山书社，2004），卷 72，《记八首・丰干社记》，页 1481；陈智超著，《明代徽州方氏亲友手札七百通考释》（合肥：安徽大学出版社，2001），册 85，页 423—424。

② 陈智超著，《明代徽州方氏亲友手札七百通考释》，册 114，《吴守淮帐》，页 1008。相关的研究，除陈智超书之《导言》外，还可以参见许敏，《试析明代后期江南商贾及其子弟的文人化现象——从方用彬谈起》，《中国史研究》，2005 年第 3 期，（转下页）

上文所见的古玩价格，与徽州文书所见相当，每件在数两至20或30两之间，其中白瓷觚一个，可计算出价值10两。这可能是一般古玩的价格，并没有文献所称“诸大估曰千曰百”之谱。

除了古器物之外，有6个例子记载有书画收藏品，如A6例有鱼画四幅。还有记载了更详细资料的例子，如A2例中有一批书画收藏，还有估价如下：

大山水一幅 10 两	东海字四幅 10 两
锡斋竹四幅 10 两	翎毛四幅 8 两
东山字四幅 3 两	小山水四幅 3 两

A4例的“画手卷”类记载甚多，共计手卷9个如下：

瑶山手卷贰个	东桥寺手卷壹个
马一龙字手卷壹个	姚江门画手卷壹个
鹿园青门寺手卷壹个	摘珠布锦手卷壹个
文征明字手卷壹个	金锦亭系贰幅存褙手卷
丰南禺字手卷壹个	

(接上页)页157—172；林丽月，《晚明“儒商”与地域社会：〈明代徽州方氏亲友手札〉的考察》，收于台湾师范大学历史学系编印，《近世中国的社会与文化(960～1800)论文集》(台北：台湾师范大学历史学系，2007)，页467—507；朴元熇著，《明清徽州宗族史研究：歙县方氏的个案研究》(北京：中国社会科学出版社，2009)，页123—139。

其中居然有文征明、马一龙、丰坊、姚一贯等名家的作品。还有书画轴，数量更近 40 轴。这些书画轴的功能性颇为明显，如寿文、寿诗是用来祝寿用，其他可能是配合某些庆祝的场合，或是配合四季风情所挂的装饰品。再如 A5 例有书画部分的收藏，其中最贵的就是米元章画，一幅要价 3 两。

以上都是明代的例子，B1 则是一件清初的分家书①。朱家的主人主要是在南京经营铁作坊，长年在外奔走经画，往来于湖广与江南之间。明季南京陷落之时，朱家男主人虽在外地，但忧虑南京的产业，抑郁以终，其子遂分家产，时值顺治二年乙酉（1645）。从其分家单中既有的不动产与动产估价，其资本大约有数百两。其中记载有不少家具，还有 35 幅字画如下：

朱峰溪野仙二幅	丁南羽椿萱图一幅
董太史字二幅	陈白杨画一幅
朱峰溪斗方二幅	朱峰溪寒鸦一幅
雪湖梅一幅	丁南羽降龙图一幅
小菊花一幅	四王图四幅
春野菊一幅	朱邦山水横披一幅
马苑画四幅	盛弘昌横披小画五幅
戴文进山水三幅	美人一幅
仇什洲画二幅	芦雁画一幅
未裱绢松柏图一幅	

① 该文书系安徽师范大学康健教授提供，特此感谢。

这些字画中有不少是名家的作品，如董其昌（董太史）的字。丁南羽即徽州画家丁云鹏（1547～1628），善画人物、佛像、山水等。朱邦，字正之，别号九龙山樵，也是徽州籍的画家，著有《画史会要》。戴文进即戴进（1388～1462），字文进，浙江杭州人，被誉为明朝第一画手。仇什洲应为仇十洲，即仇英（1492～1552）。盛弘昌是明末苏州书画家。朱峰溪则生平不详，仍待考证。但上述分家单中所列的名家书画，和凉床轿子、天平及花梨木一样都是属于“众存”的财产，可惜并未记载价格。B7 则是清代康熙年间的例子，内容也有画，包括有古画春富贵一幅、阙疑梅一幅、雪景一幅、月梅送子各一幅。可惜数量较少，也没有记载价格。

总之，即使是小型的徽州商人，家内多少都有一些古董或文物艺术品的收藏。这和明代中期以后所描述的古董与文物市场的情形相符。由此看来，购买与收藏书画古玩的风气，可以说是商人和士大夫所共有的“士商文化”之一环。徽州一地有深厚的儒学传统，又是商人的故乡，所以产生“贾而好儒”的特色以及一大批典型的“儒贾”，这或许是徽州商人特别喜好文化商品的原因[①]。清人钱泳将当时的书画收藏者分为三类：赏鉴、好事与谋利[②]。徽商中真正属于赏鉴者的毕竟是少数，而好事者应更多，如吴用良“出入吴会，游诸名家，购古图画尊彝，一当意而贾什倍。自言出百金而内千古，直将与古为徒，

---

① 有趣的是，A5 是“弃儒从贾”的例子，但是在其分家文书中并未见特别多的书画古董收藏，这也许是特例。

② （清）钱泳撰，《履园丛话》，卷 10，《收藏・总论》，页 261—262。

何不用也”[①]。至于大部分购置这类文化商品的商人，都知道它们是会增值的，是有利可图的，就像《万历野获编》提到古玩之属，“其时值尚廉，迨至今日，不啻什佰之矣”；而且伪造借以图利者，“皆出苏人与徽人伎俩”[②]。因之，商人购买这些文化商品虽有纯鉴赏者，或是附庸风雅的好事者，更普遍的观念应该是将之视为一种投资。所以徽州越来越多的世家子孙，将购买的文化商品视为传家世守之物，才会在上述的分家文书中记载如此多的文化商品[③]。

小 结

上一章我们已经看到，明清时期江南妇女的休闲活动愈加频繁，消费行为走向奢华；与此同时，我们也可以看到，男性针对此现象提出了许多的批评。虽然这些批评有许多是属于士大夫对社会风气批判的一部分，然而部分论述也带有性别的意识在内。对妇女休闲活动的批判，其实相当程度反映了部分士大夫的焦虑。他们的焦虑一方面是担心良家闺秀抛头露面，有违礼教；另一方面是不希望妇女介入到男性的休闲空间中，甚至以为妇女的介入会使他们的休闲空间庸俗化。对妇女奢侈消费的批判，则是反映了妇女在消费方面的主

---

① (明)汪道昆撰，《太函集》，卷52，《明故太学生吴用良墓志铭》，页1104。

② (明)沈德符撰，《万历野获编》，卷8，《内阁二·籍没古玩》，页211。

③ 有关徽商艺术收藏品的世守现象，参见张长虹著，《品鉴与经营：明末清初徽商艺术赞助研究》之第七章。

动性与能力引起男性士大夫的焦虑感，怕妇女因此而败家。由此看来，两性在休闲空间与购物消费方面，虽然还不算是对立与争夺，但是也显示出相当程度的矛盾。

作为男性主要消费阶层的缙绅士大夫，致力于建构自己的消费文化，这可以从两方面看到：首先是他们建构了自己的休旅文化，他们呼朋引伴，甚至结社旅游，而女眷则被排除在外，却又容许妓女的参与来烘托男性气质。其次在购物消费方面，男性以书籍、花石、古玩等艺术文物品为购物的目标，明显地与妇女从事奢侈消费所购买的首饰、服装、珠宝等物件有别。上述文化商品也是缙绅士大夫建构他们男性消费品味的重要象征物件。而且在购物过程与社交活动中，妇女也是被排除的。

上述消费模式也就是主流的男性消费文化，虽然是由士大夫所建构的，但是商人却是重要的参与者与赞助者。而且不仅仅是大商人，就连中小商人也浸淫其中。首先从当时流行于士商之间的日用类书与商业书里，可以见到大量记载涉及购物知识，其中包括了购买文化商品的知识，可知商人也共享了男性主流的消费知识。再从徽州中小商人的分家单与阄书里，也可以看到大量文化商品的收藏，显示徽州的中小商人也投入到男性主流的消费文化中去。

最后要说的是，空间是建构上述男性特质的消费文化时所不可或缺的要件。前述士大夫结伴旅游与购买古董时的休闲购物空间，都可算是一种男性的公共空间（homosocial public spaces），而且这类空间其实是奠基在城市空间的。因为男性的休旅文化是以游览城市景观或其附近的景点为中心而形成的文化，而男性购买的文化商品也只有在城市才有符合需求的市场或商店。再者日用类书、路程书与商业书内记载的购物知识，也都反映了大城市的消费网络。

结 论

消费是在空间中发生，空间也会借由消费而产生。消费发生的地方，并不只是单纯发生需求与供给的买卖行为而已，这些消费空间的背后还存在着无形的社会空间；而这个社会空间会受到消费者的社会关系与其主体性的影响，同时也可能反过来制约消费者。因此本书尝试将空间的观念带入到消费研究的领域，并且由城市空间出发，来探讨明清城市内休闲消费活动所造成的空间变化，并且分析背后的社会关系之结集。本书的分析结果，呈现了明清城市消费空间变迁具有的三层意义，即新的消费空间之形成、消费空间的社会意义与作用以及城市空间的权力协商①。以下分别论述之。

---

① 这三层意义系笔者参见后现代地理学者 Lefebvre 与 Soja 的理论，再加以修改。相当于他们所谓空间的实践、空间的社会生产与再现的空间。参见 Henri Lefebvre, *The Production of Space* (Oxford: Blackwell, 1991); Edward W. Soja, *Thirdspace: Journeys to Los Angeles and other Real-and-Imagined Places* (Cambridge: Blackwell, 1996)，中译本参见索雅(Edward W. Soja)著，王志弘、张华荪、王玥民译，《第三空间：航向洛杉矶以及其他真实与想像地方的旅程》(台北：桂冠图书，2004)。

消费空间的三层意义

首先从新的消费空间之形成谈起。随着都市化的脚步加快，城市住民生活的关联与互动变得愈加密切，势必会带来新的社会性，进而促使新的消费实践出现①。从明中叶以后，都市化的发展逐渐深化，江南地区又居全国之冠，拥有南京、苏州、杭州三大都市。都市化带动了新的消费实践，且反映在新的消费空间的形成上。在江南的城市里，无论是休闲或是购物的消费空间，都在这个时期达到最高峰。

从第一章里我们看到，江南的城镇里有各式各样的休闲设施，提供了多元的休闲空间。有些在前代已经出现，至此发扬光大，有的则是新兴的休闲空间。除了上述公共的休闲空间之外，第三章提到当时流行兴筑的园林，则是私人领域的休闲空间。同样地，在城市里也有新的休闲购物的空间出现。如第二章指出，南京在明初时政府原先规划有日用必需品的交易市场，但是逐渐不敷现实的需求，故有专业市场与购物街区的形成。商店的外部与内部空间也随着需要而改变，呈现出连栋楼房的形式与门前的展示空间。

上述消费空间形成的过程中，我们不应把空间视为普遍、绝对与

---

① 此论系地理学家 Glennie 与 Thrift 基于英国近代早期的研究所提出的说法，其实也适用于说明明清时期的情况。参见 P. D. Glennie & N. J. Thrift, "Modernity, Urbanism, and Modern Consumption," *Environment and Planning D: Society and Space* 10.4(1992): 423 - 443.

中性的容器，仿佛客体就被安置在这里。相反地，我们应该将空间看成是社会的产物，并透过人而赋予其意义，所以城市的消费空间其实具有某种社会意义与作用，这就是空间的第二层次的意义。就像第三章里提到的江南城市中的私家园林，不但是缙绅士大夫的私人休闲空间，还是园主夸示身份、炫耀财富与成就的象征空间。这层意义又由缙绅士大夫传染到富户商人，于是他们也争相效仿。第四章中我们同样地看到致力于开发旅游景点的士大夫，背后的动机是为了与大众游观活动作区隔，故透过开发景点、撰写旅游相关的文本，甚至透过题字来塑造他们喜好的景点。

性别的区分也是空间形成的重要动机之一。从本书第五章中可以看到，礼教与缠足的制约，是无法完全阻挡妇女的活动意图。例如她们在进香活动中就表现出相当高的自主性，即使男眷也难以阻挡。而妇女的消费力惊人，女性精品专卖店的出现，就反映出此点。在购物方面，也并非如过去对妇女的刻板印象，以为她们无法公开出门逛街。一些旁证显示，妇女到商店购物的情形并不稀奇，而且在游观的地点通常都设有临时的市场，也可以提供妇女购物的需要。这说明了妇女在扩张与创造她们自己的消费空间方面有其主动性。

明清时期的男性士大夫眼见妇女消费空间的扩大，其实心理充满着焦虑，理由之一是不希望妇女介入到男性的休闲空间当中。而他们自己也极力营造出自己的消费文化与消费空间，如呼朋引伴，结社旅游，而女眷则被排除在外；他们以艺术文物品为购物的目标，而且在其购物与社交活动的空间中，妇女也是被排除的。由此可见，两性关系反映在消费空间上，虽然尚未见激烈的对立与争夺，但是也显示出相当程度的矛盾。

第三层次的空间意义即所谓城市空间的权力协商，是指城市消费空间中经过各方权力者的角力，最终达到的一种现实与理想交错而成的空间。因为居民生活其中，他们必须与各方权力者（如官府、乡绅士大夫、富户与巨贾等）协商空间的使用，有时是抵抗，有时是解放，也有改造与融合的可能性。在这个空间中原先界定社会/空间关系的对立或区隔范畴，例如本书提到的身份区分、性别区隔、官府权威等，都可能在协商的过程中被克服或中断。

本书第三章提到的园林空间就是最好的例子。在明清城市内隙地有限的情况下，缙绅士大夫仍然花大价钱购地筑园林，引起社会舆论的挞伐，促使园林主人不得不开放园林以抒解舆论压力，改善其社会名声。于是私人的休闲空间在特定的时间走向公共化，连带影响市民的生活空间观念，造就清代以后不少庙宇、会馆、公所与义庄等纷纷建筑园林或并购园林，成了提供市民公共休闲的空间。这种空间的转变与改造，可以说是一种协商后的理想与现实的结合。

本书的其他章节里也可以看到许多例子，显示因为社会区分的目的而生产的消费空间里，仍然存在着许多跨界或重叠的现象。如第六章提到男性士大夫的消费空间里，虽然排除了闺秀妇女，但是在休闲旅游时却屡见有妓女陪伴，甚至在士大夫文人圈中成了一种风流韵事，所以性别区分的消费空间仍有其重叠之处。再如男性士大夫所建构的主流消费文化圈里，我们可以看到许多商人的身影。如李日华的日记中就记载他与商人游饮，或与商人同游苏州、品鉴古玩的例子。再从徽州中小商人的分家文书里，可以看到不少古玩书画，由是证明这种消费空间与消费文化是跨越士商的身份与阶层的，是士商共享的情况。

至于官府权威在明清城市内对消费空间所产生的制约作用，也随着时间而不断地弱化。从第二章南京的例子中，已经看到官府在城市规划中所设置的市场与商业街区，即所谓“面朝后市”的规划，如何到明中叶以后发生了改变。至于商店的建筑形式，虽然明代对庶民所营建之店铺有间架数的限制，但并未局限建筑楼房的形制，于是商店的楼房建筑如雨后春笋般出现。到了清代，更明显地看到商店形式已超出官方规定的形式。引起更大争论的是，官方对休闲空间的看法与民间实际的需求出现极大的对立，下一节将进一步地讨论此议题。

笔者前作《品味奢华：晚明的消费社会与士大夫》[①]提出明代中期以后形成所谓的“消费社会”，而且消费社会是奠基在城市的环境下。本书则借由历史过程的分析，进一步说明了明清时期消费的动力如何改变城市的空间结构，也就是上述消费空间变迁的三层意义：新的消费空间之形成、空间的社会意义与作用、城市空间的权力协商。而同时消费者自身其实也被这些空间所制约与影响。

城市的消费性格与乡绅城居化

回到本书《导论》里提到中国城市史的一项重要议题，也就是明清时期的城市性格为何？城乡是一体还是分离？若根据学者齐美尔与沃斯二人的看法，城市与乡村的不同在于生活方式与生活经验，进而形成心态与精神上的差别。本书提供了另一个视角，也就是消费

① 北京：中华书局，2008。

的角度，指出城市所拥有的多元休闲和购物的消费空间，是乡村所无法企及的，也是城居住民主要的生活方式与生活经验，所以消费是城市性格的重要特征。由于这样的客观环境的不同，于是形成人们主观概念上的城乡差异。就像清代苏州府吴江人陆文衡(1587～1665)所云："今人以居于城市者为文雅，以生于乡村者为鄙鲁。"[①]又如《导论》里提到的嘉靖《宣府镇志》，形容城居者在服饰时尚上自认为流行，而视落伍者为村夫、村妇。

这样的城乡差异也反映在晚明之后乡绅的观念里。明清时期乡绅与士大夫对城居或乡居的看法，出现了很大的转变。明代多少还有传统田园耕读的想法，如松江府华亭县人陈继儒(1558～1639)主张："城市不如郊郭，郊郭不如乡村。"[②]但是他们评价城市与乡村的居住品质，逐渐转向重城市而轻乡村，城市逐渐成为人们向往的居住地，甚至连乡居的缙绅士大夫都渐渐地迁移至城镇居住。如明季《松江府志》指称，过去"乡士大夫多有居城外者"，"今缙绅必城居"[③]。史学界已经发现，明代中期以后，城市成了绅商富民移住的地点；这种乡绅城居化的现象，由明入清之后更为明显，这就是过去日本学者所谓"乡绅论"的内容之一。

虽然我们从明清的文献里面，仍然可以看到许多士大夫表示厌倦城居的生活，诸如"城居苦尘事"、"城居不能绝杯勺筐篚之役"、"不

---

① (清)陆文衡撰，《啬庵随笔》，卷4，《风俗》，页10a。

② (明)陈继儒撰，《见闻录》，收于《笔记小说大观》(台北：新兴书局，1974)，编4册6，卷7，页3835。

③ 崇祯《松江府志》，卷7，页28a—b。

乐城居”、“城居久喧喧”、“城居偏不耐”的说法，这类形容尤其充斥在旅游诗作里，大多是作为游山玩水的借口，颇令人觉得矫揉造作。真正从理性出发衡量城居与乡居之优劣者，清康熙时出身桐城的名臣张英（1637～1708）可为代表。他在《恒产琐言》里深入地分析城居与乡居在维生方面的差异，首先他指出居住在城市的开销很大、成本颇高：

> 子弟有二三千金之产，方能城居。何则？二三千金之产，丰年有百余金之入，自薪炭、蔬菜、鸡豚、鱼虾、醯醢之属，亲戚人情应酬宴会之事，种种皆取办于钱。丰年则谷贱，歉年谷亦不昂，仅可支吾，或能不致狼狈。若千金以下之业，则断不宜城居矣。①

而乡居的好处，正是可以减少应酬开销，又可以亲自督促耕作，还有畜牧与自然资源可取用，再加上妇女纺织的收入，比起城居，生存要容易许多：

> 居乡则可以课耕数亩，其租倍入，可以供八口。鸡豚畜之于栅，蔬菜畜之于圃，鱼虾畜之于泽，薪炭取之于山，可以经旬屡月，不用数钱。且乡居则亲戚应酬寡，即偶有客至，亦不过具鸡黍。女子力作，可以治纺绩，衣布衣，策蹇驴，不必鲜华。凡此皆城居之所不能。且耕且读，延师训子，亦甚简静。囊无余畜，何

① （清）张英、张廷玉著，江小角、陈玉莲点注，《聪训斋语·澄怀园语——父子宰相家训》（合肥：安徽大学出版社，2013），页83。

致为盗贼所窥?[1]

虽然张英倾向乡居耕读的传统观念,但是他并不反对城居,只是提醒人们要有足够的资本。此外,他赞成士人若有一定条件可居城:“果其读书有成,策名仕宦,可以城居,则再入城居。”[2]明清的文献里也有不少关于城居者的形容,称某士大夫“优游城市”、“好城居”、“宦游者多城居”。如何绍基(1799～1873)《舟中杂诗》有“乡居未必胜城居”一语,概因其友居城筑园,广收书帖,却将移居乡庄,遂每每劝言阻之,而有此语[3]。清代常熟县进士孙原湘(1760～1829),也有诗作论友人由乡居迁城居:

> 我思乡居乐复乐,白云为城树为郭。一室以外天地宽,何似城中多束缚。如何乡居人,反乐县城土?[4]

即使作者此诗语带讽刺,但却反映了当时大多数人喜欢城居的风气。

---

① (清)张英、张廷玉著,江小角、陈玉莲点注,《聪训斋语·澄怀园语——父子宰相家训》(合肥:安徽大学出版社,2013),页83。

② (清)张英、张廷玉著,江小角、陈玉莲点注,《聪训斋语·澄怀园语——父子宰相家训》,页83。

③ (清)何绍基撰,《东洲草堂诗钞》,收入《续修四库全书·集部·别集类》(上海:上海古籍出版社据清同治六年长沙无园刻本影印,1995),册1529,卷26,《舟中杂诗》,页11a。

④ (清)孙原湘著,《天真阁集》,收入《续修四库全书·集部·别集类》(上海:上海古籍出版社据华东师范大学图书馆藏清嘉庆五年刻增修本影印,1995),册1488,卷6,页11b。

既然城居的成本颇高，又为何可以吸引乡绅士大夫移居呢？最常见的解释，就是移居的乡绅地主在城市经营工商业更易致富，也就是城市内工商利益的诱惑促使他们移居城市。在明初还鲜见士大夫从事工商业，可是到明中叶以后，就有不少士大夫家经营工商业，较著名的例子如嘉靖时家居湖州的礼部尚书董份(1510～1595)，除了有拥有大量田产之外，“有质舍百余处，各以大商主之，岁得子钱数百万”。万历时任巡抚湖广都察院右副都御史的秦耀，以家奴开设典当，“在无锡、苏、常各处者十余铺，每铺不啻二三万金”。首辅徐阶(1503～1583)在位时，于其家乡华亭县内，“多蓄织妇，岁计所积，与市为贾”[①]。尤其是在商品经济与手工业发达的江南地区，不只是像董份、徐阶这类高官，即使是一般的士大夫之家，亦多从事工商业者，俗称“吴中缙绅士大夫多以货殖为急”，“其术倍克于齐民”；“吴人以织作为业，即士大夫家，多以纺绩求利，其俗勤啬好殖，以故富庶”[②]。岸本美绪的研究还指出，在明末江南地区的史料中，有许多强调不动产的昂贵，所以经营当铺、房屋出租等方面的获利，都要比投资在乡村土地高出数倍之多[③]。城市具有如此的诱惑力，无怪乎可以吸引富人乡绅移住投资。

除了实际的经济利益之外，史料中又呈现出另一种看法，主张之

---

① (明)范守己撰，《曲洧新闻》，收于《御龙子集》(台南：庄严文化事业据重庆市图书馆藏明万历十八年侯廷佩刻本印，1997)，卷2，页14a；(明)沈铁撰，《劾贪婪抚臣疏》，收于康熙《衡州府志》(清康熙十年刻二十一年续修本)，卷19，《艺文志·疏》，页48b；(明)于慎行著，《谷山笔麈》(北京：中华书局，1984)，卷4，《相鉴》，页39。

② (明)黄省曾著，《吴风录》，页320；(明)于慎行，《谷山笔麈》，卷4，《相鉴》，页39。

③ 岸本美绪著，《清代中国の物価と經濟變動》(东京：研文出版，1997)，页396—399。

所以需要移居到城市是为了社会交际，借以获得文化声望。如《南吴旧话录》记载：

> 张东海世居草荡，既贵，纪纲辈多劝城居，以便交际。①

就像本书第六章中提到孔尚任的看法，他认为天下有五大都会，乃士大夫必游之地，因为该五处大城市系天下士大夫聚集之处，所以到这些大城市里参与文人结社或聚会的活动，可以借交友而提高自己的文化声望。

明清的乡绅阶层之所以逐渐倾向移居到城市里，除了在城市投资工商业获利，以及城市拥有社会交际的良好环境外，过去学界尚未有其他的答案。笔者认为，城镇里多元的休闲消费空间，提供各式休闲活动与购物的空间，何尝不是吸引乡绅士大夫移居城镇的一大诱惑呢！

消费空间的去道德化与去政治化

明清江南城市里的各类休闲空间设施，在当时官方与士大夫的眼中，常被视为有害风俗与社会秩序。如浙江巡抚朱轼（1665～1736）向以醇儒自居，康熙五十六年（1717）曾下令境内禁止灯棚、水嬉、妇女入寺烧香、游山、听戏诸事②。又如乾隆年间大理寺少卿刘

---

① （清）李延昰撰，《南吴旧话录》，收于《笔记小说大观》（台北：新兴书局，1986），编43册6，页123。

② （清）钱泳撰，《履园丛话》，卷1，《旧闻·为政不相师友》，页25。又该书记载朱轼抚浙时为雍正年间，实误也。因雍正元年朱轼已调回京师任官。

天成上言江南民间风俗浮夸，该示禁的奏折里，就提到许多休闲活动，包括了迎神赛会、寺院烧香、茶坊酒肆与聚赌等：

> 更有好为淫祀，求神赛愿，祈福禳灾，兼以纵容妇女入寺烧香，设斋拜会。至于大小生日，动辄延宾，三朝弥月，竞相趋贺。茶坊酒肆，引类沈酣。古寺荒祠，呼群聚赌。不经之费，难以枚举。[①]

上述引文里将各式休闲消费视为“不经之费”，而其中妇女入寺庙烧香，在强调礼制教化的士大夫与地方官眼中，又成了社会问题。所以上从地方大员，下到州县官们，都曾有过禁止妇女入寺院烧香的命令。再如酒肆与茶坊，某些士大夫也对为政者发出警语，认为这些休闲空间无益民生，却易吸引游惰无赖之民聚集，成为滋生事端之处[②]。明清的官府也对酒肆、茶坊有过许多禁令[③]。

戏园演剧在地方与中央官员的眼里，也是奢侈浮夸的代表而欲禁之。如清人钱泳在《履园丛话》中记清代胡文伯（？～1773）任

---

① （清）梁章钜撰，《退庵随笔》，收于《续修四库全书·子部·杂家类》（上海：上海古籍出版社据清道光刻本影印，1997），册1197，卷11，页19a—b。

② （清）方弘静撰，《千一录》，收于《续修四库全书·子部·杂家类》（上海：上海古籍出版社据明万历刻本影印，1997），册1126，卷21，页9b。

③ 明代已见此类例子，并不限于江南地区。如曾任潮州程乡知县的刘彬，在其任内撤赌场、禁酒肆、逐娼优出境，使“民不复破产”。事见（明）过庭训撰，《本朝分省人物考》，收于《续修四库全书·史部·传记类》（上海：上海古籍出版社据明天启刻本影印，1997），册535，卷66，《刘彬》，页2a—b。清人唐仲冕也主张酒肆之禁，理由近似。参见（清）唐仲冕撰，《陶山文录》，收于《续修四库全书·集部·别集类》（上海：上海古籍出版社据浙江图书馆藏清道光二年刻本影印，1997），册1478，卷10，页30a—b。

江苏按察使时，严禁苏州开戏馆，造成怨声载道[①]。又如乾隆十三年(1748)江苏巡抚觉罗雅尔哈善(？～1759)就上奏指称“江省俗尚浮夸”之事，其中就提到：“上年苏城又添戏园二十余处，无论贵贱，聚饮留连，尤为向所未有。”于是严加饬禁，查拿究处[②]。设局斗蟋蟀与鹌鹑在清代的法律中明定是要被处罚的。正是因为统治者认为此类流风所及，已成为赌博的恶习，所以在雍乾年间，开设鹌鹑圈与蟋蟀盆作为斗赌者，皆在严禁之列，而且照开设赌博例处罚治罪[③]。

不过，官府对于休闲活动与休闲设施的禁令或处罚，也不是一直持续的，所以实际的效果恐怕也是有限，最终仍无法阻遏其势。所以到清末仍然可以看到这些活动与设施的存在。就以斗蟋蟀为例，晚清小说《萤窗异草》有则故事，开头便云：“促织之戏，肇自宋明，沿及近世，以来遂流为赌具。日出为市，好事者多从之醵钱合斗，恒至数十缗不止。”[④]可见此习至清末仍未止。

过去已有不少学者指出，一些江浙一带的“小儒”主张这些休闲

---

① (清)钱泳撰，《履园丛话》，卷1，《旧闻·安顿穷人》，页26。

② 《高宗纯皇帝实录》，卷331，乾隆十三年十二月下，页532b。

③ 如雍正元年(1723)下令凡开设鹌鹑圈、斗鸡坑、蟋蟀盆作为赌斗者，皆严行禁止。雍正三年(1725)又下令凡是开设上述场所者，悉照开场赌博枷责例治罪。其后在乾隆五年(1740)与五十三年(1786)，都曾再度修并此罚则。参见《大清会典事例》，册11，卷1039，《都察院四十二·五城九·赌博斗殴等件·雍正元年》，页422a；册2，卷131，《吏部一一五·处分例五四·赌博·雍正四年》，页693a；册9，卷826，《刑部一〇四·刑律杂犯一·赌博一·附律条例》，页997b。

④ (清)长白浩歌子著，刘连庚校点，《萤窗异草·三编》(济南：齐鲁书社，2004)，卷4，《斗蟋蟀》，页378—381。

活动与设施，其实是创造就业机会，在晚明时期，有陆楫、叶权、田汝成、王士性等人，到清代则有钱泳、顾公燮等人[①]。他们都尝试将奢侈引向"去道德化"（de-moralisation）与"去政治化"（de-politicisation）；亦即尝试摆脱奢侈即浪费的观念，以及去除奢侈有害国本的阴影[②]。但是，他们的主张在思想界与知识界所造成的影响如何呢？对官员政策的影响程度又如何呢？是否可能出现有别于前文所举出的地方官示禁的例子呢？

我们从明清江南的地方文献里，可以看到两套不同的观念同时并存。如苏州普济桥下塘有一处地名称为"野芳浜"，俗作冶坊浜；因为游虎丘山的画舫船只多集中于此，当时有位揽云居士有诗云："觅得百花深处泊，销魂只在野芳浜。"所谓销魂之处，也是指销金之窝。盖指这类休闲设施都是让人浪掷金钱之所。但清代著名的画家潘奕隽（1740～1830）另有《游虎丘野芳浜》诗，则称："人言荡子销金窟，我

① 林丽月，《晚明"崇奢"思想隅论》，《台湾师大历史学报》，期19（1991年6月），页215—234；陈国栋，《有关陆楫"禁奢辨"之研究所涉及的学理问题——跨学门的意见》，《新史学》，卷5期2（1994年6月），页151—179；陈国栋，《从〈蜜蜂寓言〉到乾隆圣谕——传统中西经济思想与现代的意义》，《当代》，期142（1999年6月），页44—61；林丽月，《〈蒹葭堂稿〉与陆楫"反禁奢"思想之传衍》，收于张琏主编，《明人文集与明代研究》（台北：中国明代研究学会，2002），页121—134。

② 有关英国奢侈观念转向"去道德化"与"去政治化"的变迁，参见 Christopher J. Berry, *The Idea of Luxury: A Conceptual and Historical Investigation* (Cambridge: Cambridge University Press, 1994), 126 - 176; Joyce Appleby, "Consumption in Modern Social Thought," in John Brewer and Roy Porter eds., *Consumption and the World of Goods*, 148 - 161.

道贫儿觅食乡。”[①]显然潘奕隽的看法，与前者揽云居士大异其趣，他认为这些休闲设施是提供贫民就业的机会。

然而，笔者认为最具代表性的言论，并非上述“小儒”在其笔记中的论述，而是官修的乾隆《吴县志》里的一席话：

> 议吴俗者皆病其奢，而不知吴民之奢，亦穷民之所借以生也。国家太平日久，休养生息之众，人民户口百倍于前，地无不耕之土，水无不网之波，山无不采之木石，而终不足以供人之用。奔走四方，驱驰万里，为商为贾，又百工技艺，吴人为众，而常苦不足。吴地向无人烟之处，今则宅舍弥望，盖人满之患，至斯极矣。向者一钱之物，今或数十钱而未得，而钱亦日贵。经营货殖者，术无不至，而利日以微。古之为游民者，舍业而嬉，故可驱而返之四民之内。今之为游民者，无业可入，则恐流而入于匪类之中。幸有豪奢之家驱使之、役用之，挥金钱以为宴乐游冶之费，而百工技能皆可效其用，以取其财。即游民亦得沾其余润，以丐其生。此虽非根本之图，亦一补救之术也。[②]

① (清)顾禄撰，《桐桥倚棹录》，卷 7，《溪桥》，页 93。但记该诗作者为三松居士。(清)钱泳撰，《履园丛话》，卷 1，《旧闻·安顿穷人》，页 26，则记作者为潘荣皋。同书卷 6，《耆旧·榕皋先生》(页 154)记吴县潘榕皋先生名奕隽，字守愚，年十六以商籍补仁和县学生。乾隆己丑(1769)进士，历任至户部主事而辞官。李濬之编，《清画家诗史》(台北：明文书局，1985)，页 288，称其书宗颜、柳，篆、隶入秦、汉之室。山水师倪、黄。写意花卉梅兰尤得天趣。诗跋俱隽妙。卒年九十一。著有《三松堂集》。

② 乾隆《吴县志》，卷 24，《风俗》，页 13a—14b。

该方志系由吴县知县姜顺蛟与翰林院编修叶长扬监修，海宁秀才施谦所纂，三人在书中都撰有序文，具有明显的官方色彩。上述引文在过去江南地方志中的《风俗志》未曾出现过，内容上完全和主张禁奢政策的立场相反，强调休闲消费空间的正面意义，认为苏州富家奢华游冶的休闲消费，正是造就人民就业的机会。此论述正可以反映出到了18世纪中期以后，至少江南这个地区，休闲消费已逐渐被当地的士大夫所接受，甚至在某些地方官员的观念上，也渐渐有将之"去道德化"与"去政治化"的倾向。

附　录

附录 1　明清苏州妓女分布*

名妓姓名	所居之处	原籍	资料来源	附注
燕三	上新桥西下塘小巷内	苏州	吴姬百媚	
马观	姑苏毛家场	昆山	吴姬百媚	原居娄东
蒋五	姑苏北濠	金陵旧院	吴姬百媚	原居武林
张美	姑苏北濠	南京旧院	吴姬百媚	自武林移居姑苏，与蒋五同居
王三	姑苏北濠	扬州	吴姬百媚	王赛之姐，与之同居
蒋四	姑苏北濠	金陵旧院	吴姬百媚	蒋五之姐，与之同居
曹爱	姑苏城内海和坊巷西	扬州	吴姬百媚	

*本表苏州名妓排列以书中出现先后为序。

续表

名妓姓名	所居之处	原籍	资料来源	附注
卢嫩	姑苏城内海和坊巷东	苏州	吴姬百媚	
顾小乙	姑苏城城隍庙前	苏州	吴姬百媚	
赵凤	姑苏新开河	江右	吴姬百媚	
梁小乙	姑苏枫桥东凤凰桥僻巷	苏州	吴姬百媚	
沈如	姑苏阊门	海宁	吴姬百媚	本姓朱，自松陵移居姑苏
冯喜	姑苏阊门外小郝巷	苏州	吴姬百媚	
冯伴	姑苏阊门外小郝巷	苏州	吴姬百媚	冯喜嫡姐
冯丑	姑苏阊门外小郝巷	苏州	吴姬百媚	冯喜、冯伴嫡甥
冯金	姑苏阊门外小郝巷	苏州张公弄	吴姬百媚	从良复出
冯三	姑苏阊门外小郝巷	苏州	吴姬百媚	与冯喜、冯伴同居
冯乙	姑苏阊门外小郝巷	苏州	吴姬百媚	冯喜、冯伴嫡姐，久居松陵，今暂移姑苏
陈三	姑苏阊门外小郝巷	苏州	吴姬百媚	
金二	姑苏阊门内桃花坞	苏州	吴姬百媚	
韩葵	姑苏阊门毛家濠	松江	吴姬百媚	与马舜英文为邻
刘翩	姑苏阊门外	苏州	吴姬百媚	
张二	姑苏阊门外北撞子门	南京	吴姬百媚	

续表

名妓姓名	所居之处	原籍	资料来源	附注
白七	姑苏阊门外北撞子门		吴姬百媚	旧坛白家养女
周闰	姑苏阊门外北撞子门	镇江	吴姬百媚	
段葵	姑苏阊门外北撞子门	扬州	吴姬百媚	
项美	姑苏阊门外北撞子门	扬州	吴姬百媚	
沈乙	姑苏阊门外北撞子门	苏州	吴姬百媚	从良未了
李小乙	姑苏阊门外北撞子门	扬州	吴姬百媚	
侯双	姑苏阊门外北撞子门	苏州	吴姬百媚	
段二	姑苏阊门外北撞子门	扬州	吴姬百媚	与段葵、段三两妹同居
项小乙	姑苏阊门外北撞子门	扬州	吴姬百媚	
孙二	姑苏阊门外北撞子门	南京	吴姬百媚	

续表

名妓姓名	所居之处	原籍	资料来源	附注
蔡乙	姑苏阊门外北撞子门	扬州	吴姬百媚	
徐寿	姑苏阊门外北撞子门	江右	吴姬百媚	
杨文	姑苏阊门外北撞子门	苏州	吴姬百媚	杨寿之妹
王存	姑苏阊门外北撞子门	扬州	吴姬百媚	
徐仁	姑苏阊门外北撞子门	常州	吴姬百媚	
段三	姑苏阊门外北撞子门	山东	吴姬百媚	段二之妹，段葵之姐
徐四	姑苏阊门外北撞子门	常熟	吴姬百媚	
侯小乙	姑苏阊门外北撞子门		吴姬百媚	人呼为侯李乙，从李家来也。居处即侯双家
袁三	姑苏阊门外北撞子门	扬州	吴姬百媚	
沈六	姑苏阊门外北撞子门	苏州	吴姬百媚	沈云停义女，年方十一，与之同居

续表

名妓姓名	所居之处	原籍	资料来源	附注
王京	姑苏阊门外张公弄	苏州	吴姬百媚	
曹小乙	姑苏阊门外张公弄口	扬州	吴姬百媚	
胡昭	姑苏阊门外张公弄口	苏州	吴姬百媚	
金湘	姑苏阊门外坛门口	松江	吴姬百媚	
李二	姑苏阊门外坛门口	苏州	吴姬百媚	
马宁	姑苏阊门外坛门口	苏州	吴姬百媚	
马小乙	姑苏阊门外坛门口	苏州	吴姬百媚	马安奇之妹，与之同居
冯寿		吴江	吴姬百媚	冯氏之女，往来松陵姑苏，来则依冯伴居
曹晓兰	丁家巷（上塘附近）		吴门画舫录	
蒋香	丁家巷（上塘附近）		吴门画舫录	
杜凝馥	下塘		吴门画舫录	
钱星娥	下塘		吴门画舫录	

续表

名妓姓名	所居之处	原籍	资料来源	附注
郁素娟	下塘		吴门画舫录	
陆沁香	下塘	吴门	吴门画舫录	本泰昌人,隶籍吴门
徐素琴	下塘		吴门画舫录	
张轻云	下塘		吴门画舫录	
史文香	上塘		吴门画舫录	
余凤箫	上塘		吴门画舫录	
钱梦兰	上塘		吴门画舫录	
赵某官	上塘		吴门画舫录	
陈佛奴	上塘		吴门画舫录	
孙素芳	上塘	吴门	吴门画舫录	家本浙东,流落广南,次归吴门,遂止焉

续表

名妓姓名	所居之处	原籍	资料来源	附注
蔡蕙芳	上塘		吴门画舫录	
张凤龄	上塘		吴门画舫录	
徐爱珍	上塘		吴门画舫录	
金秀林	上塘		吴门画舫录	
沈笑霞	山塘	刘河	吴门画舫录	姐妹合称大小刘河,以舟为家
谈瑞珠	山塘		吴门画舫录	
陆小玉	山塘		吴门画舫录	
周新官	山塘		吴门画舫录	
崔秀英	山塘彩云弄		吴门画舫录	一名漱英
李素芳	姑苏阊门		吴门画舫录	

续表

名妓姓名	所居之处	原籍	资料来源	附注
朱月娥	姑苏阊门		吴门画舫录	
李倚玉	虎丘得月楼		吴门画舫录	
杨玉娟	虎啸桥		吴门画舫录	流寓金陵钞库街
潘冷香	城中		吴门画舫录	
杜丽云	城中		吴门画舫录	
顾双卿	城中		吴门画舫录	
盛畹香	城中		吴门画舫录	
沈素琴	城内丽娃乡		吴门画舫录	
阿福	胥门		吴门画舫录	流寓申江绿水寮
张韵雪	湖田		吴门画舫录	
童某官	濠上		吴门画舫录	

续表

名妓姓名	所居之处	原籍	资料来源	附注
徐友兰	濠上		吴门画舫录	
李响云	濠上		吴门画舫录	
陆顺卿	濠上		吴门画舫录	
陆眉卿	濠上		吴门画舫录	与陆顺卿为姐妹
张佩仙	濠上		吴门画舫录	张官从、张同同之妹
王香柳	濠上		吴门画舫录	
程棣香	濠上		吴门画舫录	
马如兰			吴门画舫录	
郑默琴			吴门画舫录	
陈桐香		姚江	吴门画舫录	往来吴越间

续表

名妓姓名	所居之处	原籍	资料来源	附注
董双婷			吴门画舫录	
崔鬌卿			吴门画舫录	
陈苹香	丁家巷(上塘附近)	梁溪	吴门画舫续录	
高湫月	丁家巷(上塘附近)		吴门画舫续录	
宓鬘云	丁家巷(上塘附近)		吴门画舫续录	
徐月琴	丁家巷(上塘附近)		吴门画舫续录	与戈二娥同居
周素珍	丁家巷(上塘附近)		吴门画舫续录	
杨双珠	丁家巷(上塘附近)		吴门画舫续录	
周新官	丁家巷(上塘附近)		吴门画舫续录	
赵瑶娟	丁家巷柴场头		吴门画舫续录	与陆顺卿同居
程小红	丁家巷桃李园		吴门画舫续录	

续表

名妓姓名	所居之处	原籍	资料来源	附注
张兰仙	八房河头李响云故居		吴门画舫续录	
汪疏云	下塘水潭头		吴门画舫续录	
朱紫芗	下塘水潭头		吴门画舫续录	旧籍秦淮,今居水潭头
杜又兰	下塘水潭头	嘉兴	吴门画舫续录	
高倩霞	下塘水潭头		吴门画舫续录	
姚心兰	下塘水潭头		吴门画舫续录	
孔似兰	下塘水潭头		吴门画舫续录	
卞爱珠	下塘水潭头琴香旧居	维扬	吴门画舫续录	
王兰珍	下塘袁家弄	维扬	吴门画舫续录	
孔琴香	下塘众安弄		吴门画舫续录	初居下塘之水潭头,新居众安弄

续表

名妓姓名	所居之处	原籍	资料来源	附注
孔蓉仙	下塘众安弄		吴门画舫续录	孔琴香之妹
陈映华	下塘菩萨庵前	杭州	吴门画舫续录	
周慈兰	上津桥下塘		吴门画舫续录	
许小琼	上津桥石盘街		吴门画舫续录	
陈疏琴	上津桥石盘街马如兰故居		吴门画舫续录	
汪素月	上塘丁家巷		吴门画舫续录	
潘素贞	上塘丁家巷	常熟	吴门画舫续录	
王素兰	上塘丁家巷瑶庄	兰陵	吴门画舫续录	数日前移寓下家弄,与田氏姐妹同居
朱静兰	上塘由常弄		吴门画舫续录	
冯镜玉	上塘倪氏巷史文香故居		吴门画舫续录	

续表

名妓姓名	所居之处	原籍	资料来源	附注
高玉英	上塘道林庵前		吴门画舫续录	旧籍秦淮，今寓上塘道林庵前
陈素香	上塘算盘巷	梁溪	吴门画舫续录	
李新官	上塘算盘巷	泰州	吴门画舫续录	
赵月仙	上塘算盘巷		吴门画舫续录	
周双喜	上塘算盘巷		吴门画舫续录	
张小云	上塘算盘巷		吴门画舫续录	
张新兰	上塘算盘巷		吴门画舫续录	
田小莲	上塘礼拜寺	维扬	吴门画舫续录	向与卞爱珠同寓
陈凤君	上塘礼拜寺		吴门画舫续录	
钱韵兰	上塘礼拜寺前		吴门画舫续录	
王晓荷	大马坊巷		吴门画舫续录	

续表

名妓姓名	所居之处	原籍	资料来源	附注
曹稷香	大马坊巷		吴门画舫续录	前录中托言赵某官者也
潘四寿	小郗弄		吴门画舫续录	
尤双喜	山塘		吴门画舫续录	
张素芳	山塘左偏乐将武桥		吴门画舫续录	前居永福桥，今卜居于山塘左偏之乐将武桥
李春云	山塘瑶弄	秣陵	吴门画舫续录	
田宛兰	卞家弄张轻云故居		吴门画舫续录	
王问兰	太平巷		吴门画舫续录	
崔小英	木梳巷钱湘痕故居		吴门画舫续录	初居半塘，后迁木梳巷
石小宓	永宁巷		吴门画舫续录	
李琴仙	永福桥		吴门画舫续录	花芷香之邻
王花于	永福桥		吴门画舫续录	

续表

名妓姓名	所居之处	原籍	资料来源	附注
王芷香	永福桥		吴门画舫续录	王花于姐妹
王素真	永福桥东首	梁溪	吴门画舫续录	
沈仲兰	朱家庄		吴门画舫续录	
徐小娥	前家桥边		吴门画舫续录	素琴之犹女
刘馥林	城中采莲巷	山东临清	吴门画舫续录	
钱素越	城中渔郎桥	锡山	吴门画舫续录	本锡山人，长养吴门
钱秋婷	城中双井巷	锡山	吴门画舫续录	钱素越同母姐
胡秋琴	猛将军弄		吴门画舫续录	
周小莲	通贵桥下塘		吴门画舫续录	
施素芳	圆照弄		吴门画舫续录	
方友兰	圆照弄		吴门画舫续录	

续表

名妓姓名	所居之处	原籍	资料来源	附注
楼素娟	圆照弄		吴门画舫续录	
程月娥	杨庵弄	新安	吴门画舫续录	旧籍新安，今居阳庵弄
张芹香	杨庵弄		吴门画舫续录	
黄月娵	杨庵浜		吴门画舫续录	初居风箱弄，后迁杨庵浜
戈镜珠	杨庵浜		吴门画舫续录	
顾月舟	杨树弄		吴门画舫续录	
顾云洲	杨树弄		吴门画舫续录	顾月舟妹
沐小蓉	杨树弄		吴门画舫续录	
王凤龄	葑门内望信桥		吴门画舫续录	
邵素筠	闻德桥风箱弄		吴门画舫续录	
陆织云	庙堂巷谭氏河房		吴门画舫续录	向居西门内瓣莲巷，后迁庙堂巷谭氏河房

续表

名妓姓名	所居之处	原籍	资料来源	附注
张凤娇			吴门画舫续录	
余桐花			吴门画舫续录	素春阁香雪之妹
周琴芳			吴门画舫续录	通贵桥船娘
姚小筠			吴门画舫续录	

附录 2　明清徽州文书中记载物品清单的分家文书

序号	名称	时间	身家背景	资料来源
A1	《吴氏分家簿》	明成化十一年(1475)	小商人	清乾隆年间写本,上海图书馆藏
A2	《吴尚贤分家簿》	明正德二年(1507)、十二年(1517)两次分家	在扬州业盐,资本数万两的商人	明正德十三年写本,上海图书馆藏
A3	《李氏荣字阄书》	明隆庆四年(1570)	创立木行,乃木材商人	国家图书馆藏抄本
A4	《孙时立阄书》	明嘉靖四十年(1561)	资本数千两的商人	《徽州千年契约文书·宋、元、明编》,卷5,页415—417

续表

序号	名称	时间	身家背景	资料来源
A5	《张应辉等立阄书》	明万历三十五年(1607)	职业不确定	中国社会科学院藏徽州文书，文献编号115143507001，排架号61—32
A6	《休宁程虚宇立分书》	明崇祯二年(1629)	国子监生弃儒从贾，典当业主，资本二十万两以上的商人	《徽州千年契约文书·宋、元、明编》，卷8，页380—385
A7	《余廷枢等立分单阄书》	明崇祯七年(1634)	开店的零售小商人	《徽州千年契约文书·宋、元、明编》，卷9，页347
B1	《朱氏分家书》	清顺治二年(1645)	经营铁作坊的小商人	中国社会科学院历史所藏徽州文书，文献编号1000113
B2	《余士登立阄书》	清康熙二十四年(1685)	资本约115两的小型商人	中国社会科学院藏徽州文书，文献编号216022405001，排架号25：25—30

续表

序号	名称	时间	身家背景	资料来源
B3	《余文臣等立析单》	清康熙四十三年(1704)	小康家庭	中国社会科学院藏徽州文书,文献编号116024306001,排架号 61—161
B4	《口文光立遗嘱分单合文》	清康熙四十五年(1706)十一月	小农之家	中国社会科学院藏徽州文书,文献编号116024511002,排架号 61—163;《徽州千年契约文书·宋、元、明编》,卷 1,页 157
B5	《祁门县陈祖法等立清分单》	清康熙四十七年(1708)六月	尚需更详细的资料	中国社会科学院藏徽州文书,文献编号116024706001,排架号 61—164
B6	《歙县余文开等立阄书》	清康熙五十五年(1716)一月	小农之家	中国社会科学院藏徽州文书,文献编号116025501001,排架号 61—167

续表

序号	名称	时间	身家背景	资料来源
B7	《姜氏阄书》	清康熙五十八年(1719)		南京大学历史系图书馆藏
B8	《金国胜立分单》	清康熙五十八年(1719)一月	小农之家	中国社会科学院藏徽州文书,文献编号116025801001,排架号61—168
B9	《歙县张志书立分单》	清乾隆十三年(1748)九月	小农之家,并典药店为副业	中国社会科学院藏徽州文书,文献编号116041309002,排架号61—189
B10	《张方逑等立分单》	清乾隆二十八年(1763)七月	祖先有中进士者,现为家道中落之小农家庭	中国社会科学院藏徽州文书,文献编号116042807003,排架号62—8;《徽州千年契约文书·宋、元、明编》,卷1,页344
B11	《祁门县谢起时立阄书》	清乾隆五十一年(1786)十一月	小地主	中国社会科学院藏徽州文书,文献编号116045111002,排架号62—19

续表

序号	名称	时间	身家背景	资料来源
B12	《祁门县李德连等议立祖产分单》	清道光四年(1824)十月	小农之家	中国社会科学院藏徽州文书,文献编号116060410001,排架号62—45
B13	《口昌裔立分关合同》	清道光五年(1825)八月	小农之家	中国社会科学院藏徽州文书,文献编号116060508002,排架号62—47
B14	《歙县程兆纷立阄书一册附抄底(房二房阄书)》	清道光二十一年(1841)二月	有钱两万文之小商人家庭	中国社会科学院藏徽州文书,文献编号216062102001,排架号25:196—221
B15	《口天湘等立分关书(荣字号)》	清同治二年(1863)二月	可自足的小贫农	中国社会科学院藏徽州文书,文献编号116080202006,排架号62—56
B16	《祁门县谢阿张氏等立分遗产阄书(天、地两字)》	清同治九年(1870)一月	小农之家	中国社会科学院藏徽州文书,文献编号116080901001,排架62—59

续表

序号	名称	时间	身家背景	资料来源
B17	《祁门县李连潘等议立祖产分单》	清同治十三年（1874）十二月	小农家庭	中国社会科学院藏徽州文书，文献编号116081312001，排架号62—60
B18	《歙县张人冈等立分产合同》	清光绪二年(1876)三月	尚需更详细的资料	中国社会科学院藏徽州文书，文献编号116090203002，排架号62—64

征引书目

一、史料

（一）地方志

弘治《常熟县志》，收入《四库全书存目丛书·史部·地理类》，册185，台南：庄严文化事业据上海图书馆藏清抄本影印，1996。

弘治《吴江志》，收入《中国史学丛书三编》，台北：学生书局据明弘治元年刊本影印，1986。

正德《建昌府志》，收入《天一阁藏明代方志选刊》，册34，上海：上海书店出版社据宁波天一阁藏明正德十二年刻本重印，1982。

正德《松江府志》，收入《天一阁藏明代方志选刊续编》，册5—6，上海：上海书店出版社据明正德刊本影印，1990。

正德《华亭县志》，美国国会图书馆据北京图书馆藏明正德十六年刊本摄制，1961。

正德《江宁县志》，收入《北京图书馆古籍珍本丛刊·史部·地理类》，册24，北京：书目文献出版社据明正德刻本影印，1988。

正德《姑苏志》，北京：书目文献出版社据明正德元年刊本影印，1988。

嘉靖《南畿志》，收入《北京图书馆古籍珍本丛刊·史部·地理类》，册24，北京：书目文献出版社据明正德刻本影印，1988。

嘉靖《泾县志》，收入《天一阁藏明代方志选刊续编》，册36，上海：上海书店出版社据明嘉靖刊本影印，1990。

嘉靖《六合县志》，收入《天一阁藏明代方志选刊续编》，册7，上海：上海书店出版社据明嘉靖刊本影印，1990。

嘉靖《隆庆志》，收入《天一阁藏明代方志选刊》，册8，上海：上海书店出版社据宁波天一阁藏明嘉靖二十八年刻本重印，1981。
嘉靖《太平县志》，收入《天一阁藏明代方志选刊》，册 17，上海：上海书店出版社据宁波天一阁藏明嘉靖十九年刻本影印，1982。
嘉靖《吴江县志》，台北：学生书局据明嘉靖四十年刊本影印，1987。
嘉靖《宣府镇志》，收入《新修方志丛刊·塞北地方·察哈尔省》，册 19，台北：学生书局据明嘉靖四十年刊本抄补本影印，1969。
隆庆《长洲县志》，收入《天一阁藏明代方志选刊续编》，册 23，上海：上海书店出版社据明隆庆五年刻本影印，1990。
万历《扬州府志》，收入《北京图书馆古籍珍本丛刊》，北京：书目文献出版社据明万历刻本影印，1988。
万历《长洲县志》，收入《中国史学丛书三编》，台北：学生书局据明万历二十六年刊本崇祯八年印本影印，1986。
万历《江都县志》，收入《四库全书存目丛书·史部·地理类》，册 202，台南：庄严文化事业据北京图书馆藏明万历刻本影印，1996。
万历《上元县志》，南京：南京市通志馆，1947。
万历《新修余姚县志》，收入《中国方志丛书·华中地方·浙江省》，册 501，台北：成文出版社据明万历年间刊本影印，1983。
万历《秀水县志》，收入《中国方志丛书·华中地方·浙江省》，册 57，台北：成文出版社据民国十四年铅字重刊本影印，1975。
崇祯《松江府志》，收入《日本藏中国罕见地方志丛刊》，北京：书目文献出版社据明崇祯三年刻本影印，1991。
崇祯《嘉兴县志》，收入《日本藏中国罕见地方志丛刊》，北京：书目文献出版社据日本宫内省图书寮藏明崇祯十年刻本影印，1991。
崇祯《外冈志》，收入《中国地方志集成·乡镇志专辑》，册 2，上海：上海书店出版社据 1961 年铅印《上海史料丛编》影印，1992。
崇祯《吴县志》，收入《天一阁藏明代方志选刊续编》，册 15—19，上海：上海书店出版社据明崇祯刊本影印，1990。
康熙《杭州府志》，台北：汉学研究中心据日本内阁文库所藏清康熙二十五年刊本影印，1990。
康熙《衡州府志》，收入《北京图书馆古籍珍本丛刊·史部·地理类》，册

36，北京：书目文献出版社据清康熙十年刻二十一年续修本影印，1988。
康熙《江宁府志》，台北：汉学研究中心据日本内阁文库所藏清康熙七年序刊本影印，1990。
康熙《苏州府志》，台北：汉学研究中心据日本内阁文库所藏清康熙二十二年序刊本影印，1990。
康熙《钱塘县志》，收入《中国地方志集成·浙江府县志辑》，册4，上海：上海书店出版社据清康熙五十七年刻本影印，1993。
康熙《江宁县志》，收入《稀见中国地方志汇刊》，北京：中国书店据清康熙二十二年刻本影印，1992。
康熙《吴县志》，台北：汉学研究中心藏清康熙年间刊本。
康熙《天台治略》，收入《中国方志丛书·华中地方·浙江省》，册65，台北：成文出版社据清康熙六十年刊本影印，1970。
雍正《陕西通志》，收入《中国西北文献丛书：第一辑 西北稀见方志文献》，册1—5，兰州：兰州古籍书店据清雍正十三年刻本影印，1990。
乾隆《潮州府志》，收入《中国方志丛书·华南地方·广东省》，册46，台北：成文出版社据清光绪十九年重刊清乾隆二十七年刊本影印，1967。
乾隆《杭州府志》，收入《续修四库全书·史部·地理类》，册701—703，上海：上海古籍出版社据清乾隆四十九年刻本影印，1997。
乾隆《长洲县志》，收入《中国地方志集成·江苏府县志辑》，册13，南京：江苏古籍出版社据清乾隆十八年刻本影印，1991。
乾隆《金山县志》，收入《中国方志丛书·华中地方·江苏省》。台北：成文出版社据清乾隆十六年刊本影印，1983。
乾隆《上元县志》，扬州：江苏广陵古籍刻印社据清乾隆刊本影印，1988。
乾隆《乌程县志》，收入《中国方志丛书·华中地方·浙江省》，册596，台北：成文出版社据清乾隆十一年刊本影印，1983。
乾隆《吴江县志》，台北：成文出版社据清乾隆十二年刊本影印，1974。
乾隆《吴县志》，清乾隆十年刻本。
乾隆《武进县志》，收入《稀见中国地方志汇刊》，北京：中国书店据清乾隆年间刻本影印，1992。

乾隆《元和县志》，收入《续修四库全书·史部·地理类》，册 696，上海：上海古籍出版社据复旦大学图书馆藏清乾隆二十六年刻本影印，1997。
乾隆《震泽县志》，收入《中国方志丛书·华中地方·江苏省》，册 20，台北：成文出版社据清乾隆十一年修光绪十九年重刊本影印，1970。
嘉庆《直隶太仓州志》，收入《续修四库全书·史部·地理类》，册 697，上海：上海古籍出版社据清嘉庆七年刻本影印，1997。
嘉庆《石冈广福合志》，收入《上海乡镇旧志丛书》，册 1，上海：上海社会科学院出版社据清嘉庆十二年刻本标点出版，2004。
道光《璜泾志稿》，收入《中国地方志集成·乡镇志专辑》，册 9，上海：上海书店出版社据民国二十九年活字本影印，1992。
同治《苏州府志》，收入《中国方志丛书·华中地方·江苏省》，册 5，台北：成文出版社据清光绪九年刊本影印，1970。
光绪《金陵琐志》，收入《中国方志丛书·华中地方·江苏省》，册 39，台北：成文出版社据光绪二十六年刊本影印，1970。
光绪《金陵通纪》，收入《中国方志丛书·华中地方·江苏省》，册 37，台北：成文出版社据清光绪三十三年刊本影印，1970。
光绪《南汇县志》，收入《中国方志丛书·华中地方·江苏省》，册 42，台北：成文出版社据民国十六年重印清光绪五年刊本影印，1969。
光绪《石门县志》，收入《中国方志丛书·华中地方·浙江省》，册 185，台北：成文出版社据清光绪五年刊本影印，1975。
光绪《周庄镇志》，收入《续修四库全书·史部·地理类》，册 717，上海：上海古籍出版社据清光绪八年元和陶氏仪一堂刻本影印，1997。
（清）《濮院琐志》，收入《中国地方志集成·乡镇志专辑》，上海：上海书店出版社据浙江省图书馆藏书抄本影印，1992。
《小方壶斋舆地丛钞》，清光绪三年至十三年上海著易堂排印本。
民国《杭州府志》，收入《中国地方志集成·浙江府县志辑》，册 1—3，上海：上海书店出版社据民国十一年铅印本影印，1993。
民国《秦淮志》，收入《南京文献》，册 24，南京：南京市通志馆，1948。
民国《青浦县续志》，收入《中国方志丛书·华中地方·江苏省》，册 167，台北：成文出版社据民国二十三年刊本影印，1975。

民国《吴县志》,收入《中国方志丛书·华中地方·江苏省》,册18,台北:成文出版社据民国二十二年铅字本影印,1970。
民国《余姚六仓志》,收入《中国地方志集成·乡镇志专辑》,册25,上海:上海书店出版社据民国九年刊本影印,1992。
民国《钟南淮北区域志》,收入《金陵琐志九种》,南京:南京出版社,2008。
民国《乌青镇志》,收入《中国地方志集成·乡镇志专辑》,册23,上海:上海书店出版社据民国二十五年刻蓝印本影印,1992。
民国《法华乡志》,收入《中国地方志集成·乡镇志专辑》,册1,上海:上海书店出版社据民国十一年铅印本影印,1992。

(二)古代典籍与资料集

(宋)洪迈著,《容斋续笔》,上海:上海古籍出版社,1978。
(宋)李昉等编,《太平广记》,北京:中华书局,1961。
(宋)孟元老撰,伊永文笺注,《东京梦华录笺注》,北京:中华书局,2006。
(宋)吴曾撰,《能改斋漫录》,收入《丛书集成初编》,册289—291,北京:中华书局,1985。
(宋)吴自牧撰,《梦粱录》,收入《笔记小说大观》,编21册2,台北:新兴书局,1985。
(明)陈洪谟撰,《治世余闻》,北京:中华书局,1985。
(明)陈继儒撰,《见闻录》,收入《笔记小说大观》,编4册6,台北:新兴书局,1974。
(明)陈仁锡撰,《无梦园初集》,收入《续修四库全书·集部·别集类》,册1382,上海:上海古籍出版社据明崇祯六年张一鸣刻本影印,1995。
(明)程春宇辑,《士商类要》,收入杨正泰,《明代驿站考》,上海:上海古籍出版社,1994。
(明)丁耀亢著,《续金瓶梅》,台北:建弘出版社,1995。
(明)范濂著,《云间据目钞》,收入《笔记小说大观》,编22册5,台北:新兴书局,1978。
(明)范守己撰,《曲洧新闻》,收于《御龙子集》,台南:庄严文化事业据重庆市图书馆藏明万历十八年侯廷佩刻本影印,1997。

(明)费元禄纂,《鼂采馆清课》,收入《丛书集成简编》,册 222,台北：商务印书馆据宝颜堂秘笈本排印,1965。
(明)冯梦龙编撰,《醒世恒言》,台北：三民书局,1988。
(明)冯梦龙编撰,《喻世明言》,台北：鼎文书局,1980。
(明)冯梦龙编纂,刘瑞明注解,《冯梦龙民歌集三种注解》,北京：中华书局,2005。
(明)冯梦祯撰,《快雪堂集》,收入《四库全书存目丛书·集部·别集类》,册 165,台北：庄严文化事业据北京大学图书馆藏明万历四十四年黄汝亨朱之蕃等刻本影印,1997。
(明)顾起元撰,《客座赘语》,北京：中华书局,1987。
(明)顾炎武撰,《天下郡国利病书》,台北：广文书局,1979。
(明)顾炎武撰,《肇域志》,台北："中研院"历史语言研究所傅斯年图书馆藏蓝栏抄本。
(明)过庭训撰,《本朝分省人物考》,收入《续修四库全书·史部·传记类》,册 533—536,上海：上海古籍出版社据明天启刻本影印,1997。
(明)海瑞撰,《备忘集》,收入《景印文渊阁四库全书》,册 1286,台北：商务印书馆,1983。
(明)韩霖编,《二老清风》,台北：文海出版社据台湾图书馆藏明崇祯刊本影印,1970。
(明)何良俊著,《何翰林集》,台北：台湾图书馆据明嘉靖四十四年何氏香严精舍刊本影印,1971。
(明)何良俊撰,《四友斋丛说》,北京：中华书局,1959。
(明)何乔远辑,《名山藏》,台北：成文出版社据明崇祯十三年刊木影印,1971。
(明)侯方域撰,《壮悔堂集》,收入《四部备要·集部》,台北：中华书局,1965。
(明)黄汝亨撰,《寓林集》,收入《续修四库全书·集部·别集类》,册 1368—1369,上海：上海古籍出版社据湖北省图书馆藏明天启四年吴敬吴芝等刻本影印,1995。
(明)黄省曾著,《吴风录》,收入王稼句编纂、点校,《苏州文献丛钞初编》,

苏州：古吴轩出版社，2005。
(明)焦竑撰，《玉堂丛语》，北京：中华书局，1982。
(明)郎瑛撰，《七修类稿》，台北：世界书局，1984。
(明)李乐撰，《见闻杂记》，上海：上海古籍出版社据明万历年间刊本影印，1986。
(明)李流芳著，《檀园集》，收入《景印文渊阁四库全书》，册1295，台北：商务印书馆据台北"故宫博物院"藏本影印，1983。
(明)李日华著，《恬致堂诗话》，收入《四库全书存目丛书·集部·诗文评类》，册417，台南：庄严文化事业据涵芬楼影印清道光十一年六安晁氏木活字学海类编本影印，1995。
(明)李日华著，屠友祥校注，《味水轩日记》，上海：上海远东出版社，1996。
(明)李诩撰，《戒庵老人漫笔》，北京：中华书局据清光绪二十二年常州先哲遗书本影印，1987。
(明)凌濛初编著，《二刻拍案惊奇》，台北：三民书局，1993。
(明)刘侗、于奕正著，孙小力校注，《帝京景物略》，上海：上海古籍出版社，2001。
(明)刘若愚著，《酌中志》，北京：北京古籍出版社，1994。
(明)陆粲撰，《庚巳编》，北京：中华书局，1987。
(明)陆容撰，佚之点校，《菽园杂记》，北京：中华书局，1985。
(明)陆云龙等选评，蒋金德点校，《明人小品十六家》，杭州：杭州古籍出版社，1996。
(明)吕毖辑，《明朝小史》，台北：正中书局，1981。
(明)祁彪佳撰，《祁忠敏公日记》，绍兴：绍兴县修志委员会，1937。
(明)钱谷撰，《吴都文粹续集》，收入《景印文渊阁四库全书·集部》，册1385，台北：台湾商务印书馆，1983。
(明)钱谦益著，《牧斋初学集》，上海：上海古籍出版社，1985。
(明)钱希言撰，《桐薪》，收于《松枢十九山》，日本内阁文库藏明万历二十八年序刊本。
(明)钱希言撰，《戏瑕》，收入《四库全书存目丛书·子部·杂家类》，册

97，台南：庄严文化事业据安徽省图书馆藏明刻本影印，1995。
（明）沈长卿撰，《沈氏日旦》，收入《四库禁毁书丛刊·子部》，册12，北京：北京出版社据北京大学图书馆藏明崇祯七年刻本影印，2000。
（明）沈德符撰，《万历野获编》，北京：中华书局，1997。
（明）沈瓒撰，《近事丛残》，上海：上海图书馆藏清乾隆甲寅刻本。
（明）谈迁撰，《枣林杂俎》，收入《四库全书存目丛书·子部·杂家类》，册113，台南：庄严文化事业据上海图书馆藏清抄本影印，1995。
（明）谭元春撰，《谭友夏合集》，收入《四库全书存目丛书·集部·别集类》，册191，台南：庄严文化事业据上海图书馆藏明崇祯六年张泽刻本影印，1997。
（明）唐锦撰，《龙江梦余录》，收入《续修四库全书·子部·杂家类》，册1122，上海：上海古籍出版社据上海图书馆藏明弘治十七年郭经刻本影印，1997。
（明）田汝成辑撰，《西湖游览志余》，上海：上海古籍出版社，1980。
（明）田艺蘅撰，《留青日札》，上海：上海古籍出版社，1985。
（明）宛瑜子著，《吴姬百媚》，北京：北京图书馆出版社据国家图书馆藏明万历贮花斋刻本影印，2002。
（明）汪道昆撰，《太函集》，合肥：黄山书社，2004。
（明）汪天锡辑，《官箴集要》，收入《官箴书集成》，册1，合肥：黄山书社，1997。
（明）王锜著，《寓圃杂记》，北京：中华书局，1985。
（明）王士性著，《五岳游草》，收入夏咸淳编，《明六十家小品文精品》，上海：上海社会科学院出版社，1995。
（明）王士性撰，吕景琳点校，《广志绎》，北京：中华书局，1982。
（明）王世贞著，《弇州山人续稿》，收入《明人文集丛刊》，册22，台北：文海出版社，1970。
（明）王世贞撰，《觚不觚录》，收入《笔记小说大观》，编5册4，台北：新兴书局，1974。
（明）王世贞纂撰，《弇州史料》，收入《四库禁毁书丛刊·史部》，册49，北京：北京出版社据北京大学图书馆藏明万历四十二年刻本影印，2000。

(明)王叔承著,《武林富春游记》,收于劳亦安辑,《古今游记丛钞》,上海:中华书局,1924。
(明)吴宽撰,《匏翁家藏集》,收入《四部丛刊·初编·集部》,册326—328,台北:商务印书馆,据上海商务印书馆缩印明正德刊本影印,1967。
(明)吴应箕撰,《留都见闻录》,南京:南京出版社,2009。
(明)伍袁萃撰,《林居漫录》,收入《四库全书存目丛书·子部·小说家类》,册242,台南:庄严文化事业据南京图书馆藏清抄本影印,1995。
(明)谢肇淛著,《五杂组》,台北:伟文图书公司,1977。
(明)谢肇淛撰,《小草斋集》,收入《四库全书存目丛书·集部·别集类》,册175,台南:庄严文化事业据明刻本配抄本影印,1997。
(明)徐复祚撰,《花当阁丛谈》,台北:广文书局,1969。
(明)徐树丕撰,《识小录》,收入《笔记小说大观》,编40册3,台北:新兴书局据台湾图书馆藏佛兰草堂手抄本影印,1985。
(明)徐一夔著,《始丰稿》,收入《四库全书珍本》,集10册258—261,台北:商务印书馆,1980。
(明)许敦俅撰,《敬所笔记》,收入陈学文,《中国封建晚期的商品经济》,长沙:湖南人民出版社,1989。
(明)杨循吉撰,《苏谈》,收入王稼句编纂、点校,《苏州文献丛钞初编》,苏州:古吴轩出版社,2005。
(明)姚旅著,《露书》,福州:福建人民出版社,2008。
(明)姚希孟撰,《循沧集》,收入《四库全书存目丛书·史部·地理类》,册251,台南:庄严文化事业据北京图书馆藏明崇祯张叔籁陶兰台刻清閟全集本影印,1996。
(明)叶绍袁著,《叶天寥年谱别记》,收入《年谱十种》,北京:文物出版社,1982。
(明)于慎行撰,《谷山笔麈》,北京:中华书局,1984。
(明)余象斗撰,《三台万用正宗》,收入小川阳一等编,《中国日用类书集成》,册3—5,东京:汲古书院据东京大学东洋文化研究所藏仁井田文库本影印,2000。

(明)袁宏道著,钱伯城笺校,《袁宏道集笺校》,上海:上海古籍出版社,1981。
(明)张大复著,《梅花草堂集》,收入《续修四库全书·集部·别集类》,册1380,上海:上海古籍出版社据华东师范大学图书馆藏明崇祯刻本影印,1995。
(明)张岱著,云告点校,《琅嬛文集》,长沙:岳麓书社,1985。
(明)张岱撰,淮茗评注,《陶庵梦忆》,北京:中华书局,2007。
(明)张瀚撰,《松窗梦语》,北京:中华书局,1985。
(明)张应俞撰,《杜骗新书》,收入《古本小说集成》,上海:上海古籍出版社据美国哈佛大学图书馆藏明万历年间存仁堂陈怀轩刊本影印,1990。
(明)郑材撰,《悦偃斋文集》,日本京都大学人文科学研究所藏明刊本。
(明)郑若曾撰,《江南经略》,收入《四库全书珍本》,集2册171,台北:商务印书馆,1971。
(明)周晖撰,张增泰点校,《金陵琐事·续金陵琐事·二续金陵琐事》,南京:南京出版社,2007。
(明)祝时泰撰,《西湖八社诗帖》,收入《武林掌故丛编》,编34,清光绪七年钱塘丁氏嘉惠堂刊本。
(明)邹迪光撰,《郁仪楼集》,收入《四库全书存目丛书·集部·别集类》,册158,台南:庄严文化事业据北京大学图书馆藏明万历刻本影印,1997。
《大明会典》,台北:国风出版社,1963。
《明太祖实录》,台北:"中研院"历史语言研究所,1966。
《洪武京城图志》,南京:南京出版社,2007。
(清)包世臣著,《艺舟双楫》,收入《续修四库全书·子部·艺术类》,册1082,上海:上海古籍出版社据上海图书馆藏清道光二十六年白门倦游阁木字印安吴四种本影印,1997。
(清)包世臣著,潘竟翰点校,《齐民四术》,北京:中华书局,2001。
(清)鲍倚云撰,刘世珩校刊,《退余丛话》,收入《丛书集成续编·子部》,册96,上海:上海书店出版社据聚学轩丛书影印,1994。
(清)采蘅子纂,《虫鸣漫录》,收入《笔记小说大观》,编1册7,台北:新兴书局，1985。
（清）蔡绳格撰，《燕市商标孴录》，收入《丛书集成续编·史部》，册 50，上海：上海书店出版社，1993。
（清）曹家驹撰，《说梦》，收入《笔记小说大观》，编 4 册 8，台北：新兴书局，1974。
（清）曹斯栋撰，《稗贩》，收入《四库未收书辑刊》，辑 3 册 28，北京：北京出版社据清乾隆饭颗山房刻本影印，1997。
（清）长白浩歌子著，刘连庚校点，《萤窗异草·三编》，济南：齐鲁书社，2004。
（清）陈康祺著，晋石点校，《郎潜纪闻初笔·二笔·三笔》，北京：中华书局，1984。
（清）陈其元著，《庸闲斋笔记》，北京：中华书局，1997。
（清）陈去病撰纂，《五石脂》，收入《江苏地方文献丛书》，南京：江苏古籍出版社，1999。
（清）陈祖范撰，《陈司业文集·诗集》，台北："中研院"历史语言研究所傅斯年图书馆藏乾隆二十九年刊本。
（清）陈作霖撰，《炳烛里谈》，收入《金陵琐志九种》，南京：南京出版社，2008。
（清）陈作霖撰，《凤麓小志》，收入《金陵琐志九种》，南京：南京出版社，2008。
（清）陈作霖撰，《运渎桥道小志》，收入《金陵琐志九种》，南京：南京出版社，2008。
（清）褚人获撰，《坚瓠集》，收入《续修四库全书·子部·小说家类》，册 1262，上海：上海古籍出版社据上海图书馆藏清康熙刻本影印，1997。
（清）戴璐撰，《藤阴杂记》，上海：上海古籍出版社，1985。
（清）戴熙著，《吴门被难记略》，收入《中国近代史资料丛刊续编·太平天国》，册 4，桂林：广西师范大学出版社，2004。
（清）憺漪子辑、杨正泰校注，《天下路程图引》，太原：山西人民出版社，1992。
（清）董含撰，致之点校，《三冈识略》，沈阳：辽宁教育出版社，2000。

(清)二石生撰,《十洲春语》,收入(清)王韬编撰,《艳史丛钞》,台北:广文书局据光绪四年弢园主人选校刊本影印,1976。
(清)范祖述著,《杭俗遗风》,收入《中国方志丛书·华中地方·浙江省》,第527号,台北:成文出版社据清同治三年手抄本影印,1983。
(清)方弘静撰,《千一录》,收入《续修四库全书·子部·杂家类》,册1126,上海:上海古籍出版社据北京大学图书馆藏明万历刻本影印,1997。
(清)甘熙撰,邓振明点校,《白下琐言》,南京:南京出版社,2007。
(清)箇中生编,《吴门画舫续录》,收入(清)王韬编撰,《艳史丛钞》,台北:广文书局据清光绪四年刊本印行,1976。
(清)龚炜撰,《巢林笔谈》,北京:中华书局,1981。
(清)龚炜撰,《巢林笔谈续编》,北京:中华书局,1981。
(清)龚又村撰,《自怡日记》,收入《中国近代史资料丛刊续编·太平天国》,册6,桂林:广西师范大学出版社,2004。
(清)顾公燮著,甘兰经等点校,《丹午笔记·吴城日记·五石脂》,南京:江苏古籍出版社,1999。
(清)顾公燮撰,《消夏闲记摘抄》,收入《丛书集成续编·子部》,册96,上海:上海书店出版社据涵芬楼秘笈影印,1994。
(清)顾禄撰,《桐桥倚棹录》,上海:上海古籍出版社,1980。
(清)顾禄撰,来新夏校点,《清嘉录》,上海:上海古籍出版社,1986。
(清)归庄著,《归庄集》,上海:上海古籍出版社,2010。
(清)何绍基撰,《东洲草堂诗钞》,收入《续修四库全书·集部·别集类》,册1529,上海:上海古籍出版社据清同治六年长沙无园刻本影印,1995。
(清)胡式钰撰,《窦存》,收入《笔记小说大观》,编44册10,台北:新兴书局,1987。
(清)怀应聘撰,《游趵突泉记》,收入《古今游记丛钞》,册4,上海:中华书局,1924。
(清)黄安涛撰,《贤己编》,收入《丛书集成续编·子部》,册96,上海:上海书店出版社据檇李遗书影印,1994。

(清)黄钧宰著,《金壶七墨全集》,收入《笔记小说大观》,编2册7,台北:新兴书局,1985。
(清)黄印辑,《锡金识小录》,收入《无锡文献丛刊》,辑1,台北:中华书局,1972。
(清)寂园叟撰,杜斌校注,《匋雅》,济南:山东画报出版社,2010。
(清)焦循撰,《理堂日记》,上海图书馆藏清抄本。
(清)金埴撰,《巾箱说》,收入《不下带编·巾箱说》北京:中华书局,1982。
(清)菊畦子辑,王秀梅点校,《醒梦骈言》,北京:中华书局,2000。
(清)孔尚任著,汪蔚林编,《孔尚任诗文集》,北京:中华书局,1962。
(清)孔尚任著,王季思、苏寰中、杨德平合注,《桃花扇》,北京:人民文学出版社,1959。
(清)李斗撰,《扬州画舫录》,北京:中华书局,1997。
(清)李光庭著,《乡言解颐》,收入《乡言解颐·吴下谚联》北京:中华书局,1982。
(清)李果撰,《在亭丛稿》,收入《四库全书存目丛书补编》,册9,济南:齐鲁书社据北京大学图书馆藏清乾隆刻本影印,2001。
(清)李绿园著,《歧路灯》,台北:新文丰出版公司,1979。
(清)李延昰撰,《南吴旧话录》,收入《笔记小说大观》,编43册6,台北:新兴书局,1986。
(清)李渔著,《十二楼》,台北:三民书局,1998。
(清)李渔著,《闲情偶寄》,台北:长安出版社,1990。
(清)李玉著,《一捧雪》,收入(清)李玉著,陈古虞、陈多、马圣贵点校,《李玉戏曲集》,上海:上海古籍出版社,2004。
(清)厉鹗撰,《湖船录》,收入(清)朱彭等著,《南宋古迹考(外四种)》,杭州:浙江人民出版社,1983。
(清)梁绍壬著,《两般秋雨庵随笔》,收入《近代中国史料丛刊》,台北:文海出版社,1975。
(清)梁章钜著,陈铁民点校,《浪迹丛谈·续谈·三谈》,北京:中华书局,1981。
(清)梁章钜著,刘叶秋、苑育新校注,《浪迹丛谈》,福州:福建人民出版社，1983。
（清）梁章钜撰，《退庵随笔》，收入《续修四库全书·子部·杂家类》，册1197，上海：上海古籍出版社据山东省图书馆藏清道光刻本影印，1997。
（清）梁章钜撰，于亦时点校，《归田琐记》，北京：中华书局，1981。
（清）林苏门撰，《邗江三百吟》，收入《中国风土志丛刊》，扬州：广陵书社据清嘉庆十三年刻本影印，2003。
（清）刘本沛撰，《后虞书》，收入《明清史料丛书续编》，北京：国家图书馆出版社，2009。
（清）刘鹗著，《老残游记》，台北：桂冠图书，1983。
（清）刘廷玑撰，张守谦点校，《在园杂志》，北京：中华书局，2005。
（清）陆文衡撰，《啬庵随笔》，台北：广文书局，1969。
（清）茂苑居士撰，《茂苑日记》，收入《历代日记丛钞》，册33，北京：学苑出版社，2006。
（清）冒襄著，《影梅庵忆语》，台北：世界书局，1976。
（清）欧苏撰，《霭楼逸志》，收入李龙潜等点校，《明清广东稀见笔记七种》，广州：广东人民出版社，2010。
（清）欧阳兆熊、金安清著，《水窗春呓》，北京：中华书局，1997。
（清）潘耒撰，《遂初堂集》，上海：上海古籍出版社据清康熙刻本影印，1995。
（清）潘钟瑞撰，《苏台麋鹿记》，收入《中国野史集成》，册45，成都：巴蜀书社，1993。
（清）捧花生撰，《画舫余谭》，收入（清）王韬编撰，《艳史丛钞》，台北：广文书局，1976。
（清）捧花生撰，《秦淮画舫录》，收入（清）王韬编撰，《艳史丛钞》，台北：广文书局，1991。
（清）钱彩等著，《说岳全传》，台北：三民书局，2000。
（清）钱辰撰，《篇翁日记》，上海图书馆藏手稿本。
（清）钱谦益著，《列朝诗集小传》，上海：上海古籍出版社，1983。
（清）钱思元纂，钱士锜续辑，嘉庆《吴门补乘》，收入《天春园藏善本方志选编》，册 52，北京：学苑出版社，2009。
（清）钱泳撰、张伟校点，《履园丛话》，北京：中华书局据清道光十八年述德堂刊本刊印，1979。
（清）屈大均撰，《翁山文外》，收入《续修四库全书·集部·别集类》，册 1412，上海：上海古籍出版社据上海图书馆藏清康熙刻本影印，1995。
（清）邵长蘅著，《青门簏稿》，收入《四库全书存目丛书·集部·别集类》，册 247，台南：庄严文化事业据青海省图书馆藏清康熙刻本影印，1997。
（清）沈复著，《浮生六记》，台北：三民书局，2006。
（清）宋荦撰，《西陂类稿》，收入《景印岫庐现藏罕传善本丛刊》，台北：商务印书馆据清刊本影印，1973。
（清）孙原湘著，《天真阁集》，收入《续修四库全书·集部·别集类》，册 1488，上海：上海古籍出版社据华东师范大学图书馆藏清嘉庆五年刻增修本影印，1995。
（清）汤斌撰，《汤潜庵集》，收入《丛书集成简编》，册 650，台北：商务印书馆据正谊堂全书本排印，1965。
（清）汤氏辑，《鳅闻日记》，收入《中国近代史资料丛刊续编·太平天国》，册 6，桂林：广西师范大学出版社，2004。
（清）唐晏撰，《游西洞庭记》，收入谭其骧主编，《清人文集地理类汇编》，册 6，杭州：浙江人民出版社，1990。
（清）唐仲冕编，《六如居士外集》，收入《丛书集成续编·史地类》，册 262，台北：新文丰出版公司据《昭代丛书》排印，1989。
（清）唐仲冕撰，《陶山文录》，收入《续修四库全书·集部·别集类》，册 1478，上海：上海古籍出版社据浙江图书馆藏清道光二年刻本影印，1997。
（清）王秉元撰，《贸易须知辑要》，清抄本，“中研院”傅斯年图书馆藏美国国会图书馆摄制北京图书馆善本书胶片。
（清）王培荀著，《听雨楼随笔》，济南：山东大学出版社，1992。
（清）王士禛著，《香祖笔记》，台北：广文书局，1968。
（清）王韬著，《海陬冶游录》，收入（清）王韬编撰，《艳史丛钞》，台北：广文书局据光绪四年弢园主人选校刊本影印，1976。

（清）王韬著，王稼句点校，《漫游随录图记》，济南：山东画报出版社以点石斋本为底本参校抄稿本和《小方壶斋舆地丛钞》本，2004。
（清）王孝咏撰，《后海书堂杂录》，收入《四库全书存目丛书·子部·杂家类》，册116，台南：庄严文化事业据中国科学院图书馆藏清抄本影印，1995。
（清）王应奎撰，《柳南随笔·续笔》，北京：中华书局，1983。
（清）王有光著，《吴下谚联》，北京：中华书局，1982。
（清）王誉昌撰，（清）吴理注，（民国）丁祖荫校记，《崇祯宫词》，台北：新文丰据虞山丛刻排印，1989。
（清）文康著，《儿女英雄传》，台北：桂冠出版社，1983。
（清）吴炽昌撰，王宏钧、苑育新校注，《客窗闲话·续客窗闲话》，北京：文化艺术出版社，1988。
（清）吴敬梓著，《儒林外史》，台北：联经出版公司，1978。
（清）吴其贞撰，《书画记》，收入《四库禁毁书丛刊补编》，册34，北京：北京出版社据故宫博物院图书馆藏清乾隆抄《四库全书》撤出本影印，2005。
（清）吴骞撰，《吴兔床日记》，收入《历代日记丛抄》，册31—32，北京：学苑出版社，2006。
（清）西溪山人编，《吴门画舫录》，收入（清）王韬编撰，《艳史丛钞》，台北：广文书局据光绪四年弢园主人选校刊本影印，1976。
（清）徐珂编撰，《清稗类钞》，北京：中华书局，1984。
（清）徐时作撰，《棻堂节录》，收入《四库未收书辑刊》，辑7册14，北京：北京出版社据清乾隆三十年崇本堂刻本影印，1995。
（清）徐松辑，《宋会要辑稿》，北京：中华书局，1957。
（清）许奉恩撰，《里乘》，重庆：重庆出版社，2000。
（清）宣鼎著，香一点校，《夜雨秋灯录》，济南：齐鲁书社，2004。
（清）姚承绪撰，《吴趋访古录》，南京：江苏古籍出版社，1999。
（清）姚鼐著，《惜抱轩全集》，台北：世界书局，1984。
（清）姚廷遴著，《历年记》，收入上海人民出版社编，《清代日记汇抄》，上海：上海人民出版社据清稿本点校，1982。
（清）叶楚伧撰，《金昌三月记》，收入《苏州文献丛钞初编》，册下，苏州：古吴轩出版社据新民图书馆民国八年初版《小凤杂著》排印,2004。
(清)叶梦珠撰,《阅世编》,台北:木铎出版社,1982。
(清)叶名澧撰,《桥西杂记》,收入《丛书集成简编》,册740,台北:商务印书馆,1966。
(清)慵讷居士著,陶勇标点,《咫闻录》,重庆:重庆出版社,1999。
(清)余怀著,《板桥杂记》,南京:南京出版社,2006。
(清)俞樾撰,贞凡等点校,《茶香室丛钞》,北京:中华书局,1995。
(清)袁栋撰,《书隐丛说》,收入《四库全书存目丛书·子部·杂家类》,册116,台南:庄严文化事业据北京图书馆分馆藏清乾隆刻本影印,1995。
(清)袁景澜撰,甘兰经、吴琴校点,《吴郡岁华纪丽》,南京:江苏古籍出版社,1998。
(清)曾羽王撰,《乙酉笔记》,收于上海人民出版社编,《清代日记汇抄》,上海:上海人民出版社据清稿本点校,1982。
(清)翟灏撰,《通俗编》,收入《续修四库全书·经部·小学类》,册194,上海:上海古籍出版社据清乾隆十六年翟氏无不宜斋刻本影印,1995。
(清)张履祥著,陈祖武点校,《杨园先生全集》,北京:中华书局,2002。
(清)张英、张廷玉著,江小角、陈玉莲点注,《聪训斋语·澄怀园语——父子宰相家训》,合肥:安徽大学出版社,2013。
(清)张英纂,《恒产琐言》,收入《丛书集成新编·社会科学类》,册33,台北:新文丰出版公司据艺海珠尘本排印,1985。
(清)赵怀玉著,《亦有生斋集文卷》,收入《续修四库全书·集部·别集类》,册1480,上海:上海古籍出版社据辽宁省图书馆藏清道光元年刻本影印,1995。
(清)赵烈文撰,《能静居日记》,收入《中国近代史资料丛刊续编·太平天国》,册7,桂林:广西师范大学出版社,2004。
(清)郑之侨辑,《农桑易知录》,收入李龙潜等点校,《明清广东稀见笔记七种》,广州:广东人民出版社,2010。
(清)周广业撰,《过夏杂录》,收入《续修四库全书·子部·杂家类》,册1154,上海:上海古籍出版社据北京图书馆藏清种松书塾抄本影印,1997。

(清)朱从延辑,《虹孙鉴》,收入《续修四库全书·子部·谱录类》,册1120,上海:上海古籍出版社据南京大学图书馆藏清乾隆四十一年林德垓补修本影印,1997。
(清)朱象贤撰,《闻见偶录》,收入《丛书集成续编·文学类》,册213,台北:新文丰出版公司,1989。
(清)珠泉居士著,《雪鸿小记》,收入(清)王韬编撰,《艳史丛钞》,台北:广文书局据光绪四年弢园主人选校刊本影印,1976。
(清)珠泉居士撰,《续板桥杂记》,收入《板桥杂记·续板桥杂记·板桥杂记补》,南京:南京出版社,2006。
(清)祝庆祺等编,《刑案汇览》,收入《续修四库全书·史部·政书类》,册867—871,上海:上海古籍出版社据山东省图书馆藏清道光十四年至二十年棠樾慎思堂刻本影印,1997。
《大清会典事例》,北京:中华书局,1991。
《高宗纯皇帝实录》,台北:华联出版社,1964。
《江苏省例》,同治八年江苏书局刊本。
《钦定日下旧闻考》,收入《景印文渊阁四库全书》,册497—499,台北:商务印书馆,1983。
《庚申(甲)避难日记》,收入《中国近代史资料丛刊续编·太平天国》,册6,桂林:广西师范大学出版社,2004。
《燕京杂记》,收入《笔记小说大观》,编14册10,台北:新兴书局,1976。
阿英编,《晚明二十家小品》,石家庄:河北人民出版社,1989。
邵忠、李瑾选编,《苏州历代名园记·苏州园林重修记》,北京:中国林业出版社,2004。
石守谦、杨儒宾主编,《明代名贤尺牍集》,台北:财团法人何创时书法艺术文教基金会,2013。
谭正璧编,《三言两拍资料》,上海:上海古籍出版社,1980。
徐儒宗编校整理,《罗洪先集》,南京:凤凰出版社,2007。
衣学领主编,王稼句编注,《苏州园林历代文钞》,上海:上海三联书店,2008。
苏州历史博物馆等编,《明清苏州工商业碑刻集》,南京:江苏人民出版社,1981。
[法]李明(Louis Le Comte)著,郭强、龙云、李伟译,《中国近事报道(1687—1692)》,郑州:大象出版社,2004。
[美]约翰·斯塔德(John L. Stoddard)著,李涛译,《1897年的中国》,济南:山东画报出版社,2004。
[葡]曾德昭(Alvaro Semedo)著,何高济译,李申校,《大中国志》,上海:上海古籍出版社,1996。
[日]冈千仞著,张明杰整理,《观光纪游·观光续草·观光游草》,北京:中华书局,2009。
[日]曾根俊虎著,范建明译,《北中国纪行·清国漫游志》,北京:中华书局,2007。

二、著作

(一) 专著

曹淑娟著,《流变中的书写——祁彪佳与寓山园林论述》,台北:里仁书局,2006。
曹树基著,《中国人口史:第五卷 清时期》,上海:复旦大学出版社,2001。
曹树基著,《中国移民史:第五卷 明时期》,福州:福建人民出版社,1997。
陈大康著,《明代商贾与世风》,上海:上海文艺出版社,1996。
陈东原著,《中国妇女生活史》,上海:商务印书馆,1928。
陈学文著,《明清时期商业书及商人书之研究》,台北:洪叶文化,1997。
陈泳著,《城市空间:形态、类型与意义——苏州古城结构形态演化研究》,南京:东南大学出版社,2006。
陈智超著,《明代徽州方氏亲友手札七百通考释》,合肥:安徽大学出版社,2001。
段本洛、张圻福著,《苏州手工业史》,南京:江苏古籍出版社,1986。
樊树志著,《江南市镇:传统的变革》,上海:复旦大学出版社,2005。
范金民著,《国计民生——明清社会经济研究》,福州:福建人民出版社,2008。
黄冕堂著,《明史管见》,济南:齐鲁书社,1985。

李伯重著,《多视角看江南经济史(1250—1850)》,北京：生活·读书·新知三联书店,2003。
李伯重著,《江南的早期工业化(1550—1850年)》,北京：社会科学文献出版社,2000。
辽宁省博物馆编,《清明上河图研究文献汇编》,沈阳：万卷出版公司,2007。
刘敦桢著,《苏州古典园林》,北京：中国建筑工业出版社,1979。
刘敦桢著,《中国住宅概说》,天津：百花文艺出版社,2004。
龙登高著,《江南市场史—— 十一至十九世纪的变迁》,北京：清华大学出版社,2003。
吕妙芬著,《阳明学士人社群——历史、思想与实践》,台北：“中研院”近代史研究所,2003。
那志良著,《清明上河图》,台北：台北“故宫博物院”,1997。
牛建强著,《明代中后期社会变迁研究》,台北：文津出版社,1997。
彭信威著,《中国货币史》,上海：上海人民出版社,1988。
曲彦斌主编,《中国招幌辞典》,上海：上海辞书出版社,2001。
田银生著,《走向开放的城市：宋代东京街市研究》,北京：生活·读书·新知三联书店,2011。
童寯著,《江南园林志》,北京：中国工业出版社,1963。
汪崇筼,《明清徽商经营淮盐考略》,成都：巴蜀书社,2008。
汪民安、陈永国、马海良主编,《城市文化读本》,北京：北京大学出版社,2008。
王安祈著,《明代传奇之剧场及其艺术》,台北：学生书局,1986。
王国平、唐立行主编,《明清以来苏州社会史碑刻集》,苏州：苏州大学出版社,1998。
王书奴著,《中国娼妓史》,上海：上海书店出版社,1992。
王毅著,《园林与中国文化》,上海：上海人民出版社,1990。
魏嘉瓒著,《苏州古典园林史》,上海：上海三联书店,2007。
巫仁恕著,《品味奢华：晚明的消费社会与士大夫》,台北：“中研院”;联经出版公司,2007。

吴承明著,《中国资本主义与国内市场》,北京:中国社会科学出版社,1985。
徐刚毅等著,《七里山塘》,上海:上海古籍出版社,2003。
杨正泰著,《明代驿站考》,上海:上海古籍出版社,1994。
伊永文著,《明清饮食研究》,台北:洪叶文化事业有限公司,1997。
余英时著,《中国近世宗教伦理与商人精神》,台北:联经出版公司,1987。
俞剑华编,《中国美术家人名辞典》,上海:上海人民美术出版社,1981。
张长虹著,《品鉴与经营:明末清初徽商艺术赞助研究》,北京:北京大学出版社,2010。
张海林著,《苏州早期城市现代化研究》,南京:南京大学出版社,1999。
张嘉昕著,《明人的旅游生活》,宜兰:明史研究小组,2004。
赵新良编著,《诗意栖居:中国传统民居的文化解读》,北京:中国建筑工业出版社,2007。
周宝珠著,《〈清明上河图〉与清明上河学》,开封:河南大学出版社,1997。
[德]韦伯(Max Weber)著,康乐编译,《经济与历史:韦伯选集(IV)》,台北:远流出版,1990。
[德]维尔纳·桑巴特(Werner Sombart)著,王燕平等译,《奢侈与资本主义》,上海:上海人民出版社,2000。
[芬]帕西·福克(Pasi Falk)、[英]柯林·坎培尔(Colin Campbell)编,陈冠廷译,王乾任校阅,《血拼经验》(*The Shopping Experience*),台北:弘智文化现版,2003。
[韩]朴元熇著,《明清徽州宗族史研究:歙县方氏的个案研究》,北京:中国社会科学出版社,2009。
[美]康奈尔(R. W. Connell)著,柳莉等译,《男性气质》,北京:社会科学出版社,2003。
[美]索雅(Edward W. Soja)著,王志弘、张华荪、王玥民译,《第三空间:航向洛杉矶以及其他真实与想像地方的旅程》,台北:桂冠图书,2004。
[英]戴慧思(Deborah Davis)主编,《中国都市消费革命》,北京:社会科学文献出版社,2006。
[英]葛凯(Karl Gerth)著,曹槟译,《中国消费的崛起》,北京:中信出版社,2011。

[英]西蒙・帕克(Simon Parker)著,王志弘、徐苔玲合译,《遇见都市：理论与经验》,台北：群学,2007。
[日]岸本美绪著,《清代中国の物価と經濟变動》,东京：研文出版,1997。
[日]大木康著,《馮夢龍〈山歌〉の研究：中国明代の通俗歌謡》,东京：劲草书房,2003。
[日]大木康著,辛如意译,《风月秦淮：中国游里空间》,台北：联经出版公司,2007。
[日]合山究著,《明清時代の女性と文学》,东京：汲古书院,2006。
[日]芹泽知広、志贺市子编,《日本人の中国民具収集—歴史的"背景と今日"的意義》,东京：风响社,2008。
[日]寺田隆信著,《明代郷紳の研究》,京都：京都大学学术出版会,2009。
[日]伊原弘编,《"清明上河図"をよむ》,东京：勉诚出版,2003。

(二)期刊与专著论文

陈国栋,《从〈蜜蜂寓言〉到乾隆圣谕——传统中西经济思想与现代的意义》,《当代》,期142,1999年6月,页44—61。
陈国栋,《有关陆楫"禁奢辨"之研究所涉及的学理问题——跨学门的意见》,《新史学》,卷5期2,1994年6月,页159—179。
董增川,《对长江三角洲地区城市化进程水问题及对策思考》,《中国水利》,2004年第10期,页14—15。
费丝言,《明清的城市空间与城市化研究》,收入邱仲麟主编,《中国史新论・生活与文化分册》,台北："中研院";联经出版公司,2013,页317—341。
高彦颐,《"空间"与"家"——论明末清初妇女的生活空间》,《近代中国妇女史研究》,期3,1995年8月,页21—50。
顾诚,《沈万三及其家族事迹考》,《历史研究》,1991年第1期,页66—85。
何炳棣著,巫仁恕译,《扬州盐商：十八世纪中国商业资本的研究》,《中国社会经济史研究》,1999年第2期,页59—76。
胡光华,《明四家与吴门画派》,收入林树中总主编,《海外藏中国历代名画》,册6,长沙：湖南美术出版社,1998,页1—20。

李伯重,《“江南经济奇迹”的历史基础——新视野中的近代早期江南经济》,《清华大学学报(哲学社会科学版)》,2011 年第 2 期,页 68—80。

林丽月,《〈蒹葭堂稿〉与陆楫“反禁奢”思想之传衍》,收入张琏主编,《明人文集与明代研究》,台北:中国明代研究学会,2002,页 121—134。

林丽月,《晚明“崇奢”思想隅论》,《台湾师大历史学报》,期 19,1991 年 6 月,页 215—234。

林丽月,《晚明“儒商”与地域社会:〈明代徽州方氏亲友手札〉的考察》,收入台湾师范大学历史学系编印,《近世中国的社会与文化(960—1800)论文集》,台北:台湾师范大学历史学系,2007,页 467—507。

林阳,《我国各地区居民消费价格指数的因子分析模型及结论分析》,《中国市场》,2012 年第 2 期,页 91—92、116。

刘石吉,《城郭市廛——城市的机能、特征及其转型》,收入刘石吉主编,《中国文化新论·经济篇·民生的开拓》,台北:联经出版公司,1982,页 285—341。

刘石吉,《明清时代江南市镇之数量分析》,《思与言》,卷 16 期 2,1978 年 7 月,页 26—47。

罗仑,《乾隆盛世江南坐商经营内幕探微》,收入洪焕椿、罗仑主编,《长江三角洲地区社会经济史研究》,南京:南京大学出版社,1989,页 241—257。

倪鹏飞、谢海生,《中国城市竞争力 2009 年度述评》,《综合竞争力》,2010 年第 3 期,页 26—33。

宋立中,《论明清江南游船业的经营空间、服务方式及其变迁》,《西南大学学报(社会科学版)》,2007 年第 4 期,页 50—57。

谭晶荣等,《产业转型升级水平测度及劳动生产效率影响因素估测——以长江三角洲地区 16 个城市为例》,《商业经济与管理》,2012 年第 5 期,页 72—81。

田中淡著,黄兰翔译,《中国园林史研究的现况与问题点》,《空间》,期 65,1994 年 12 月,页 57—64。

汪利平等,《杭州旅游业和城市空间变迁(1911—1927)》,《史林》,2005 年第 5 期,页 97—106。

王宏钧、刘如仲,《明代后期南京城市经济的繁荣和社会生活的变化——明人绘〈南都繁会图〉的初步研究》,《中国历史文物》,1979年第1期。
王鸿泰,《流动与互动——由明清间城市生活的特性探测公众场域的开展》,台北:台湾大学历史学研究所博士论文,1998。
王鸿泰,《青楼名妓与情艺生活——明清间的妓女与文人》,收入熊秉真、吕妙芬主编,《礼教与情欲——前近代中国文化中的后/现代性》,台北:"中研院"近代史研究所,1999,页73—123。
王家范,《明清苏州城市经济功能研讨——纪念苏州建城两千五百周年》,《华东师范大学学报(哲学社会科学版)》,1986年第5期,页74—84。
王正华,《过眼繁华:晚明城市图、城市观与文化消费的研究》,收入李孝悌主编,《中国的城市生活》,台北:联经出版公司,2005,页1—57。
王正华,《乾隆朝苏州城市图像:政治权力、文化消费与地景塑造》,《"中研院"近代史研究所集刊》,期50,2005年12月,页115—184。
巫仁恕,《妇女与奢侈——一个明清妇女消费研究史的初步检讨》,《中国史学》(日本),卷13,2003年12月,页69—82。
巫仁恕,《节庆、信仰与抗争——明清城隍信仰与城市群众的集体抗议行为》,《"中研院"近代史研究所集刊》,期34,2000年12月,页145—212。
巫仁恕,《明代士大夫与轿子文化》,《"中研院"近代史研究所集刊》,期38,2002年12月,页1—69。
巫仁恕,《明末清初城市手工业工人的集体抗议行动——以苏州城为探讨中心》,《"中研院"近代史研究所集刊》,期28,1997年12月,页47—88。
巫仁恕,《明清湖南市镇的社会与文化结构之变迁》,《九州学刊》,卷4期3,1991,页39—80。
巫仁恕,《明清江南市镇志的园第书写与文化建构》,《九州学林》,卷5期4,2007,页71—119。
巫仁恕,《清代士大夫的旅游活动与论述——以江南为讨论中心》,《"中研院"近代史研究所集刊》,期50,2005年12月,页235—285。
徐泓,《明初南京的都市规划与人口变迁》,《食货月刊》复刊,卷10期3,1980,页82—116。
徐泓,《明代社会风气的变迁——以江、浙地区为例》,收入《第二届国际汉学会议论文集：明清与近代史组》，台北："中研院"历史语言研究所，1989，页144—159。
许敏，《试析明代后期江南商贾及其子弟的文人化现象——从方用彬谈起》，《中国史研究》，2005年第3期，页157—172。
许亦农，《作为文化记忆的苏州园林（11—19世纪）》，收入［法］米歇尔·柯南、陈望衡主编，《城市与园林：园林对城市生活和文化的贡献》，武汉：武汉大学出版社，2006，页323—354。
张惇惠，《古籍中礼制等级与住屋规制之研究》，桃园：中原大学建筑学系硕士论文，1999。
张朋川，《明清书画"中堂"样式的缘起》，《文物》，2006年第3期，页87—96。
张咏维，《太平天国后的苏州：1863—1896》，嘉义：中正大学历史学研究所硕士论文，2007。
赵冈，《论中国历史上的市镇》，《中国社会经济史研究》，1992年第2期，页5—18。
赵冈、陈钟毅，《中国历史上的城市人口》，《食货月刊》复刊，卷13期3—4，1983，页9—31。
赵荣光，《青楼与中国古代饮食文化》，《赵荣光食文化论文集》，哈尔滨：黑龙江人民出版社，1995，页614—627。
朱宏涌，《漫话苏州商市变迁与观前街的发展》，《苏州文史资料》，辑18，苏州：政协苏州市委员会文史资料委员会，1988，页100—144。
［法］亨利·列斐伏尔（Henri Lefebvre）著，王志弘译，《空间：社会产物与使用价值》，收入夏铸九、王志弘编译，《空间的文化形式与社会理论读本》，台北：明文书局，1993，页19—30。
［美］柯必德（Peter J. Carroll），《20世纪初期苏州的花柳区》，收入巫仁恕、康豹、林美莉主编，《从城市看中国的现代性》，台北："中研院"近代史研究所，2010，页151—170。
［日］高村雅彦，《町家—中国都市のイデア》，收入［日］吉田伸之、伊藤毅主编，《伝統都市：イデア》，东京：东京大学出版会，2010，页261—274。

[日]青木正儿,《望子(看板)考》,收入氏著《青木正儿全集》,东京:春秋社,1983—1984,页592—602。

三、英文著作

(一) 专著

Amanda Vickery, *The Gentleman's Daughter: Women's Lives in Georgian England*. New Haven, Conn.: Yale University Press, 1998.

Anna Clark, *The Struggle for the Breeches: Gender and the Making of the British Working Class*. Berkeley: University of California Press, 1995.

Antonia Finnane, *Changing Clothes in China: Fashion, History, Nation*. New York: Columbia University Press, 2008.

Antonia Finnane, *Speaking of Yangzhou: A Chinese City, 1550 - 1850*. Cambridge: Harvard University Press, 2004.

Beverly Lemire, *Dress, Culture and Commerce: The English Clothing Trade before the Factory, 1660 - 1800*. New York: St. Martin's Press, 1997.

Beverly Lemire, *Fashion's Favorite: The Cotton Trade and the Consumer in Britain, 1660 - 1800*. New York: Oxford University Press, 1992.

Bianca Maria Rinaldi, *The "Chinese Garden in Good Taste": Jesuits and Europe's Knowledge of Chinese Flora and Art of the Garden in the 17th and 18th Centuries*. Munchen: Meidenbauer, 2006.

Cara Aitchison, Nicola E. MacLeod and Stephen J. Shaw eds., *Leisure and Tourism Landscapes: Social and Cultural Geographies*. London; New York: Routledge, 2000.

Christopher J. Berry, *The Idea of Luxury: A Conceptual and Historical Investigation*. Cambridge: Cambridge University Press, 1994.

Craig Clunas, *Fruitful Sites: Garden Culture in Ming Dynasty China*. Durham, N. C.: Duke University Press, 1996.

Craig Clunas, *Superfluous Things: Material Culture and Social Status in Early Modern China*. Urbana, Ill.: University of Illinois Press, 1991.

Daniel Miller et al., *Shopping Place, and Identity*. London: Routledge, 1998.

David Faure and Tao Tao Liu eds., *Town and Country in China: Identity and Perception*. New York: Palgrave, 2002.

David Kuchta, *The Three-Piece Suit and Modern Masculinity: England, 1550 - 1850*. Berkeley: University of California Press, 2002.

Denis E. Cosgrove, *Social Formation and Symbolic Landscape*. London: Croom Helm, 1984.

E. P. Thompson, *The Making of the English Working Class*. New York: Pantheon Books, 1963.

Elizabeth Kowaleski-Wallace, *Consuming Subjects: Women, Shopping and Business in the Eighteenth Century*. New York: Columbia University Press, 1997.

Erika Diane Rappaport, *Shopping for Pleasure: Women in the Making of London's West End*. Princeton, NJ: Princeton University Press, 2000.

Fei Si-yen, *Negotiating Urban Space: Urbanization and Late Ming Nanjing*. Cambridge: Harvard University Asia Center, 2009.

Giovanni Vitiello, *The Libertine's Friend: Homosexuality and Masculinity in Late Imperial China*. Chicago: University of Chicago Press, 2011.

Hartmut Berghoff, Barbara Korte, Ralf Schneider and Christopher Harvie eds., *The Making of Modern Tourism: The Cultural History of the British Experience, 1600 - 2000*. Basingstoke: Palgrave,

2001.
Henri Lefebvre, *The Production of Space*. Oxford: Blackwell, 1991.
Jon Stobart, Andrew Hann, and Victoria Morgan eds., *Spaces of Consumption: Leisure and Shopping in the English Town, c. 1680–1830*. London; New York: Routledge, 2007.
Kam Louie, *Theorising Chinese Masculinity: Society and Gender in China*. Cambridge: Cambridge University Press, 2002.
Karl Gerth, *As China Goes, So Goes the World: How Chinese Consumers are Transforming Everything*. New York: Hill and Wang, 2010.
Lorna Weatherill, *Consumer Behaviour and Material Culture in Britain, 1660–1760*. London; New York: Routledge, 1988.
Marcia Pointon, *Strategies for Showing: Women, Possession, and Representation in English Visual Culture 1665–1800*. New York: Oxford University Press, 1997.
Mark Elvin, *The Pattern of the Chinese Past*. Stanford: Stanford University Press, 1973.
Martin W. Huang, *Negotiating Masculinities in Late Imperial China*. Honolulu: University of Hawai'i Press, 2006.
Paola Zamperini, *Lost Bodies: Prostitution and Masculinity in Chinese Fiction*. Leiden; Boston: Brill, 2010.
Peter Borsay, *The English Urban Renaissance: Culture and Society in the Provincial Town, 1660–1770*. Oxford: Oxford University Press, 1989.
Song Geng, *The Fragile Scholar: Power and Masculinity in Chinese Culture*. Hong Kong: Hong Kong University Press, 2004.
Susan Mann, *Precious Records: Women in China's Long Eighteenth Century*. Stanford: Stanford University Press, 1997.
Susan Naquin and Chün-fang Yü eds., *Pilgrims and Sacred Sites in China*. Berkeley: University of California Press, 1992.
Susan Naquin, *Peking: Temples and City Life, 1400–1900*. Berkeley:

University of California Press, 2000.

Timothy Brook, *The Confusions of Pleasure: Commerce and Culture in Ming China*. Berkeley: University of California Press, 1998.

Victoria de Grazia and Ellen Furlough eds., *The Sex of Things: Gender and Consumption in Historical Perspective*. Berkeley: University of California Press, 1996.

William Rowe, *Hankow: Commerce and Society in a Chinese City, 1796 - 1889*. Stanford, Calif.: Stanford University Press, 1984.

Yinong Xu, *The Chinese City in Space and Time: the Development of Urban Form in Suzhou*. Honolulu: University of Hawai'i Press, 2000.

（二）期刊与专著论文

Alison Harrie, "Washing the Wiring Tree: Garden Culture as an Expression of Women's Gentility in the Late Ming." In *The Quest for Gentility in China: Negotiations beyond Gender and Class*, edited by Daria Berg and Chloë Starr, 45 - 57. London; New York: Routledge, 2007.

Amanda Vickery, "Women and the World of Goods: a Lancashire Consumer and Her Possessions." In *Consumption and the World of Goods*, edited by John Brewer and Roy Porter, 274 - 301. London; New York: Routledge, 1993.

Claire Walsh, "Shop Design and the Display of Goods in Eighteenth-Century London." *Journal of Design History* 8, no. 3 (1995): 157 - 176.

Claire Walsh, "Social Meaning and Social Space in Shopping Galleries of Early-Modern London." In *A Nation of Shopkeepers: Five Centuries of British Retailing*, edited by John Benson and Laura Ugolini, 52 - 79. London: I. B. Tauris, 2003.

Claire Walsh, "The Design of London Goldsmiths' Shops in the Early Eighteenth Century." In *Goldsmiths, Silversmiths and Bankers: Innovation and the Transfer of Skill, 1550 to 1750*, edited by David Mitchell, 96 – 111. London: Alan Sutton Publishing Ltd., 1995.

E. A. Wrigley, "City and Country in the Past: a Sharp Divide or a Continuum?" *Historical Research* 64, no. 154(1991): 107 – 120.

Eric L. Jones, "The Fashion Manipulators: Consumer Tastes and British Industries, 1660 – 1800." In *Business Enterprise and Economic Change*, edited by L. P. Cain and P. J. Uselding, 198 – 226. Kent, Ohio: Kent State University Press, 1973.

F. W. Mote, "The Transformation of Nanking, 1350 – 1400." In *The City in Late Imperial China*, edited by G. William Skinner, 101 – 153. Stanford: Stanford University Press, 1977.

F. W. Mote, "A Millenium of Chinese Urban History: Form, Time and Space Concepts in Soochow." *Rice University Studies* 58, no. 4 (1973): 101 – 154.

Helen Berry, "Polite Consumption: Shopping in Eighteenth-Century England." *Transactions of the Royal Historical Society*, Sixth Series 12(2002): 375 – 394.

J. Beckett and C. Smith, "Urban Renaissance and Consumer Revolution in Nottingham 1688 – 1750." *Urban History* 27(2000): 31 – 50.

Janet Theiss, "Explaining the Shrew: Narratives of Spousal Violence and the Critique of Masculinity in Eighteenth-Century Criminal Cases." In *Writing and Law in Late Imperial China: Crime, Conflict, and Judgment*, edited by Robert E. Hegel and Katherine Carlitz, 44 – 63. Seattle and London: University of Washington Press, 2007.

Joanna F. Handlin Smith, "Gardens in Ch'i Piao-chia's Social World: Wealth and Values in Late-Ming Kiangnan." *The Journal of Asian Studies* 51, no. 1(1992): 55 – 81.

Jon Stobant, "Shopping Streets as Social Space: Consumption,

Improvement, and Leisure in Einghteenth-Century County Town." *Urban History* 25(1988):3 - 21

Jonathan White, "A World of Goods? The 'Consumption Turn' and Eighteenth-Century British History." *Culture and Social History* 3 (2006): 93 - 104.

Joyce Appleby, "Consumption in Modern Social Thought." In *Consumption and the World of Goods*, edited by John Brewer and Roy Porter, 148 - 161. London; New York: Routledge, 1993.

Kai-wing Chow, "The Merging of Shi and Shang in Travel: The Production of Knowledge for Travel in Late Ming Book." *Frontiers of History in China* 6, no. 2(2011): 163 - 182.

Margot Finn, "Men's Things: Masculine Possession in the Consumer Revolution." *Social History* 25, no. 2(2000): 133 - 155.

Maxine Berg, "Women's Consumption and the Industrial Classes of Eighteenth-Century England." *Journal of Social History* 30, no. 2 (1996): 415 - 434.

Neil McKendrick, "Home Demand and Economic Growth: A New View of the Role of Women and Children in the Industrial Revolution." In *Historical Perspectives: Studies in English Thought and Society in Honour of J. H. Plumb*, edited by Neil McKendrick, 187 - 202. London: Europa Publications, 1974.

P. D. Glennie and N. J. Thrift, "Modernity, Urbanism, and Modern Consumption." *Environment and Planning D: Society and Space* 10, no. 4(1992): 651 - 714.

Paul Glennie, "Consumption within Historical Studies." In *Acknowledging Consumption: A Review of New Studies*, edited by Daniel Miller, 164 - 203. London; New York: Routledge, 1995.

Richard Von Glahn, "The Enchantment of Wealth: The God Wutong in the Social History of Jiangnan." *Harvard Journal of Asiatic Studies* 51, no. 2(1991): 651 - 714.

Rob Shield, "Spaces for Subject of Consumption." In *Lifestyle Shopping: The Subject of Consumption*, edited by Rob Shield, 1－20. London: Routledge, 1992.

Sarah Chauncey, "Sartorial Modesty and Genteel Ideals in the Late Ming." In *The Quest for Gentility in China: Negotiations beyond Gender and Class*, edited by Daria Berg and Chloë Starr, 134－154. London; New York: Routledge, 2007.

Tobie Meyer-Fong, "Seeing the Sights in Yangzhou from 1600 to the Present." 收入黄克武主编,《画中有话：近代中国的视觉表述与文化构图》,台北："中研院"近代史研究所,2003,页 213—251。

Vatro Murvar, "Some Tentative Modifications of Weber's Typology: Occidental Versus Oriental City." *Social Force* 44(1966): 381－389.

后 记

回想这十年来自己研究明清消费史的过程，从完全没有概念到自己摸索，然后逐渐累积出成果，完全是在预期之外。想起我的第一本专著《奢侈的女人：明清时期江南妇女的消费文化》，是我首次尝试从消费文化的角度来探讨明清社会史，然而这只是本历史普及性质的小书。之后出版的《品味奢华：晚明的消费社会与士大夫》才是一本正规的学术专著。该书建立在实证的研究基础上，我尝试将晚明的消费现象概念化，提出另一种重新诠释晚明社会文化史的可能性。非常荣幸此书能通过本院出版委员会的审查，由联经出版公司与本院联合出版。

该书出版以后，相关的评论接踵而来。以我所见，至少有台湾期刊书评一篇，香港与中国大陆的期刊两篇，日、韩文期刊各一篇，英文的书介一篇。还有不少师长学友给我温暖的鼓励，有些甚至是素昧平生的朋友。特别感到荣幸的是，2012 年英国新出版的《牛津消费史手册》（*The Oxford Handbook of the History of Consumption*）一书中，牛津大学著名的艺术史教授柯律格（Craig Clunas）花了不少篇幅评介此书的内容。当然，各类的审查与评介里不乏负面的批评，很遗憾的是，大多数只是冷嘲热讽或提出枝微末节的问题，而真正切中该书主旨的批判几乎很难看到。我在那本书的《后记》里写道："我相信不久的将来一定会有更多相关作品问世，也会有更好的研究推翻我的说法。”值得欣慰的是，至今已有不少年轻学者开始注意到消费文化史的领域，并愿意投入到相关的研究课题中。还要感谢一些文学、社会学与人类学界的老师，他们推荐该书作为相关课程的参考书。

当初尝试从消费的角度重新来看明清的历史，从未有意预测未来中国经济发展的模式。如今中国大陆已是全球最大的奢侈品消费国，尤其是城市居民的消费力更是惊人。相反地，曾经号称是最早诞生消费社会的欧美许多老牌工商业大国，如今因为金融风暴与财政危机而灰头土脸甚至摇摇欲坠之际，而来自中国的消费者与中国内地的消费市场却成了解救全球财经问题、促进经济成长的重要动力。这种改变说明了，要想了解当代的中国，消费文化史的研究是何其重要！实在值得更加注意才是。

这本新书虽然可以算是我的第二本关于消费文化的学术专著，然而，它更像是一本城市史的研究作品。这几年，自己期许自己将消费史的研究范围从晚明扩大到清中叶。在思考明清消费问题时，越来越觉得城市环境的重要性，尤其是与城市空间的关系。所以本书将消费文化重新放到城市史的脉络，并以消费特征来揭示明清时期江南城市的特殊性格(urbanity)。

本书的完成还要归功于“中研院”的学术环境。在这里有丰富充裕的图书与史料典藏，而且还有多元的电子文献资料库，当然更重要的是学术的气氛。我的专业领域在近史所并非主流，甚至应该算是末流，充其量勉强被称作“近代早期”。但也许就是这样的机缘，一方面我不需要担任所内重要委员会的委员，有了更多的时间；另一方面，也可以和研究近现代史的同仁交流，反思明清史的现代性与延续性。尤其是本所城市史研究群的诸位同仁，过去这几年内一起共事之外，也共同分享了城市史研究的心得。这本书在分析架构上系参考了 *Spaces of Consumption: Leisure and Shopping in the English Town, c. 1680～1830* 一书，而该书最早就是本所同仁连玲玲教授赐告的，在此要特别感谢她的慷慨与不藏私。

本书除了第一、二章未曾正式发表之外，第三章修改自拙作《江南园林与城市社会——明清苏州园林的社会史分析》，《"中研院"近代史研究所集刊》期 61(2008 年 9 月)。第四章修改自《从游观到旅游：16 至 20 世纪苏州旅游活动与空间的变迁》，收入巫仁恕、康豹、林美莉主编《从城市看中国的现代性》(台北："中研院"近代史研究所，2010 年 3 月)。第五章有部分修改自拙作《奢侈的女人：明清时期江南妇女的消费文化》(台北：三民书局，2005)一书。第六章源自新发表之论文《消费与性别：明清士商的休闲购物与男性特质》，刊于《明清史研究》(韩国首尔)第 36 辑(2011 年 10 月)。本书各章的初稿还得到许多师长朋友在不同的时间与场合提出的建议与批评，包括了周启荣、叶文心、卢汉超、林丽月、高彦颐、范金民、吴金城、梅尔清(Tobie Meyer-Fong)、黎志刚、安东篱(Antonia Finnane)、连玲玲等人，在此要特别向他们致谢。本书的完成，我的助理翁稷安、吴景杰与游志弘都帮了不少忙，在此也要向他们致谢。

在本书即将付梓之前，我有幸受邀到法国里昂高等师范的东亚研究院访问。在学术的路上正是有许多贵人的相助，才能让我不觉孤单寂寞地继续走下去。东亚研究院的安克强(Christian Henriot)教授引导我进入民国城市史的领域，尤其是利用历史地理资讯系统

(HGIS)来研究城市空间。同时我也有机会和研究清代法制史的老友巩涛(Jérôme Bourgon)讨论,与研究民国北京与武汉城市史的学者冯艺和尹冬茗(Dorothée Rihal)交换研究心得(也包括了料理心得),还有和新朋友高格孚(Stéphane Corcuff)教授一起讨论郑氏降清的过程与降书中的深刻意义,再加上里昂城市的历史,都给了我许多研究的灵感。我和这里的留学生互动密切,尤其是蒋杰与宋子玄惠我最多,要特别感谢他们。12 月初的法国里昂,早晨看着窗外飘着雪花,下午顿时放晴。难得的好天气,是该出去走走的时候。自责自己来法之前答应太多事情,到了回台之前还得忙着撰写审查意见,辜负了窗外的美景。

这本书很可能是我的最后一本书,或可能是关于明清消费史的最后一本书。是否就此告别消费研究,连自己都还未有定见。本书距离我上一本书《品味奢华》已经有五年了,如果上本书反映了我个人的中年危机,那这一本书可以说是反映了我的"后中年"心境。